編著者簡介

吴國昇，湖南漣源人，漢語言文字學專業博士，中國文字學會理事，貴州師範大學文學院教授，“古文字與中華文明傳承發展工程”協同攻關創新平臺、鄭州大學漢字文明傳承傳播與教育研究中心外聘教授。主要從事汉字学和古漢語研究。主持國家級及省部級社科課題多項。

項目資助

本書爲“古文字與中華文明傳承發展工程”資助項目“春秋金文集釋、字詞全編及春秋戰國字詞關係對應圖譜”（項目號：G3208）階段性整理研究成果

本書由“古文字與中華文明傳承發展工程”協同攻關創新平臺、鄭州大學漢字文明傳承傳播與教育研究中心資助出版

春秋金文全編

第二册

吴國昇 編著

古文字與中華文明傳承發展工程

社會科學文獻出版社
SOCIAL SCIENCES ACADEMIC PRESS (CHINA)

嚻　　　　器

卷三	時期＼區域	秦		CE	AB
	早期		 伯剌戈 11400 嚻仲之子	 嚻白匜 xs589 龠(嚻)伯歌夷	 荊仲甓鑪 mt14087 宗器尊甗
	中期	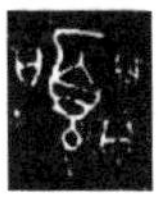  仲滋鼎 xs632 嚻(鐈)良鈇黄			
	晚期				

 趙孟庎壺 09678 祠器  趙孟庎壺 09679 祠器	 哀成叔鼎 02782 飤器	 宋右師延敦g xs1713 醻粢(粢饔)器  宋右師延敦 CE33001 醻粢(粢饔)器	 鄎子㙙簠 04545 行器  鄎子賁㙙鼎g 02498 行器	 鼄公牼鐘 00149 分器是持  鼄公牼鐘 00152 分器是持	 鼄公華鐘 00245 元器其舊
晋	鄭	宋	鄎	邾	

	 黄子鬲 00624 作黄夫人孟姬器  黄子鬲 00687 行器	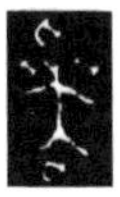 黄子鼎 02566 行器  黄子鼎 02567 作黄夫人孟姬器	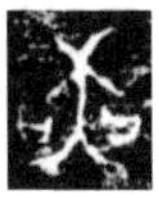 黄子豆 04687 行器  黄子罐 09987 行器	 黄子豆 xs93 行器  黄子盉 09445 行器	 黄子器座 10355 作黄夫人孟姬器  黄子壶 09663 行器
 鄺侯少子簋 04152 祭器					
莒	黄				

 黃子壺 09664 行器	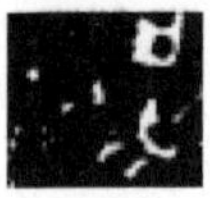 黃子鐳 xs94 行器	 黃君孟鼎 02497 行器	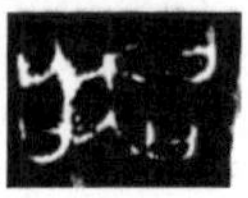 黃君孟豆 04686 行器	 黃君孟壺 xs91 行器	 黃君孟鐳 09963 行器
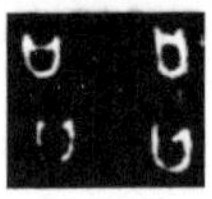 黃子鐳 09966 行器	 黃子盤 10122 行器	 黃君孟鼎 xs90 行器	 黃君孟壺 09636 行器	 黃君孟鐳 xs92 行器	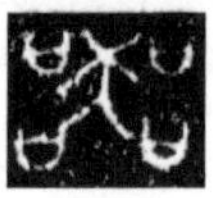 黃君孟盤 10104 行器

黃

			 樊君鬲 00626 媵器寶鬻	 曾亘嫚鼎 xs1201 行器  曾亘嫚鼎 xs1202 行器	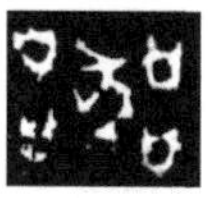 曾子伯誩鼎 02450 行器 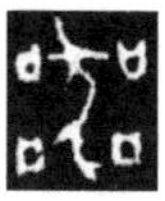 曾侯簠 04598 媵器
 黃君孟壺 ms1054 行器  黃君孟鑐 ms1176 行器	 黃君孟豆 ms0606 行器  黃子豆 ms0608 行器	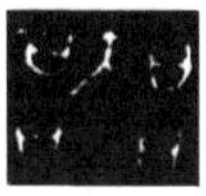 黃君孟匜 10230 行器		 曾子𡱒簠 04528.1 行器  曾子𡱒簠 04528.2 行器	 曾子𡱒簠 04529.1 行器
				 曾子叔牀父簠蓋 04544 行器	 巫簠 ms0557 行器
黃			樊	曾	

干

 曾子斁鼎 mx0146 行器  曾子壽鼎 mx0147 行器		 子叔嬴内君盆 10331 寶器	 蠶澳侯戈 11065 蠶(器)澳侯	 干氏叔子盤 10131 干氏叔子	 伯克父鼎 ms0285 干戈
		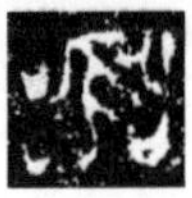 伯彊簠 04526 行器			
	 吴王夫差盉 xs1475 鑄女子之器吉				
曾	吴			D	曾

⿰扌哀	西		商		
 戎生鐘 xs1617 ⿰扌哀⿰扌哀肅肅	 奚子宿車鼎 02603.1 緊子西車  奚子宿車鼎 02603.2 緊子西車	 奚子宿車鼎 02604.1 緊子西車  奚子宿車鼎 02604.2 緊子西車	 秦公鐘 00262 竇(賞)宅受國  秦公鐘 00264 竇(賞)宅受國	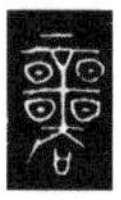 秦公鎛 00267.1 竇(賞)宅受國  秦公鎛 00268.1 竇(賞)宅受國	 秦公鎛 00269.1 竇(賞)宅受國
晋	黄		秦		

 商丘叔簠 04557 商丘叔  商丘叔簠 04558 商丘叔	 商丘叔簠 04559.1 商丘叔  商丘叔簠 04559.2 商丘叔	 商丘叔簠 xs1071 商丘叔			
				 庚壺 09733.1B 寶(賞)之以邑  庚壺 09733.2B 寶(賞)之以兵虢車馬	
			 郳公韍觥 mx0891 自作商宴觥		 蔡侯𪒠尊 06010 霝(靈)頌託寶(商)  蔡侯𪒠盤 10171 霝(靈)頌託寶(商)
宋			郳	齊	蔡

句

			 内公鐘鉤 00032 從鐘之句(鉤)  内公鐘鉤 00033 從鐘之句(鉤)	 鄭戥句父鼎 02520 鄭戥句父	
		 取膚上子商盤 10126 取盧上子商  取膚上子商匜 10253 取盧上子商			
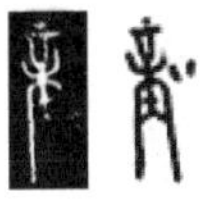 蔡侯龖尊 06010 肃(祗)盟嘗鄗(商)  蔡侯龖盤 10171 肃(祗)盟嘗鄗(商)	 姑馮昏同之子句鑃 00424.2 商句(勾)鑃				 宋公䜌簠 04589 其妹句吴夫人  宋公䜌簠 04590 其妹句吴夫人
蔡	越		芮	鄭	宋

 洹子孟姜壺 09729 太子乘遽來句宗伯	 嬰同盆 ms0621 叡句徐	 吴王之子帶勾 ms1717 遄句(勾)	 姑馮昏同之子句鑃 00424.2 商句(勾)鑃	 其次句鑃 00422A 句(勾)鑃	 配兒鉤鑃 00427.2 鉤(句)□
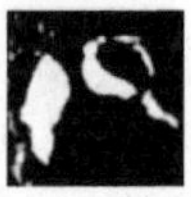 洹子孟姜壺 09730 太子乘遽來句宗伯			 其次句鑃 00421 句(勾)鑃	 其次句鑃 00422B 句(勾)鑃	
齊	徐	吴	越		吴

				 牧臣簠g ms0553 古(祜)福  牧臣簠q ms0553 古(祜)福	
 豫少鉤庫戈 11068 豫少鉤(鉤)庫					
	 吴王光帶鉤 mx1387 用丩(鉤)  吴王光帶鉤 mx1388 用丩(鉤)	 吴王光帶鉤 mx1390 用丩(鉤)	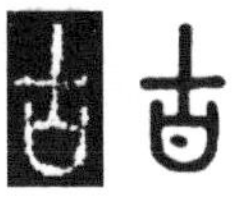 司馬楙鎛 eb47 曰古朕皇祖悼公	 曾子叔牞父簠蓋　04544 永古(祜)畐(福)	 倗夫人嬭鼎 mt02425 擇其古<吉>金
	吴		滕	曾	楚

由　　十

					 秦公簋 04315.1 十又二公  盄和鐘 00270.1 十又二公
 忔不余席鎮 mx1385 厥大古(故)小連 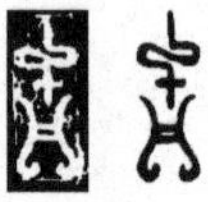 奇字鐘 mt15176 立建城鄒古	 越王丌北古劍 11703 越王丌北古  越王丌北古劍 11703 越王丌北古	 越王丌北古劍 xs1317 越王丌北古  越王丌北古劍 xs1317 越王丌北古	 越王丌北古劍 wy098 越王丌北古  越王丌北古劍 wy098 越王丌北古	 滕之不㤼劍 11608A 滕之不㤼由于  滕之不㤼劍 11608B 滕之不㤼由于	
越				滕	秦

 虢季鐘 xs1 十月  虢季鐘 xs2 十月	 虢季鐘 xs3 十月  虢季氏子組盤 ms1214 十又一年	 戎生鐘 xs1613 十又一月			
			 鄭大内史叔上匜　10281 十又二月		
		 郘大叔斧 11788 貳車之斧十		 子璋鐘 00113 正十月  子璋鐘 00114 正十月	 子璋鐘 00115.1 正十月  子璋鐘 00116.1 正十月
虢		晉	鄭	許	

許	戴	陳	滕	齊	
	 叔朕簠 04620 十月				
		 有兒簋 mt05166 正十月		 齊侯鎛 00271 二百又九十又九	 叔夷鎛 00285.5 五十  叔夷鐘 00275.1 三百又五十
 子璋鐘 00117.1 正十月  子璋鐘 00118.1 正十月			 司馬楙鎛 eb47 十月		

	 鄧公簋 03858 十又四月		 曾伯從寵鼎 02550 十月		 囂公彭宇簠 04610 十又一月  囂公彭宇簠 04611 十又一月
 簷太史申鼎 02732 造(竈)鼎十		 唐子仲瀕鈚 xs1210 十月	 曾侯與鐘 mx1032 十月	 丁兒鼎蓋 xs1712 十月	 申文王之孫簠 mt05943 正十月
莒	鄧	唐	曾	CE	

 都公諴鼎 02753 十又四月					
	 鄬子受鐘 xs506 十又四年  鄬子受鐘 xs509 十又四年	 鄬子受鎛 xs513 十又四年  鄬子受鎛 xs514 十又四年	 鄬子受鎛 xs515 十又四年  鄬子受鎛 xs516 十又四年	 鄬子受鎛 xs517 十又四年  鄬子受鎛 xs519 十又四年	
					 之乘辰鐘 xs1409 十月
CE	楚				徐

千

	 晋姜鼎 02826 滷漬千兩	 樊伯千鼎 mx0200 樊伯千			
 侃孫奎母盤 10153 十月乙□			 曾公𤰈鎛鐘 jk2020.1 卑辥千休 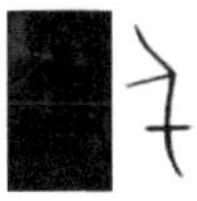 曾公𤰈甬鐘 A jk2020.1 卑辥千休	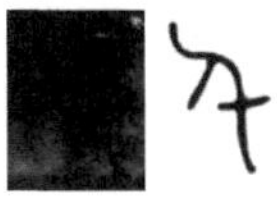 曾公𤰈甬鐘 B jk2020.1 卑辥千休	
					 蔡侯𪒠盤 10171 千歲
	晋	樊	曾		蔡

			博	世	
			 子犯鐘 xs1021 博(搏)伐楚荆		
 歜鐘 xs482a 千歲  歜鐘 xs483b 千歲	 歜鎛 xs491b 千歲  歜鎛 xs492a 千歲	 歜鎛 xs495a 千歲		 郘黛鐘 00226 世世子孫  郘黛鐘 00228 世世子孫	 郘黛鐘 00232 世世子孫  郘黛鐘 00233 世世子孫
楚			晋	晋	

				 楚王領鐘 00053 其律其言(歆)	
 邵黛鐘 00235 世世子孫  邵黛鐘 00237 世世子孫	 鄭莊公之孫盧鼎 mt02409 萬倕(世)用之	 曾侯與鐘 mx1029 萬殜(世)是尚	 欒書缶 10008.2 萬褋(世)是寶		 余贎逐兒鐘 00183.1 後民是語(語)  余贎逐兒鐘 00184.1 後民是語(語)
晉	鄭	曾	楚	楚	徐

讎	誨				
 讎仲盤 mt14441 讎仲					
	 王孫誥鐘 xs418 誨猷不飤  王孫誥鐘 xs419 誨猷不飤	 王孫誥鐘 xs420 誨猷不飤  王孫誥鐘 xs421 誨猷不飤	 王孫誥鐘 xs422 誨猷不飤  王孫誥鐘 xs423 誨猷不飤	 王孫誥鐘 xs424 誨猷不飤  王孫誥鐘 xs426 誨猷不飤	 王孫誥鐘 xs427 誨猷不飤  王孫誥鐘 xs428 誨猷不飤
	楚				

			議	謹	記
			 左行議戈 ms1402 左行議		
 王孫誥鐘 xs429 誨猷不飤  王孫誥鐘 xs430 誨猷不飤	 王孫誥鐘 xs432 誨猷不飤  王孫誥鐘 xs439 誨猷不飤	 王孫誥鐘 xs441 誨猷不飤  王孫遺者鐘 00261.2 誨猷不飤			 齊侯鎛 00271 余彌心畏記(忌)
				 司馬楙鎛 eb48 用克肇謹先王明祀	
楚			燕	滕	齊

諱　　　　　　諎

	 叔夷鐘 00272.2 左右毋諱  叔夷鐘 00279 左右毋諱	 叔夷鎛 00285.2 左右毋諱		 王孫誥鐘 xs418 王孫㝃(誥)  王孫誥鐘 xs419 王孫㝃(誥)	 王孫誥鐘 xs420 王孫㝃(誥)  王孫誥鐘 xs421 王孫㝃(誥)
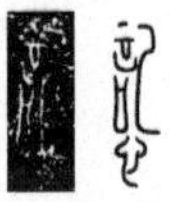 曾侯與鐘 mx1029 𢘐(壯)武畏認(忌) 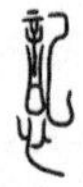 曾侯殘鐘 mx1031 𢘐(壯)武畏認(忌)			 蔡侯𩰫尊 06010 不諱考壽  蔡侯𩰫盤 10171 不諱考壽		
曾	齊		蔡	楚	

王孫誥鐘
xs422
王孫享(誥)

王孫誥鐘
xs425
王孫享(誥)

王孫誥鐘
xs427
王孫享(誥)

王孫誥鐘
xs429
王孫享(誥)

王孫誥鐘
xs433
王孫享(誥)

王孫誥鐘
xs443
王孫享(誥)

王孫誥鐘
xs424
王孫享(誥)

王孫誥鐘
xs426
王孫享(誥)

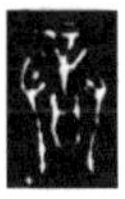

王孫誥鐘
xs428
王孫享(誥)

王孫誥鐘
xs430
王孫享(誥)

王孫誥鐘
xs434
王孫享(誥)

楚

	誓	諫			諴
	 仲考父盤 jk2020.4 耑(端)誓				 蛣公諴簋 04600 鄀公諴(諴)  鄀公諴鼎 02753 下鄀雍公諴(諴)
 王孫誥戟 xs465 王孫𡩜(誥)  王孫誥戟 xs466 王孫𡩜(誥)		 叔夷鐘 00272.2 諫罰朕庶民  叔夷鐘 00279 諫罰朕庶民	 叔夷鎛 00285.2 諫罰朕庶民	 曾孟嬭諫盆 10332.1 曾孟嬭(芈)諫  曾孟嬭諫盆 10332.2 曾孟嬭(芈)諫	
楚	黎	齊		曾	CE

訴	諧	記			
		 曾伯霥壺 ms1069 温恭且記(忌)		 楚太師登鐘 mt15511a 既温既記(忌)  楚太師登鐘 mt15512a 既温既記(忌)	 楚太師登鐘 mt15514a 既温既記(忌)  楚太師登鐘 mt15516a 既温既記(忌)
			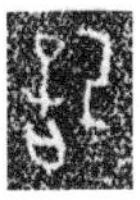 上都府簠 04613.1 眉壽無記(期)  上都府簠 04613.2 眉壽無記(期)		
 蔡侯䌛尊 06010 聰憲訴揚   蔡侯䌛盤 10171 聰憲訴揚	 蔡侯䌛尊 06010 康譜(諧)穆好   蔡侯䌛盤 10171 康譜(諧)穆好	  曾侯鐘 mx1025 畏記(忌)温恭			
蔡	蔡	曾	CE	楚	

	諺	䜌			
 楚太師登鐘 mt15518b 既温既記(忌)  楚太師鄧子鎛 mx1045 既温既記(忌)		 秦公鐘 00262 䜌(蠻)方  秦公鐘 00262 百䜌(蠻)	 秦公鐘 00264 䜌(蠻)方  秦公鐘 00265 百䜌(蠻)	 秦公鎛 00267.1 䜌(蠻)方  秦公鎛 00267.2 百䜌(蠻)	 秦公鎛 00268.1 䜌(蠻)方  秦公鎛 00269.1 䜌(蠻)方
		 秦公簋 04315.1 䜌(蠻)夏  盄和鐘 00270.1 䜌(蠻)夏			
	 申伯壺 xs379 申伯彥(諺)多之行				
楚	CE	秦			

 秦公鎛 00269.2 百䜌(鑾)	 戎生鐘 xs1614 䜌(鑾)戎	 䜌左庫戈 10959 䜌(欒)左庫 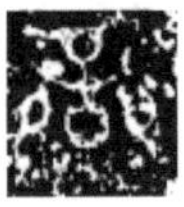 䜌左庫戈 10960 䜌(欒)左庫			 伯國父鼎 mx0194 作叔嫣䜌鼎
	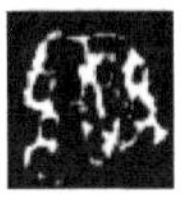 晉公盆 10342 百䜌(鑾)  晉公盤 mx0952 百䜌(鑾)				
			 宋公䜌戈 11133 宋公䜌  宋公䜌鼎蓋 02233 宋公䜌	 宋公䜌簠 04589 宋公䜌  宋公䜌簠 04590 宋公䜌	
秦	晉		宋		許

		誤	諅	䜕	諆
	 梁伯戈 11346.2 鬼方緣(蠻)				
			 子諆盆 10335.1 子諅(諆)  子諆盆 10335.2 子諅(諆)		
 欒書缶 10008.2 緣(欒)書之子孫		 曾侯與鐘 mx1029 而天命將誤(虞)		 欒書缶 10008 䜕(萬)世是寶	 與兵壺q eb878 萬世無諆(期)  與兵壺g eb878 萬世無諆(期)
楚		曾	楚	楚	鄭

			 簷叔之仲子平鐘　00174 萬年無諆(期)  簷叔之仲子平鐘　00175 萬年無諆(期)	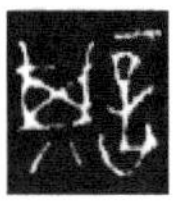 簷叔之仲子平鐘　00177 萬年無諆(期)  簷叔之仲子平鐘　00179 萬年無諆(期)	 簷叔之仲子平鐘　00180 萬年無諆(期)
 與兵壺 ms1068 萬世無諆(期)  封子楚簠g mx0517 眉壽無諆(期)	 鄦子盟自鎛 00153 萬年無諆(期)  鄦子盟自鎛 00154 萬年無諆(期)	 樂子簠 04618 萬年無諆(期)			
鄭	許	宋	莒		

		 蘩兒罍 xs1187 眉壽無諆(期)	 上鄀公簠g xs401 萬年無諆(期)  上鄀公簠q xs401 萬年無諆(期)	 諆余鼎 mx0219 □子諆余	
 申公壽簠 mx0498 眉壽無諆(期)  彭子壽簠 mx0497 眉壽無諆(期)	 叔姜簠g xs1212 眉壽無諆(期)  叔姜簠q xs1212 眉壽無諆(期)			 侯古堆鎛 xs276 萬年無諆(期)  侯古堆鎛 xs277 萬年無諆(期)	 侯古堆鎛 xs278 萬年無諆(期)  侯古堆鎛 xs280 萬年無諆(期)
CE					

			 東姬匜 xs398 萬年無諆(期)  楚叔之孫倗鼎q xs473 眉壽無諆(期)	 王子吳鼎 02717 眉壽無諆(期)  王子吳鼎 mt02343b 眉壽無諆(期)	 王孫遺者鐘 00261.1 萬年無諆(期) 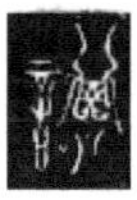 王子午鼎 02811.2 萬年無諆(期)
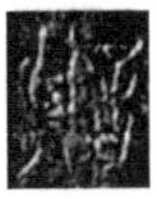 侯古堆鎛 xs281 萬年無諆(期)  侯古堆鎛 xs276 諆(其)永鼓之	 侯古堆鎛 xs278 諆(其)永鼓之  侯古堆鎛 xs279 諆(其)永鼓之	 鄱子成周鐘 xs289 諆(其)永鼓之			
CE			楚		

詐

				 王孫壽甗 00946 萬年無諆(期)	
 王子午鼎q xs444 萬年無諆(期)  王子午鼎 xs445 萬年無諆(期)	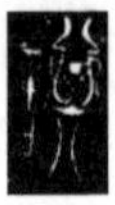 王子午鼎 xs446 萬年無諆(期)  王子午鼎q xs447 萬年無諆(期)	 王子午鼎 xs448 [萬年無]諆(期)  王子午鼎 xs449 萬年無諆(期)			
			 徐王子旃鐘 00182.2 眉壽無諆(期)		 蔡侯龖尊 06010 用詐(作)大孟姬媵彝缶  蔡侯龖盤 10171 用詐(作)大孟姬媵彝盤
楚			徐		蔡

謗		訏	⿰言差	譖	讇
			 鄧公簋蓋 04055 用爲女夫人尊⿰言夌(⿰言差)敎	 戎生鐘 xs1616 俾譖征繁湯	
 曾公㽙鎛鐘 jk2020.1 余無謗受 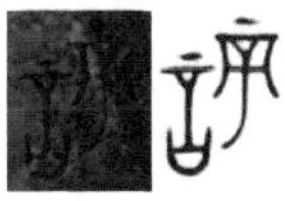 曾公㽙甬鐘 A jk2020.1 余無謗受	 曾公㽙甬鐘 B jk2020.1 余無謗受				
		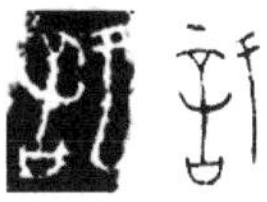 杕氏壺 09715 多寶(實)不訏			 曾侯與鐘 mx1029 王讇(逝)命南公
曾		燕	鄧	晉	曾

訧	詣				詃
 黿討鼎 02426 黿訧爲其鼎		 考叔詣父簠 04608.1 考叔㲉(詣)父  考叔詣父簠 04608.2 考叔㲉(詣)父	 考叔詣父簠 04609.1 考叔詣父  考叔詣父簠 04609.2 考叔詣父	 塞公孫詣父匜 10276 塞公孫詣父	
	 陳公孫詣父瓶 09979 陳公孫詣父				
					 黝鎛 xs489a 鑄其詃鐘  黝鎛 xs490a 鑄其詃鐘
郳	陳	楚			楚

訏　詨　詵

<table>
<tr><td></td><td></td><td></td><td></td><td></td><td></td></tr>
<tr><td></td><td></td><td></td><td></td><td></td><td></td></tr>
<tr>
<td>
配兒鉤鑃
00427.2
先人是訏(娛)</td>
<td>
𪒠巢鎛
xs1277
余詨子擇厥吉金</td>
<td>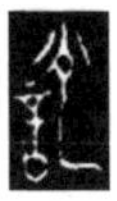
黝鐘
xs482b
龢平均詵(諻)

黝鐘
xs486b
龢平均詵(諻)</td>
<td>
黝鐘
xs484b
龢平均詵(諻)</td>
<td>
黝鎛
xs491a
龢平均詵(諻)

黝鎛
xs492a
龢平均詵(諻)</td>
<td>
黝鎛
xs494b
龢平均詵(諻)
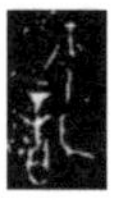
黝鎛
xs496b
龢平均詵(諻)</td>
</tr>
<tr><td>吴</td><td>吴</td><td colspan="4">楚</td></tr>
</table>

⿰言奇　　謱　　諻

	 曾子仲謱鼎 02620 曾子仲謱				
		 王孫誥鐘 xs418 元鳴孔諻  王孫誥鐘 xs419 元鳴孔諻	 王孫誥鐘 xs420 元鳴孔諻  王孫誥鐘 xs421 元鳴孔諻	 王孫誥鐘 xs422 元鳴孔諻  王孫誥鐘 xs427 元鳴孔諻	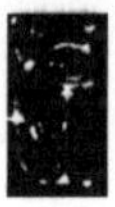 王孫誥鐘 xs428 元鳴孔諻  王孫誥鐘 xs429 元鳴孔諻
 配兒鉤鑃 00427.2 不敢⿰言奇舍擇厥吉金		 卲王之諻鼎 02288 昭王之諻(媓)  卲王之諻簋 03634 昭王之諻(媓)	 卲王之諻簋 03635 昭王之諻(媓)		
吴	曾	楚			

			諕	謐	訊
 王孫誥鐘 xs430 元鳴孔諻  王孫誥鐘 xs434 元鳴孔諻	 王孫誥鐘 xs433 元鳴孔諻  王孫誥鐘 xs443 元鳴孔諻				 王孫遺者鐘 00261.1 終訊(翰)且揚
		 徐王子旃鐘 00182.2 諻諻(皇皇)熙熙)	 蔡侯龖尊 06010 齋諕(嘏)整肅  蔡侯龖盤 10171 齋諕(嘏)整肅	 鼄大宰簠 04623 謐(畢)恭孔惠  鼄大宰簠 04624 謐(畢)恭孔惠	
楚		徐	蔡	邾	楚

	謣	譑	詣	譱	
			 曾子伯誩鼎 02450 曾子伯誩 【倒置】		
				 魯大司徒厚氏元第　04689 譱(膳)匿(鋪)  魯大司徒厚氏元第　04690.1 譱(膳)匿(鋪)	 魯大司徒厚氏元第　04690.2 譱(膳)匿(鋪)  魯大司徒厚氏元第　04691.1 譱(膳)匿(鋪)
 沇兒鎛 00203.1 終諫(翰)且揚  徐王子旃鐘 00182.2 終諫(翰)且揚	 郗𨟭尹譬鼎 02766.2 以去恤謣(辱)  郗𨟭尹譬鼎 02766.1 以去恤謣(辱)	 曾侯與鐘 mx1029 吾用燮譑(就)楚	 曾侯與鐘 mx1032 穆誩敦敏	 歸父敦 04640 譱(膳)敦	
徐	徐	曾	曾	魯	

		 畢仲弁簠 mt05912 作爲其北譱(膳) 盬	 邿伯祀鼎 02602 譱(膳)鼎  邿伯鼎 02601 譱(膳)鼎		
 魯大司徒厚氏元簠　04691.2 譱(膳)匿(鋪) 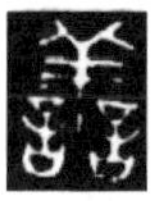 魯大左嗣徒元鼎　02592 譱(膳)鼎	 魯大左嗣徒元鼎　02593 譱(膳)鼎			 簷叔之仲子平鐘　00174 仲平譱弦(發) 戲考  簷叔之仲子平鐘　00175 仲平譱弦(發) 戲考	 簷叔之仲子平鐘　00176 仲平譱弦(發) 戲考  簷叔之仲子平鐘　00177 仲平譱弦(發) 戲考
魯		郳	邿	莒	

		 哀鼎g mt02311 爲改譱會鼎  哀鼎q mt02311 爲改譱會鼎		 蔡大善夫趣簠g xs1236 大譱(膳)夫  蔡大善夫趣簠q xs1236 大譱(膳)夫	
 簷叔之仲子平鐘　00178 仲平譱弦(發)戱考  簷叔之仲子平鐘　00179 仲平譱弦(發)戱考	 簷叔之仲子平鐘　00180 仲平譱弦(發)戱考		 取它人鼎 02227 譱(膳)鼎		
			 荆公孫敦 04642 譱(膳)敦  荆公孫敦 t06070 譱(膳)敦		 秦王鐘 00037 競平王之定  䂂篙鐘 00038.2 晋人救戎於楚競(境)
莒		曩	D	蔡	楚

 競之定鬲 mt03015 競之定救秦戎 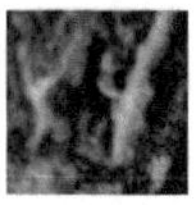 競之定鬲 mt03016 競之定救秦戎	 競之定鬲 mt03017 競之定救秦戎 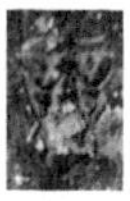 競之定鬲 mt03018 競之定救秦戎	 競之定鬲 mt03019 競之定救秦戎 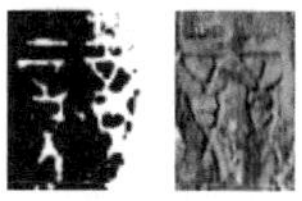 競之定鬲 mt03020 王命競之戎<定>	 競之定鬲 mt03021 王命競之戎<定>  競之定鬲 mt03022 競之戎<定>	 競之定簋 mt04978 競之定救秦戎 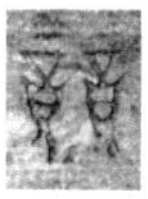 競之定簋 mt04979 競之定救秦戎	 競之定豆 mt06150 競之定救秦戎  競之定豆 mt06151 競之定救秦戎
楚					

音

		 秦子鎛 mt15771 厥音肅肅雍雍  秦公鐘 00263 靈音肅肅雍雍	 秦公鐘 00266 靈音肅肅雍雍  秦公鎛 00267.2 靈音肅肅雍雍	 秦公鎛 00268.2 靈音肅肅雍雍  秦公鎛 00269.2 靈音肅肅雍雍	 虢季鐘 xs2 其音肅雍  虢季鐘 xs3 其音肅雍
		 盄和鐘 00270.2 其音肅肅雍雍 孔煌			
 競孫旟也鬲 mt03036 競孫  競孫不服壺 mt12381 競孫	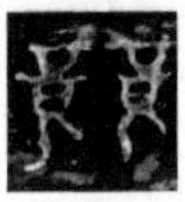 競之嬰鼎 mx0178 競之嬰自作 彝䵼盎  競之朝鼎 hnbw 競之朝				
楚		秦			虢

 戎生鐘 xs1616 厥音雍雍					
	 簷叔之仲子平鐘　00174 乃爲之音  簷叔之仲子平鐘　00175 乃爲之音	 簷叔之仲子平鐘　00176 乃爲之音  簷叔之仲子平鐘　00177 乃爲之音	 簷叔之仲子平鐘　00178 乃爲之音  簷叔之仲子平鐘　00179 乃爲之音	 簷叔之仲子平鐘　00180 乃爲之音	
					 敾鐘 xs482a 其音贏少則揚  敾鐘 xs486a 其音贏少則揚
晉	莒				楚

章

					 曾伯霥壺 ms1069 唯此壺章
 𪒠鐘 xs484b 其音贏少則揚	 𪒠鎛 xs489b 其音贏少則揚  𪒠鎛 xs490b 其音贏少則揚	 𪒠鎛 xs491a 其音贏少則揚  𪒠鎛 xs492a 其音贏少則揚	 𪒠鎛 xs494a 其音贏少則揚  𪒠鎛 xs496a 其音贏少則揚	 徐王子旃鐘 00182.2 其音悠悠	
楚				徐	曾

	剖			記	⿱攸言
 章子鄭戈 11295A 章子鄭(國)尾其元金	 者𨞻鐘 00197.2 俾汝鑢鑢剖剖  者𨞻鐘 00198.2 俾女鑢鑢剖剖	 者𨞻鐘 00194 □□鑢<剖剖>  者𨞻鐘 00196 鑢鑢<剖剖>	 者𨞻鐘 00195 鑢鑢<剖剖>		
				 蔡侯𩡨尊 06010 靈頌記(熙)商  蔡侯𩡨盤 10171 靈頌記(熙)商	 徐王子旃鐘 00182.2 其音⿱攸言⿱攸言(悠悠)
CE	吴			蔡	徐

鍚	謬	童			
	 季子康鎛 mt15788b 謬謬(穆穆)逯逯  季子康鎛 mt15790b 謬謬(穆穆)逯逯	 童麗君柏固q mx0494 童(鍾)麗(離)君  童麗君柏固g mx0494 童(鍾)麗(離)君	 童麗君柏固q mx0495 童(鍾)麗(離)君  童麗君柏固g mx0495 童(鍾)麗(離)君	 童麗君柏鐘 mx1016 童(鍾)麗(離)君  童麗君柏鐘 mx1016 童(鍾)麗(離)	 童麗君柏鐘 mx1017 童(鍾)麗(離)君  童麗君柏鐘 mx1017 童(鍾)麗(離)
 徐王子旃鐘 00182.2 終翰且鍚(揚)					
徐	鍾離	鍾離			

 童麗君柏鐘 mx1018 童(鍾)麗(離) 君  童麗君柏鐘 mx1018 童(鍾)麗(離)	 童麗君柏鐘 mx1019 童(鍾)麗(離) 君  童麗君柏鐘 mx1019 童(鍾)麗(離)	 童麗君柏鐘 mx1020 童(鍾)麗(離) 君  童麗君柏鐘 mx1020 童(鍾)麗(離)	 童麗君柏鐘 mx1021 童(鍾)麗(離) 君  童麗君柏鐘 mx1021 童(鍾)麗(離)	 童麗君柏鐘 mx1022 童(鍾)麗(離) 君  童麗君柏鐘 mx1022 童(鍾)[麗]	 童麗君柏鐘 mx1023 童(鍾)麗(離) 君  童麗君柏鐘 mx1023 童(鍾)麗(離)
鍾離					

業

 童麗君柏鐘 mx1024 童(鍾)麗(離)君  童麗君柏鐘 mx1024 童(鍾)麗(離)	 童麗公柏戟 mx1145 童(鍾)麗(離)公  童麗公柏戟 mt17055 童(鍾)麗(離)公	 余子白𦥑此戈 mx1248 童(鍾)麗(離)公  季子康鎛 mt15787a 童(鍾)麗(離)公	 季子康鎛 mt15788a 童(鍾)麗(離)公  季子康鎛 mt15789a 童(鍾)麗(離)公	 季子康鎛 mt15790a 童(鍾)麗(離)公  季子康鎛 mt15791a 童(鍾)麗(離)公	 秦公簋 04315.1 保𤔲(業)厥秦  盄和鐘 00270.1 保𤔲(業)厥秦
鍾離					秦

		 䢅伯業鼎 02622 䢅伯䍐(業)		 戎生鐘 xs1615 𡫁(對)揚其大福	
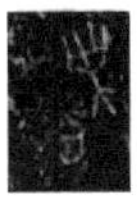 晋公盤 mx0952 以䜌(乂)朕身					 叔夷鐘 00273.2 𡫁(對)揚朕辟皇君之賜休命  叔夷鎛 00285.3 𡫁(對)揚朕辟皇君之賜休命
	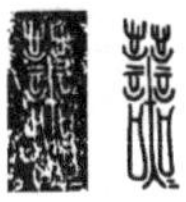 曾侯與鐘 mx1029 䕨䕨(業業)厥聖		 鼄大宰簠 04623 邾太宰欉子𧶼  鼄大宰簠 04624 邾太宰欉子𧶼		
晋	曾	CE	邾	晋	齊

僕

 叔夷鎛 00285.5 釐(萊)僕三百又五十家  叔夷鐘 00275.1 釐(萊)僕三百又五十家	 諸匜 sh696 者僕故作匜				
		 𪒠鐘 xs485a 盟僕(僕)  𪒠鎛 xs489b 盟僕(僕)	 𪒠鎛 xs490b 盟僕(僕)  𪒠鎛 xs491b 盟僕(僕)	 𪒠鎛 xs493b 盟僕  𪒠鎛 xs495b 盟僕(僕)	 余購逐兒鐘 00183.1 曾孫僕(僕)兒  余購逐兒鐘 00185.1 曾孫僕(僕)兒
齊	諸	楚			徐

睪

 文公之母弟鐘 xs1479 氏夷僕	 長子沫臣簠 04625.1 睪(擇)其吉金  長子沫臣簠 04625.2 睪(擇)其吉金				
		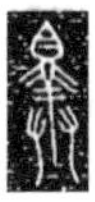 與兵壺q eb878 睪(擇)余吉金  與兵壺g eb878 睪(擇)余吉金	 與兵壺 ms1068 睪(擇)余吉金  封子楚簠g mx0517 睪(擇)其吉金	 寬兒鼎 02722 睪(擇)其吉金  寬兒缶 mt14091 睪(擇)其吉金	 寬兒缶 mt14092 睪(擇)其吉金
	晉	鄭		蘇	

 許成孝鼎 mx0190 睪(擇)其吉金					
 鄦公買簠 04617.2 睪(擇)其吉金	 鄦公買簠q eb475 睪(擇)厥吉金	 子璋鐘 00113 睪(擇)其吉金	 子璋鐘 00115.1 睪(擇)其吉金	 子璋鐘 00117.1 睪(擇)其吉金	 鄦子盟自鎛 00153 睪(擇)其吉金
 鄦公買簠g eb475 睪(擇)厥吉金	 鄦子妝簠 04616 睪(擇)其吉金	 子璋鐘 00114 睪(擇)其吉金	 子璋鐘 00116.1 睪(擇)其吉金	 子璋鐘 00118.2 睪(擇)其吉金	 鄦子盟自鎛 00154 睪(擇)其吉金

許

 叔朕簠 04620 睪(擇)其吉金  叔朕簠 04621 睪(擇)其吉金	 叔朕簠 04622 睪(擇)其吉金		 鼄叔之伯鐘 00087 睪(擇)ナ<厭>吉金		
		 樂子簠 04618 睪(擇)其吉金	 鼄公牼鐘 00149 睪(擇)其吉金  鼄公牼鐘 00150 睪(擇)其吉金	 鼄公牼鐘 00151 睪(擇)其吉金  鼄公華鐘 00245 睪(擇)其吉金	 郳公孫班鎛 00140 睪(擇)其吉金
戴		宋	郳		

			 上曾太子鼎 02750 乃睪(擇)吉金		
		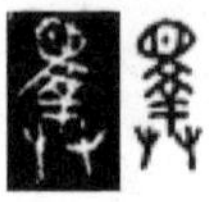 庚壺 09733.1B 睪(擇)其吉金  叔夷鎛 00285.7 斁睪(擇)吉金			
 郳大司馬彊盤 ms1216 睪(擇)其吉金  郳大司馬彊匜 ms1260 睪(擇)其吉金	 郳大司馬鈚 ms1177 睪(擇)其吉金  郳公戈 ms1492 睪(擇)其吉金			 唐子仲瀕兒匜 xs1209 睪(擇)其吉金  唐子仲瀕鈚 xs1210 睪(擇)其吉金	 唐子仲瀕兒盤 xs1211 睪(擇)其吉金
郳		齊	D	唐	

 曾子斿鼎 02757 睪(擇)其吉金	 曾伯霥簠 04631 睪(擇)其吉金  曾伯霥簠 04632 睪(擇)其吉金	 曾侯子鎛 mt15764 睪(擇)其吉金  曾侯子鎛 mt15763 睪(擇)其吉金	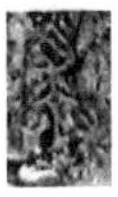 曾侯子鎛 mt15765 睪(擇)其吉金  曾侯子鎛 mt15768 睪(擇)其吉金		
 曾公咻鎛鐘 jk2020.1 睪(擇)其吉金   曾公咻甬鐘B jk2020.1 睪(擇)其吉金	 孎加鎛乙 ms1283 余睪(擇)辝吉金  曾侯寶鼎 ms0265 睪(擇)其吉金	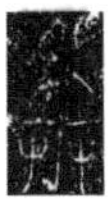 曾侯宏鼎 mx0187 睪(擇)其吉金  曾侯宏簋 mt04975 睪(擇)其吉金	 曾侯宏簋 mt04976 睪(擇)其吉金  曾侯宏壺 mt12390 睪(擇)其吉金	 曾侯宏鼎 mt02219 睪(擇)其吉金 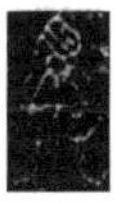 曾侯宏鼎 mt02220 睪(擇)其吉金	 曾侯宏鼎 mx0185 睪(擇)其吉金  曾侯宏鼎 mx0186 睪(擇)其吉金
 曾侯與鐘 mx1029 睪(擇)忬(予)吉金  曾侯殘鐘 mx1031 睪(擇)忬(予)吉金	 嫼盤 mx0948 睪(擇)其吉金  曾□□簠 04614 睪(擇)其吉金				

曾

		 蠚兒罍 xs1187 睪(擇)其吉[金]	 上鄀府簠 04613.1 睪(擇)其吉金  上鄀府簠 04613.2 睪(擇)其吉金	 上鄀公簠g xs401 睪(擇)其吉金  上鄀公簠q xs401 睪(擇)其吉金	 遙叔壺 09625 睪(擇)厥吉日  遙叔壺 09625 睪(擇)厥吉日
 中文王之孫簠 mt05943 睪(擇)其吉金  申公壽簠 mx0498 睪(擇)其吉金	 彭子壽簠 mx0497 睪(擇)其吉金  彭子射盂鼎 mt02264 睪(擇)其吉金				
CE					

 彭子仲盆蓋 10340 睪(擇)其吉金					 中子化盤 10137 睪(擇)其吉金
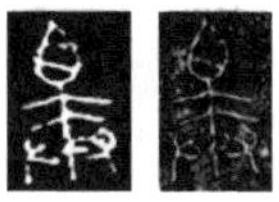 蒷子皦盞g xs1235 睪(擇)其吉金 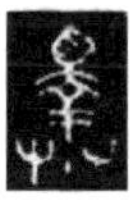 邘子蔵盤 xs1372 睪(擇)其吉金	 鄦膚簠 mx0500 睪(擇)其吉金  侯孫老簠g ms0586 擇其吉金	 諆余鼎 mx0219 睪(擇)其吉金  登鐸 mx1048 睪(擇)其吉金			 以鄧匜 xs405 睪(擇)其吉金  以鄧鼎 xs406g 睪(擇)其吉金
 丁兒鼎蓋 xs1712 睪(擇)其吉金 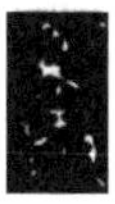 襄王孫盞 xs1771 睪(擇)其吉金	 侯古堆鎛 xs276 睪(擇)其吉金  侯古堆鎛 xs277 睪(擇)其吉金	 侯古堆鎛 xs278 睪(擇)其吉金  侯古堆鎛 xs279 睪(擇)其吉金	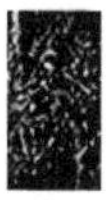 侯古堆鎛 xs280 睪(擇)其吉金  侯古堆鎛 xs281 睪(擇)其吉金	 侯古堆鎛 xs282 睪(擇)其吉金  鄱子成周鐘 xs283 睪(擇)其吉金	 子季嬴青簠 04594.1 睪(擇)其吉金  子季嬴青簠 04594.2 睪(擇)其吉金
CE					楚

 以鄧鼎q xs406 睪(擇)其吉金	 孟縢姬缶 10005 睪(擇)其吉金	 楚子棄疾簠 xs314 睪(擇)其吉金	 王孫誥鐘 xs419 睪(擇)其吉金	 王孫誥鐘 xs421 睪(擇)其吉金	 王孫誥鐘 xs425 睪(擇)其吉金
 何次簠 xs402 睪(擇)其吉金	 孟縢姬缶 xs416 睪(擇)其吉金	 王孫誥鐘 xs418 睪(擇)其吉金	 王孫誥鐘 xs420 睪(擇)其吉金	 王孫誥鐘 xs422 睪(擇)其吉金	 王孫誥鐘 xs426 睪(擇)其吉金
 黝鐘 xs482a 睪(擇)吉金	 黝鐘 xs484a 睪(擇)吉金	 黝鎛 xs489a 睪(擇)吉金	 黝鎛 xs491a 睪(擇)吉金	 黝鎛 xs494a 睪(擇)吉金	 復公仲壺 09681 睪(擇)吉金
 黝鐘 xs486a 睪(擇)吉金		 黝鎛 xs490a 睪(擇)吉金	 黝鎛 xs492a 睪(擇)吉金	 黝鎛 xs496a 睪(擇)吉金	
楚					

 王孫誥鐘 xs427 睪(擇)其吉金	 王孫誥鐘 xs429 睪(擇)其吉金	 王孫誥鐘 xs434 睪(擇)其吉金	 王孫誥鐘 xs443 睪(擇)其吉金	 王子吴鼎 02717 睪(擇)其吉金	 發孫虜鼎g xs1205 睪(擇)余吉金
 王孫誥鐘 xs428 睪(擇)其吉金	 王孫誥鐘 xs430 睪(擇)其吉金	 王孫誥鐘 xs433 睪(擇)其吉金	 王孫遺者鐘 00261.1 睪(擇)其吉金	 王子吴鼎 mt02343b 睪(擇)其吉金	 發孫虜鼎q xs1205 睪(擇)余吉金

楚

 發孫虜簠 xs1773 睪(擇)其吉金  王子午鼎 02811.2 睪(擇)其吉金	 王子午鼎q xs444 睪(擇)其吉金  王子午鼎 xs446 睪(擇)其吉金	 王子午鼎q xs447 睪(擇)其吉金  王子午鼎 xs449 睪(擇)其吉金	 童麗君柏� q mx0494 睪(擇)其吉金  童麗君柏匿g mx0494 睪(擇)其吉金	 童麗君柏匿q mx0495 睪(擇)其吉金  童麗君柏匿g mx0495 睪(擇)其吉金	 季子康鎛 mt15790a 睪(擇)其吉金
楚			鍾離		

	 次口缶 xs1249 睪(擇)其吉金				
 羅兒匜 xs1266 睪(擇)厥吉金	 沇兒鎛 00203.1 睪(擇)其吉金  徐王子旃鐘 00182.1 睪(擇)其吉金	 郐王義楚觶 06513 睪(擇)余吉金  徐王義楚盤 10099 睪(擇)其吉金	 徐王義楚之元子劍　11668 睪(擇)其吉金  郐令尹者旨智爐　10391 睪(擇)其吉金	 之乘辰鐘 xs1409 睪(擇)厥吉金	 遷祁鐘 mt15520 睪(擇)厥吉金  遷祁鐘 mt15520 余鏞鏐是睪(擇)
羅	徐				舒

					 者㶇鐘 00197.1 睪(擇)其吉金  者㶇鐘 00198.1 睪(擇)其吉金
 遷沵鐘 mt15521 睪(擇)厥吉金  遷沵鐘 mt15521 余鏞鏐是睪(擇)	 遷沵鎛 mt15794 睪(擇)厥吉金  遷沵鎛 mt15794 余鏞鏐是睪(擇)	 遷沵鎛 mt15796 睪(擇)厥吉金  遷沵鎛 mt15796 余鏞鏐是睪(擇)	 遷沵鐘 mx1027 睪(擇)厥吉金  遷沵鐘 mx1027 余鏞鏐是睪(擇)	 夫欧申鼎 xs1250 睪(擇)厥吉金	 工吴王叡矩工吴劍　mt17948 睪(擇)其吉金  吴王餘眜劍 mx1352 睪(擇)厥吉金
舒					吴

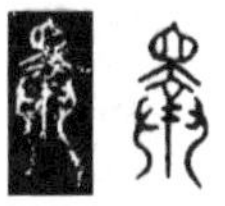 吴王光鑑 10298 睪(擇)其吉金	 臧孫鐘 00093 睪(擇)厥吉金	 臧孫鐘 00095 睪(擇)厥吉金	 臧孫鐘 00097 睪(擇)厥吉金	 臧孫鐘 00099 睪(擇)厥吉金	 臧孫鐘 00101 睪(擇)厥吉金
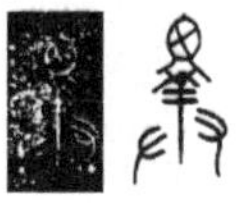 吴王光鑑 10299 睪(擇)其吉金	 臧孫鐘 00094 睪(擇)厥吉金	 臧孫鐘 00096 睪(擇)厥吉金	 臧孫鐘 00098 睪(擇)厥吉金	 臧孫鐘 00100 睪(擇)厥吉金	 配兒鉤鑃 00427.2 睪(擇)厥吉金
吴					

 吴王夫差鑑 10294 睪(擇)厥吉金	 吴王夫差鑑 10296 睪(擇)厥吉金	 攻吴王夫差鑑 mx1000 睪(擇)厥吉金	 者差劍 xs1869 睪(擇)吉金	 姑馮昏同之子句鑃 00424.1 睪(擇)厥吉金	 其次句鑃 00422A 睪(擇)其吉金
 吴王夫差鑑 10295 睪(擇)厥吉金	 攻吴王夫差鑑 xs1477 睪(擇)厥吉金	 吴王夫差缶 mt14082 睪(擇)其吉金	 䱷巢鎛 xs1277 睪(擇)厥吉金	 其次句鑃 00421 睪(擇)其吉金	 其次句鑃 00422B 睪(擇)其吉金
吴				越	

弄

		 邔子良人甗 00945 睪(擇)其吉金  王孫壽甗 00946 睪(擇)其吉金			
		 王孫叔諲甗 mt03362 睪(擇)曰吉金			
 越王者旨於睗鐘　00144 睪(擇)厥吉金  忾不余席鎮 mx1385 睪(擇)厥吉金	 者尚余卑盤 10165 睪(擇)其吉金	 揚鼎 mt02319 睪(擇)其吉金  何訇君鼎 02477 睪(擇)其囗[吉]金	 虞公劍 eb1297 睪(擇)厥吉金  虞公劍 eb1298 睪(擇)厥吉金	 智君子鑑 10288 弄鑑  智君子鑑 10289 弄鑑	 子之弄鳥尊 05761 弄鳥  君子弄鼎 02086 弄鼎
越				晉	

戒　　　　兵

	 天尹鐘 00005 元弄  天尹鐘 00006 元弄				
		 叔夷鐘 00272.2 夷不敢弗憼戒  叔夷鐘 00274.2 以専戒公家	 叔夷鐘 00275.1 汝以戒戎祚  叔夷鎛 00285.2 夷不敢弗憼戒	 叔夷鎛 00285.4 以専戒公家  叔夷鎛 00285.5 汝以戒戎祚	
 杕氏壺 09715 弄壺					 郘金戈 11262 以鑄良兵
燕		齊			晉

				 備兵鼎 jjmy007 備兵作寶鼎	
		 庚壺 09733.2B 兵虩車馬   庚壺 09733.2B 兵虩車馬	 叔夷鐘 00275.1 馬車戎兵  叔夷鎛 00285.5 車馬戎兵		
 與兵壺g eb878 太子之孫與兵  與兵壺q eb878 太子之孫與兵	 與兵壺 ms1068 太子之孫與兵				 郐諧尹征城 00425.2 儆至劍兵
鄭		齊		CE	徐

龏

	 戎生鐘 xs1615 用龏（恭）王令（命）	 魯伯悆盨 04458.1 魯伯悆用公龍（龔）  魯伯悆盨 04458.2 用公龔			
 秦公簋 04315.1 嚴龔（恭）夤天命  盄和鐘 00270.1 嚴龔（恭）夤天命	 晉公盤 mx0952 嚴夤龔（恭）天命  晉公盤 mx0952 虔龔（恭）盟祀				
			 鼄大宰簠 04623 畢龔（恭）孔惠  鼄大宰簠 04624 畢龔（恭）孔惠	 鼄公牼鐘 00149 畢龔（龏）畏忌  鼄公牼鐘 00150 畢龔（龏）畏忌	 鼄公牼鐘 00151 畢龔（龏）畏忌  鼄公華鐘 00245 畢龔（龏）畏忌
秦	晉	魯	邾		

			 叔夷鐘 00276.2 小心龏(恭)遵  叔夷鎛 00285.6 小心龏(恭)遵	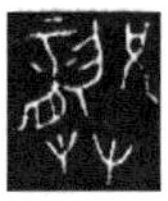 簷叔之仲子平鐘 00172 聖智龏(恭)哴(良)  簷叔之仲子平鐘 00173 聖智龏(恭)哴(良)	 簷叔之仲子平鐘 00174 聖智龏(恭)哴(良) 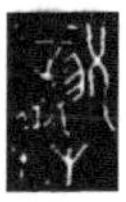 簷叔之仲子平鐘 00175 聖智龏(恭)哴(良)
 郳公鞁父鎛 mt15816 朕皇祖龏(龔)公  郳公鞁父鎛 mt15817 朕皇祖龏(龔)公	 郳公鞁父鎛 mt15818 朕皇祖龏(龔)公	 司馬楙鎛 eb47 嚴龏(恭)天命			
郳		滕	齊	莒	

<table>
<tr>
<td></td>
<td></td>
<td></td>
<td>
曾伯霥壺
ms1069
温龏(恭)且忌</td>
<td>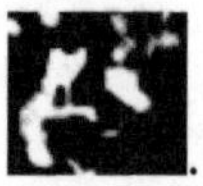
楚太師登鐘
mt15511a
慎淑温龏(恭)

楚太師登鐘
mt15512a
慎淑温龏(恭)</td>
<td>
楚太師登鐘
mt15513a
慎淑温龏(恭)

楚太師登鐘
mt15514a
慎淑温龏(恭)</td>
</tr>
<tr>
<td>
簷叔之仲子平鐘　00177
聖智龏(恭)哴(良)

簷叔之仲子平鐘　00178
聖智龏(恭)哴(良)</td>
<td>
簷叔之仲子平鐘　00179
聖智龏(恭)哴(良)

簷叔之仲子平鐘　00180
聖智龏(恭)哴(良)</td>
<td></td>
<td>
嬭加編鐘
kg2020.7
龏(恭)公早陟

嬭加鎛乙
ms1283
龏(恭)畏儔公及我大夫</td>
<td>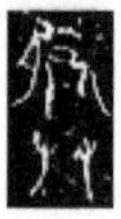
王孫誥鐘
xs418
温龏(恭)㝬遲

王孫誥鐘
xs419
温龏(恭)㝬遲</td>
<td>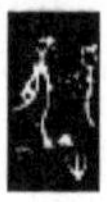
王孫誥鐘
xs420
温龏(恭)㝬遲

王孫誥鐘
xs421
温龏(恭)㝬遲</td>
</tr>
<tr>
<td></td>
<td></td>
<td>
禾簋
03939
皇母懿龏(恭)孟姬</td>
<td>
曾侯與鐘
mx1032
龏(恭)寅齋盟
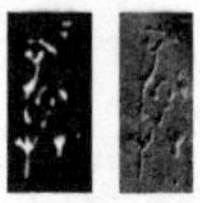
曾侯鐘
mx1025
畏忌温龏(恭)</td>
<td>
競孫旟也鬲
mt03036
龏(恭)持明德

龏王之卯戈
mt17058
龏(共)王</td>
<td></td>
</tr>
<tr>
<td colspan="2">莒</td>
<td>D</td>
<td>曾</td>
<td colspan="2">楚</td>
</tr>
</table>

 楚太師登鐘 mt15516a 慎淑温龏(恭)  楚太師登鐘 mt15517 慎淑温龏(恭)	 楚太師登鐘 mt15518a 慎淑温龏(恭)  楚太師登鐘 mt15519a 慎淑温龏(恭)	 楚太師鄧子辪慎鎛　mx1045 慎淑温龏(恭)			
 王孫誥鐘 xs422 温龏(恭)䟒遟  王孫誥鐘 xs423 温龏(恭)䟒遟	 王孫誥鐘 xs424 温龏(恭)䟒遟  王孫誥鐘 xs425 温龏(恭)䟒遟	 王孫誥鐘 xs426 温龏(恭)䟒遟  王孫誥鐘 xs427 温龏(恭)䟒遟	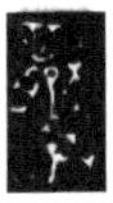 王孫誥鐘 xs428 温龏(恭)䟒遟  王孫誥鐘 xs429 温龏(恭)䟒遟	 王孫誥鐘 xs430 温龏(恭)䟒遟  王孫誥鐘 xs434 温龏(恭)䟒遟	 王孫誥鐘 xs432 温龏(恭)䟒遟  王孫誥鐘 xs433 温龏(恭)䟒遟
楚					

 王孫誥鐘 xs440 温龏(恭)誅遲	 王孫誥鐘 xs419 龏(恭)厥盟祀	 王孫誥鐘 xs421 龏(恭)厥盟祀	 王孫誥鐘 xs423 龏(恭)厥盟祀	 王孫誥鐘 xs425 龏(恭)厥盟祀	 王孫誥鐘 xs427 龏(恭)厥盟祀
 王孫誥鐘 xs418 龏(恭)厥盟祀	 王孫誥鐘 xs420 龏(恭)厥盟祀	 王孫誥鐘 xs422 龏(恭)厥盟祀	 王孫誥鐘 xs424 龏(恭)厥盟祀	 王孫誥鐘 xs426 龏(恭)厥盟祀	 王孫誥鐘 xs428 龏(恭)厥盟祀

楚

 王孫誥鐘 xs429 龏（恭）厥盟祀	 王孫誥鐘 xs436 龏（恭）厥盟祀	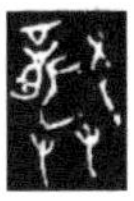 王孫誥鐘 xs439 龏（恭）厥盟祀	 王孫遺者鐘 00261.2 温龏（恭）誅遟	 王子午鼎 02811.2 温龏（恭）誅遟	 王子午鼎 xs445 温龏（恭）誅遟
 王孫誥鐘 xs430 龏（恭）厥盟祀	 王孫誥鐘 xs432 龏（恭）厥盟祀	 王孫誥鐘 xs440 龏（恭）厥盟祀		 王子午鼎q xs444 温龏（恭）誅遟	 王子午鼎 xs446 温龏（恭）誅遟

楚

具

		 秦公鐘 00262 具即其服  秦公鐘 00265 具即其服	 秦公鎛 00267.2 具即其服  秦公鎛 00268.2 具即其服	 秦公鎛 00269.2 具即其服	 曾伯霥簠 04631 具既俾方  曾伯霥簠 04632 具既俾方
 王子午鼎q xs447 温龏(恭)誅遲  王子午鼎 xs449 温龏(恭)誅遲	 文公之母弟鐘 xs1479 余龏好朋友				
楚		秦			曾

樊

 曾子斿鼎 02757 民鼎(俱)俾饗			 樊君簠 04487 樊(樊)君  樊君鬲 00626 樊君	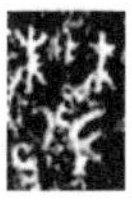 樊伯千鼎 mx0200 樊伯 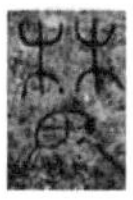 樊孫伯渚鼎 mx0197 樊孫伯渚	
	 叔師父壺 09706 孫叔師父作行具		 樊君匜 10256.1 樊君  樊君匜 10256.2 樊君	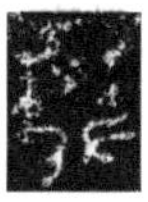 樊君盆 10329.1 楙(樊)君  樊君盆 10329.2 楙(樊)君	 樊夫人龍嬴壺 09637 樊夫人 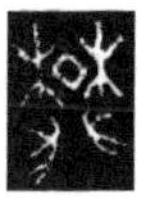 樊夫人龍嬴匜 10209 樊夫人
		 與子具鼎 xs1399 與子具	 樊季氏孫仲𪔂鼎 02624.1 樊(樊)季氏  樊季氏孫仲𪔂鼎 02624.2 樊(樊)季氏		
曾	CE		樊		

異　共

		 曾伯霥壺 ms1069 允顯允異			
 樊夫人龍嬴鬲 00675 樊夫人  樊夫人龍嬴鬲 00676 樊夫人	 樊夫人龍嬴鼎 xs296 樊夫人  樊夫人龍嬴盤 10082 樊夫人				
			 宋右師延敦g xs1713 畯共(恭)天常  宋右師延敦 CE33001 畯共(恭)天常	 鄬公韍父鎛 mt15815 以共(供)朝于王所 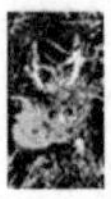 鄬公韍父鎛 mt15816 以共(供)朝于王所	 鄬公韍父鎛 mt15817 以共(供)朝于王所  鄬公韍父鎛 mt15818 以共(供)朝于王所
樊		曾	宋	鄬	

					 虢季鐘 xs1 用與其邦  虢季鐘 xs2 用與其邦
 叔夷鐘 00273.1 汝敬共(恭)辝命  叔夷鐘 00276.2 又共(恭)于箟武靈公之所	 叔夷鎛 00285.2 汝敬共(恭)辝命  叔夷鎛 00285.7 又共(恭)于公所				
		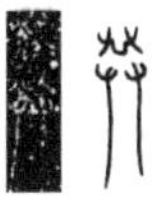 曾侯與鐘 mx1029 共(恭)寅齋盟  曾侯與鐘 mx1031 共(恭)寅齋盟	 蔡侯龖尊 06010 虔共(恭)大命  蔡侯龖盤 10171 虔共(恭)大命	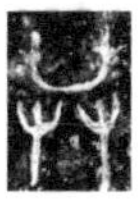 競之㲻鼎 mx0178 用共(供)盟祀  競之㲻鼎 hnbw 用共(供)盟祀	
齊		曾	蔡	楚	虢

					 曾大師賓樂與 鼎　mt01840 曾太師賓樂與
	  齊侯鎛 00271 㽙(與)鄩之民 人都鄙  庚壺 09733.2B 與台□獍師	 叔夷鐘 00277.2 戚戚(肅肅)㽙㽙  叔夷鎛 00285.8 戚戚(肅肅)㽙㽙	 鄧子盤 xs1242 鄧子與		()
 與兵壺q eb878 鄭太子之孫與 兵  與兵壺 ms1068 鄭太子之孫與 兵				 鄱子成周鐘 mt15257 與楚自作龢鐘  喬君鉦鉞 00423 喬君淲盧與朕	
鄭	齊		鄧	CE	曾

关　晨　[illegible]　鞄

	 皇與匜 eb954 皇譽(與)作匜		 郜公平侯鼎 02771 皇祖晨(晨)公  郜公平侯鼎 02772 皇祖晨(晨)公		
				 晋公盤 mx0952 莫不日頼(卑) [illegible](恭)	 齊侯鎛 00271 齊辟鞄(鮑)叔  齊侯鎛 00271 鞄(鮑)子鎗
 霸服晋邦劍 wy054 □之與成□	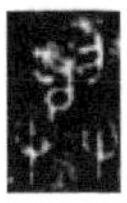 與子具鼎 xs1399 與子具	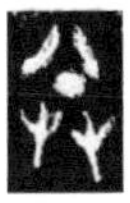 曾子季关臣簠 eb463 曾子季关臣  曾子季关臣簠 eb464 曾子季关臣			
吴		曾	CE	晋	齊

鬲

		 芮太子白鬲 mt02980 萬寶壘(鬲)  芮太子白鬲 mt02981 萬寶壘(鬲)	 芮太子白鬲 mt02898 寶壘(鬲)  芮太子白鬲 mt02899 寶壘(鬲)	 芮公鬲 eb77 芮公作鑄盄(鬲)  芮太子鬲 eb78 作鑄盄(鬲)	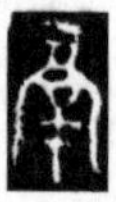 内公鼎 00743 媵鬲
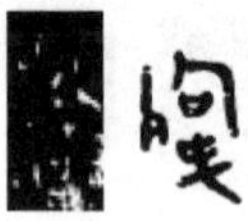 齊侯鎛 00271 鞷(鮑)叔  齊鞷氏鐘 00142.1 齊鞷(鮑)氏孫	 鞷子鼎 mt02404A 鞷(鮑)子				
齊		芮			

 虢季鬲 xs22 寶鬲	 虢季鬲 xs24 寶鬲	 虢季鬲 xs26 寶鬲	 虢季氏子組鬲 00662 作鬲	 虢宫父鬲 xs50 作鬲	 國子碩父鬲 xs48 羞鬳(鬲)
 虢季鬲 xs23 寶鬲	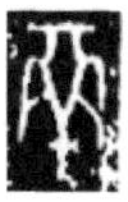 虢季鬲 xs25 寶鬲	 虢季鬲 xs27 寶鬲	 虢季氏子組鬲 mt02888 作鬲	 虢宫父鬲 mt02823 行鬳(鬲)	 國子碩父鬲 xs49 羞鬳(鬲)

虢

<table>
<tr>
<td>
虢季子組鬲
00661
作鬲

虢叔鬲
00603
隮(尊)鬲</td>
<td></td>
<td>
衛夫人鬲
xs1700
行鬲

衛夫人鬲
xs1701
行鬲</td>
<td>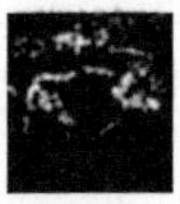
衛夫人鬲
00595
行鬲</td>
<td>
燕仲鬲
kw2021.3
旅尊鬻

畢鬲
kw2021.3
鼐鬻(鬲)</td>
<td>
單伯邍父鬲
00737
尊鬲</td>
</tr>
<tr>
<td></td>
<td>
子犯鬲
mt02727
寶鬳(鬲)</td>
<td></td>
<td></td>
<td></td>
<td></td>
</tr>
<tr>
<td></td>
<td></td>
<td></td>
<td></td>
<td></td>
<td></td>
</tr>
<tr>
<td>虢</td>
<td>晉</td>
<td colspan="2">衛</td>
<td>燕</td>
<td>單</td>
</tr>
</table>

 鄭井叔蒦父鬲 00580 搸(饋)鬲  鄭井叔蒦父鬲 00581 羞鬲	 鄭叔蒦父鬲 00579 羞鬲  鄭師□父鬲 00731 薦鬲	 戈叔慶父鬲 00608 尊鬲	 陳厌鬲 00705 媵鬲  陳厌鬲 00706 媵鬲	 杞伯雙聯鬲 mx0262 媵鬲	 鑄子叔黑叵鬲 00735 寶鬲(鬲)  䰜姬鬲 xs1070 羞鬲
鄭		戴	陳	杞	鑄

 魯伯愈父鬲 00690 媵羞䰙(鬲)  魯伯愈父鬲 00691 媵羞䰙(鬲)	 魯伯愈父鬲 00692 媵羞䰙(鬲)  魯伯愈父鬲 00693 媵羞䰙(鬲)	 魯伯愈父鬲 00694 媵羞䰙(鬲)  魯伯愈父鬲 00695 媵羞䰙(鬲)	 魯姬鬲 00593 尊鬲  魯宰駟父鬲 00707 媵䰙(鬲)	 郳友父鬲 mt02939 寶鬲  郳友父鬲 mt02942 寶鬲	 鼄友父鬲 00717 寶鬲  郳友父鬲 xs1094 寶鬲
				 郳始鬲 00596 羞鬲	
魯				郳	

 邾友父鬲 mt02941 寶鬲  鼄口匜 10236 寶鬲	 兒慶鬲 mt02867 羞鬶(鬲)  兒慶鬲 mt02868 羞鬶(鬲)	 郳華妊鬲 mt02762 羞鬲(鬲)  郳華妊鬲 mt02763 羞鬲(鬲)	 郳慶鬲 ms0312 羞鬶(鬲)	 鼄伯鬲 00669 媵鬲	 齊趫父鬲 00685 寶鬲  齊趫父鬲 00686 寶鬲
					 叔夷鐘 00273.1 汝應鬲公家  叔夷鎛 00285.2 汝應鬲公家
郳				邾	齊

 齊不趠鬲 mt02926 尊鬲	 番伯□孫鬲 00630 寶鬲  番君酟伯鬲 00732 寶鼎	 番君酟伯鬲 00733 寶鼎  番君酟伯鬲 00734 寶鼎	 黃朱柢鬲 00609 用吉金作鬲  黃朱柢鬲 00610 用吉金作鬲	 樊君鬲 00626 媵器寶鬻	 曾伯鬲 xs1217 寶尊鬲  曾子單鬲 00625 寶鬲
				 樊夫人龍嬴鬲 00675 行鬲  樊夫人龍嬴鬲 00676 行鬲	 湛之行鬲甲 kx2021.1 行鬻(鬲)  湛之行鬲乙 kx2021.1 行鬻(鬲)
					 □□行鬲 mx0236 行鬲  曾侯與鬲 mx0240 行鬻(鬲)
齊	番		黃	樊	曾

 曾伯宫父穆鬲 00699 寶尊鬲  𨷂子奠伯鬲 00742 尊鬲				 江小仲母生鼎 02391 用鬲	 鄂姜鬲 jk2020.3 羞鬲 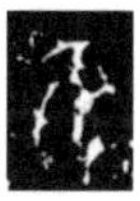 鄂侯鬲 ms0319 行鬲
 湛之行鬲丙 kx2021.1 行鬻(鬲)  湛之行鬲丁 kx2021.1 行鬻(鬲)	 湛作季嬴鬲甲 kx2021.1 湛作季嬴鬻(鬲)  湛作季嬴鬲乙 kx2021.1 湛作季嬴鬻(鬲)	 湛作季嬴鬲丙 kx2021.1 湛作季嬴鬻(鬲)  湛作季嬴鬲丁 kx2021.1 湛作季嬴鬻(鬲)	 曾夫人鬲 ms0306 𨘗鬻(鬲)	 江叔𥂴鬲 00677 尊鬲	
曾				CE	

鬳

 袒仲無龍鬲 00713 寶鬲  袒仲無龍鬲 00714 寶鬲	 鄦大嗣攻鬲 00678 □其鬲	 叔牙父鬲 00674 尊鬲  右戲仲夏父鬲 00668 豐鬲		 仲姜甗 mt03300 尊鬳(甗)	
			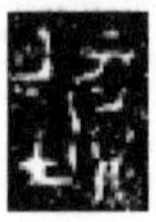 薦鬲 xs458 薦䵼(鬲)  鄬子受鬲 xs529 鬻鬲		
					 陳侯戈 mx1198 □鬳用造
CE			楚	芮	陳

融　　　　鬻

	 王孫壽甗 00946 飤鬳(甗)				
		 邾公釛鐘(邾) 00102 陸螎(融)之孫			 庚兒鼎 02715 用龢用鬻(煮)  庚兒鼎 02716 用龢用鬻(煮)
 曾公子弃疾甗 mx0280 簦甗  曾孫伯國甗 mx0277 行鬳(甗)			 郳公韍父鎛 mt15815 余有螎(融)之子孫  郳公韍父鎛 mt15816 余有螎(融)之子孫	 郳公韍父鎛 mt15817 余有螎(融)之子孫   郳公韍父鎛 mt15818 余有螎(融)之子孫	
曾		邾	郳		徐

鬻

		 曾者子鼎 02563 鬻鼎			
	 有兒簋 mt05166 鬻簋	 湛之釶 kx2021.1 鬻釶			
 襄腫子湯鼎 xs1310 襄腫子湯之鬻(煮)			 蔡侯𨐋簋 03592.1 鬻簋  蔡侯𨐋簋 03593.1 鬻簋	 蔡侯𨐋簋 03594.1 鬻簋  蔡侯𨐋簋 03595.1 鬻簋	 蔡侯𨐋簋 03595.2 鬻簋  蔡侯𨐋簋 03597.1 鬻簋
CE	陳	曾	蔡		

			 𨞪公彭宇簠 04610 鬳盬  𨞪公彭宇簠 04611 鬳盬		
				 上鄀府簠 04613.1 鬳盬  上鄀府簠 04613.2 鬳盬	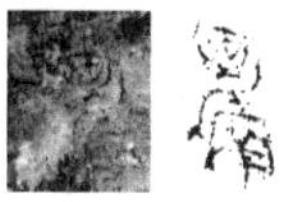 鄬子受鼎 xs527 鬳鼜(升)  鄬子受鼎 xs528 鬳鼜(升)
 蔡侯䵼簋 03597.2 鬳簋 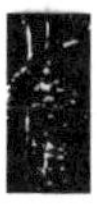 蔡侯䵼簋 03598.1 鬳簋	 蔡侯䵼簋 03598.2 鬳簋  蔡侯䵼簋 03599 鬳簋	 蔡侯方壺 09573 鬳壺			 競之變鼎 mx0178 𪔂彝鬳盎  競之朝鼎 Hnbw 𪔂彝鬳盎
蔡			CE		楚

				鬻	鬻
	 彔簋蓋甲 mx0392 鬻簋  彔簋蓋乙 mx0393 鬻簋	 朿仲豈父簋 mx0404 鬻簋  朿仲豈父簋蓋 03924 鬻簋		 郤王鼎攚鼎 02675 用鬻魚腊	 陳公子甗 00947 用鬻稻粱
 鄬子受鬲 xs529 鬻鬲			 瘃鼎 02569 作其鬻鼎鼎(鼎鼎)		
 競孫旟也鬲 mt03036 鬻彝			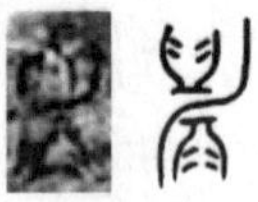 伯怡父鼎 eb312 鬻鼎		
楚				徐	陳

盬	鬻		盬	盬	孚
		 叔夜鼎 02646 用盬(煮)用鬻(亨)	 叔夜鼎 02646 用盬用鬻		
 王孫叔諲甗 mt03362 以盬稻粱				 者瀘鐘 00195 若盬(召)公壽 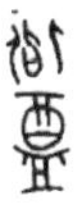 者瀘鐘 00198 若盬(召)公壽	 庚壺 09733.1B 孚(俘)其士女
	 夫欧申鼎 xs1250 余以盬以鬻(亨)  夫欧申鼎 xs1250 羕(永)寶用鬻(亨)				
	舒			吳	齊

爲

 芮太子白鬲 mt02980 作爲萬寶鬲	 芮太子白鬲 mt02898 作爲萬寶鬲	 仲姜壺 mt12247 作爲桓公尊壺	 仲姜甗 mt03300 作爲桓公尊甗	 仲姜鼎 mt01836 作爲桓公尊鼎	 仲姜鼎 mt01838 作爲桓公尊鼎
 芮太子白鬲 mt02981 作爲萬寶鬲	 芮太子白鬲 mt02899 作爲㝬父寶鬲	 仲姜壺 mt12248 作爲桓公尊壺	 仲姜鼎 mt01835 作爲桓公尊鼎	 仲姜鼎 mt01837 作爲桓公尊鼎	 仲姜簋g mt04532 作爲逗公尊簋

芮

 仲姜簋q mt04532 作爲趞公尊簋	 仲姜簋q mt04533 作爲趞公尊簋	 仲姜簋q mt04534 作爲趞公尊簋	 仲姜簋q mt04535 作爲趞公尊簋	 芮公簋g mx0350 作爲旅簋	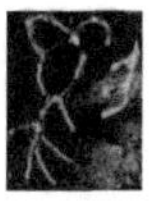 芮公簋 ms0428 作爲旅簋
 仲姜簋g mt04533 作爲逭公尊簋	 仲姜簋g mt04534 作爲趞公尊簋	 仲姜簋g mt04535 作爲逭公尊簋	 芮公簋 eb391 作爲旅簋	 芮公簋q mx0350 作爲旅簋	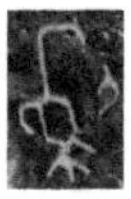 芮公簋g ms0429 作爲旅簋

芮

 芮公簋q ms0429 作爲旅簋 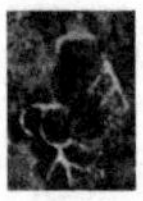 芮公簋g ms0430 作爲旅簋	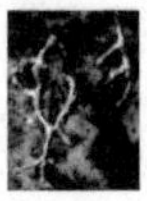 芮公簋q ms0430 作爲旅簋  芮公簋g ms0431 作爲旅簋	 芮公簋q ms0431 作爲旅簋	 虢季鐘 xs2 作爲協鐘  虢季鐘 xs3 作爲協鐘	 虢季甗 ws2020.1 爲匽姬媵甗	 太師盤 xs1464 作爲子仲姜盥盤  太師盤 xs1464 永用爲寶
					 子犯鐘 xs1012 用爲龢鐘九堵
					 郘黛鐘 00226 作爲余鐘  郘黛鐘 00226 余不敢爲驕
芮			虢		晋

 晉姜鼎 02826 作𩰫爲極					
 邵黛鐘 00226 永以爲寶  邵黛鐘 00227 余不敢爲驕	 邵黛鐘 00228 作爲余鐘  邵黛鐘 00228 余不敢爲驕	 邵黛鐘 00228 永以爲寶  邵黛鐘 00230 作爲余鐘	 邵黛鐘 00230 余不敢爲驕  邵黛鐘 00231 作爲余鐘	 邵黛鐘 00231 余不敢爲驕  邵黛鐘 00231 永以爲寶	 邵黛鐘 00232 作爲余鐘  邵黛鐘 00232 永以爲寶

晉

 郘黛鐘 00234 作爲余鐘  郘黛鐘 00235 余不敢爲驕	 郘黛鐘 00235 永以爲寶  郘黛鐘 00237 作爲余鐘	 郘黛鐘 00229 余不敢爲驕 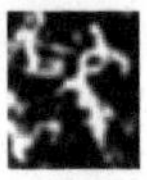 郘黛鐘 00236 不敢爲驕	 郘黛鐘 00233 作爲余鐘  郘黛鐘 00233 不敢爲驕	 郘黛鐘 00233 永以爲寶  郘大叔斧 11788 以新金爲貳車之斧	 趙孟庎壺 09678 爲趙孟庎邗王之賜金  趙孟庎壺 09678 以爲祠器
晋					

			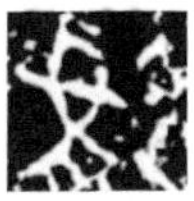 燕仲盨g kw2021.3 作爲寶盨	 燕仲盨q kw2021.3 作爲寶盨  燕仲鼎 kw2021.3 作爲尊鼎	 燕太子簋 kw2021.3 作爲行簋用  畢鬲 kw2021.3 畢爲其亷鬻(鬲)
			 匽公匜 10229 作爲姜乘盤匜		
 趙孟庎壺 09679 爲趙孟庎邗王之賜金  趙孟庎壺 09679 以爲祠器	 少虡劍 11696.1 作爲元用  少虡劍 11697 作爲元用	 少虡劍 xs985 作爲元用  吉日壬午劍 mt18021 作爲元用	 杕氏壺 09715 以爲弄壺		
晋			燕		

 燕仲匜 kw2021.3 作爲匜	 宗婦鄁嫛鼎 02683 宗婦鄁嫛爲宗彝䵼彝  宗婦鄁嫛鼎 02684 爲宗彝䵼彝	 宗婦鄁嫛鼎 02685 爲宗彝䵼彝  宗婦鄁嫛鼎 02686 爲宗彝䵼彝	 宗婦鄁嫛鼎 02687 爲宗彝䵼彝  宗婦鄁嫛鼎 02689 爲宗彝䵼彝	 宗婦鄁嫛毁蓋 04076 爲宗彝䵼彝  宗婦鄁嫛毁 04077 爲宗彝䵼彝	 宗婦鄁嫛毁 04078 爲宗彝䵼彝  宗婦鄁嫛毁 04079 爲宗彝䵼彝
燕	BC				

宗婦鄁嬰𣪘
04080
爲宗彝䵼彝

宗婦鄁嬰𣪘
04081
爲宗彝䵼彝

宗婦鄁嬰𣪘
04082
爲宗彝䵼彝

宗婦鄁嬰𣪘
04083
爲宗彝䵼彝

宗婦鄁嬰𣪘
04084
爲宗彝䵼彝

宗婦鄁嬰𣪘
04085
爲宗彝䵼彝

宗婦鄁嬰𣪘
04086.1
爲宗彝䵼彝

宗婦鄁嬰𣪘
04086.2
爲宗彝䵼彝

宗婦鄁嬰𣪘
04087
爲宗彝䵼彝

宗婦鄁嬰壺
09698.2
爲宗彝䵼彝

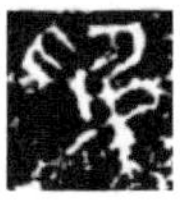
宗婦鄁嬰盤
10152
爲宗彝䵼彝

BC

鄭	陳		邊	宋	魯
 召叔山父簠 04601 用爲永寶  召叔山父簠 04602 用爲永寶					
	 陳姬小公子盨 04379.1 陳姬小公子子爲叔嬀飤盨  陳姬小公子盨 04379.2 爲叔嬀飤盨	 有兒簋 mt05166 自作爲其鬻簋			
 鄭莊公之孫盧鼎　mt02409 以爲父母  盧鼎q xs1237 以爲父母			 鄒子𡬠簠 04545 爲其行器  鄒子𦣞𡬠鼎g 02498 爲其行器	 宋君夫人鼎q eb304 爲民父母  宋君夫人鼎g eb304 爲民父母	 歸父敦 04640 爲其膳敦

		 畢仲弁簠 mt05912 作爲其北譱籃		 郜召簠q xs1042 作爲其旅筐  郜召簠g xs1042 作爲其旅筐	
				 郜公典盤 xs1043 公典爲其盥盤	 齊太宰歸父盤 10151 齊太宰歸父䨖爲忌沬盤  齊侯鎛 00271 余爲大攻厄
 鼄公華鐘 00245 慎爲之銘  邾公孫班鎛 00140 爲其龢鎛	 郳大司馬鈚 ms1177 爲其行鈚  郳大司馬彊盤 ms1216 爲其盥盤	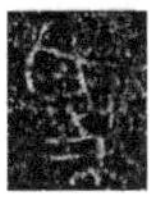 郳大司馬彊匜 ms1260 爲其籐匜	 者兒戈 mx1255 爲其酋戈		
邾	郳		滕	郜	齊

			 哀鼎g mt02311 爲改善會鼎  哀鼎q mt02311 爲改譱會鼎		
 叔夷鐘 00273.2 爲汝敵寮  叔夷鎛 00285.3 爲汝敵寮	 叔夷鎛 00285.4 爲大事(吏)	 篖叔之仲子平鐘　00172 乃爲[之音]  篖叔之仲子平鐘　00174 乃爲之音			
			 曩公壺 09704 作爲子叔姜媵盥壺	 聽盂 xs1072 所獻爲下寢盂  闇丘爲鵖造戈 11073 間丘爲鵖造	 賈孫叔子屖盤 mt14512 爲子孟姜媵盥盤
齊		莒	曩	D	

 鄧公簋蓋 04055 用爲女夫人尊誝敦	 曾亘嫚鼎 xs1201 爲爾行器  曾亘嫚鼎 xs1202 爲爾行器	 曾伯陭鉞 xs1203 用爲民貿  曾伯陭鉞 xs1203 用爲民政	 曾伯陭壺 09712.1 爲德無叚  曾伯陭壺 09712.4 爲德無叚	 曾伯霥壺 ms1069 爲民父母  孟爾克母簠g ms0583 爲子孫寶	 孟爾克母簠q ms0583 爲子孫寶 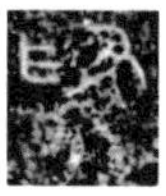 牧臣簠g ms0554 爲爾行䀇
	 曾子原彝簠 04573 爲孟姬鄬鑄媵䀇	 嬭加編鐘 kg2020.7 楚既爲弋(忒)  嬭加鎛乙 ms1283 余［爲婦］爲夫			
		 巫鼎 ms0212 巫爲其舅叔考臣鑄行緐鼎  巫簠 ms0557 巫爲其舅叔考臣鑄行緐簠			
鄧	曾				

 孟城瓶 09980 作爲行瓶			 郐大子鼎 02652 作爲其好妻□ ［鼎］		
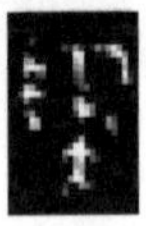 章子鄭戈 11295A 爲其戣戈  鄝膚簠 mx0500 爲羊兒鑄媵匿	 鄴伯受簠 04599.1 作其元妹叔嬴 爲心媵饙簠  鄴伯受簠 04599.2 作其元妹叔嬴 爲心媵饙簠				
 邧公卲倮戈 mx1210 匜(爲)郟造王 □		 楚叔之孫途盉 09426 爲之盉  楚子壽戈 mx1156 楚子壽爲其…		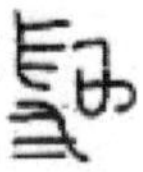 吴王餘昧劍 mx1352 叡餓郐命我爲 王  工吴王叡劍 mt17948 以爲元用	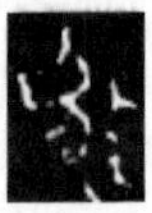 攻吴王之孫盉 xs1283 作爲鋻
CE		楚	徐	吴	

			妥		丮
	 爲甫人盨 04406 □□爲夫人行盨 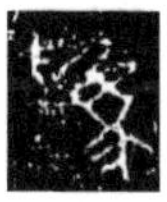 爲甫人鼎 mt02064 □□爲夫人𩞁鼎	 眚仲之孫簋 04120 爲尋率樂□子𣅀父	 晉姜鼎 02826 康揉妥(綏)褱		
	 伯彊簠 04526 伯彊爲皇氏伯行器	 大孟姜匜 10274 用爲元寶  益余敦 xs1627 爲其賸敦			
 邗王是埜戈 11263.2 作爲元用  邗王是埜戈 xs1638 作爲元用	 虡公劍 11663B 其以作爲用元劍  虡公劍 eb1297 作元爲用	 壬午吉日戈 xs1979 作爲王用  行氏伯爲盆 mx0539 行氏伯爲…媵盆		 曾侯鐘 mx1025 妥(綏)□彼無□	 郘黛鐘 00226 余嘼(狩)丮武  郘黛鐘 00227 余嘼(狩)丮武
吳			晉	曾	晉

執

		 叔夷鐘 00278 而埶(執)斯字  叔夷鐘 00280 而埶(執)斯字	 叔夷鎛 00285.8 而埶(執)斯字	 曾仲鄬君鎮墓獸方座　xs521 曾仲俶䣄䐑之且𢪛(埶)	 曾公畎鎛鐘 jk2020.1 保埶子孫  曾公畎甬鐘 A jk2020.1 保埶子孫
 郘黛鐘 00228 余畀(狩)丮武  郘黛鐘 00230 余畀(狩)丮武	 郘黛鐘 00231 余畀(狩)丮武  郘黛鐘 00233 余畀(狩)丮武				
晉		齊		曾	

孰

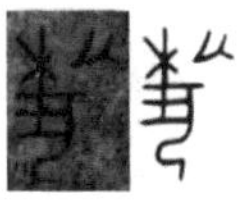 曾公㖊甬鐘 B jk2020.1 保執子孫  曾公㖊甬鐘 B jk2020.1 保執子孫					
	 𪒠鐘 xs485b 男子之埶(藝)  𪒠鎛 xs491a 男子之埶(藝)	 𪒠鎛 xs493b 男子之埶(藝)  𪒠鎛 xs495b 男子之埶(藝)	 𪒠鎛 xs489b 男子之𢡱(藝)  𪒠鎛 xs490b 男子之𢡱(藝)	 吴王光鐘 00224.33 𡡾(藝)孜(兹) [且紫]	 配兒鉤鑃 00426.1 余孰戕于戎功且武  配兒鉤鑃 00427.1 余孰戕于戎功且武
曾	楚			吴	吴

巩	⿰谷凡	⿰己凡			
 叔夷鐘 00273.1 汝娶(巩)勞朕行師  叔夷鎛 00285.2 汝娶(巩)勞朕行師	 ⿰谷凡子氏壺 ms1043 ⿰谷凡子氏	 王孫誥鐘 xs418 畏⿰己婁(忌)趩趩  王孫誥鐘 xs419 畏⿰己婁(忌)趩趩	 王孫誥鐘 xs420 畏⿰己婁(忌)趩趩  王孫誥鐘 xs421 畏⿰己婁(忌)趩趩	 王孫誥鐘 xs422 畏⿰己婁(忌)趩趩  王孫誥鐘 xs423 畏⿰己婁(忌)趩趩	 王孫誥鐘 xs425 畏⿰己婁(忌)趩趩  王孫誥鐘 xs427 畏⿰己婁(忌)趩趩
	 ⿰谷凡子劍 11578 ⿰谷凡子之用				
齊		楚			

⿰其丮

			 秦公鐘 00263 秦公⿱⿰其丮女(其)畯 䪯在位  秦公鐘 00263 ⿱⿰其丮女(其)康寶	 秦公鎛 00267.2 秦公⿱⿰其丮女(其)畯 䪯在位  秦公鎛 00267.2 ⿱⿰其丮女(其)康寶	 秦公鎛 00268.2 秦公⿱⿰其丮女(其)畯 䪯在位  秦公鎛 00268.2 ⿱⿰其丮女(其)康寶
 王孫誥鐘 xs428 畏⿱⿰己丮女(忌)趩趩  王孫誥鐘 xs429 畏⿱⿰己丮女(忌)趩趩	 王孫誥鐘 xs430 畏⿱⿰己丮女(忌)趩趩  王孫誥鐘 xs434 畏⿱⿰己丮女(忌)趩趩	 王孫誥鐘 xs439 畏⿱⿰己丮女(忌)趩趩  王孫誥鐘 xs440 畏⿱⿰己丮女(忌)趩趩	 秦公簋 04315.2 ⿱⿰其丮又(其)嚴遄各		
楚			秦		

 秦公鎛 00269.2 秦公嬰(其)畯 鈴在位  秦公鎛 00269.2 嬰(其)康寶	 鄧公孫無忌鼎 xs1231 鄧公孫無嬰(忌)				
				 上都府簠 04613.1 嬰(其)眉壽萬年 無期  上都府簠 04613.2 嬰(其)眉壽萬年 無期	 上都公簠g xs401 嬰(其)眉壽萬年 無期  上都公簠q xs401 嬰(其)眉壽萬年 無期
		 曾孫無期鼎 02606 曾孫無期	 雌盤 ms1210 其眉壽無期(期)		
秦	鄧	曾	蔡	CE	

<table>
<tr><td></td><td></td><td></td><td></td><td></td><td></td></tr>
<tr>
<td>
王孫遺者鐘
00261.2
畏嬰(忌)趩趩</td>
<td>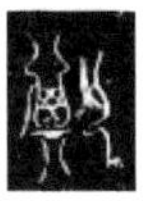
王子午鼎
02811.2
畏諆(忌)趩趩

王子午鼎q
xs444
畏諆(忌)趩趩</td>
<td>
王子午鼎
xs445
畏諆(忌)趩趩

王子午鼎
xs446
畏諆(忌)趩趩</td>
<td>
王子午鼎q
xs447
畏諆(忌)趩趩

王子午鼎
xs449
畏諆(忌)趩趩</td>
<td></td>
<td></td>
</tr>
<tr>
<td></td><td></td><td></td><td></td>
<td>
配兒鉤鑃
00427.1
余卲(畢)□□嬰(忌)</td>
<td>
乙鼎
02607
眉壽無瑕(期)

子可期戈
11072
子可諆之用</td>
</tr>
<tr><td colspan="4">楚</td><td>吴</td><td></td></tr>
</table>

又

 秦公鐘 00262 克明又心  秦公鐘 00265 克明又心	 秦公鎛 00267.1 克明又心  秦公鎛 00268.1 克明又心	 秦公鎛 00269.1 克明又心  有司伯喪矛 eb1271 又(有)司伯喪	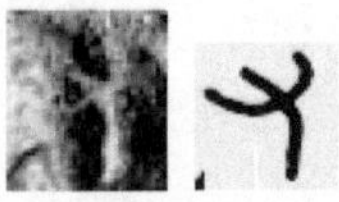 有司伯喪矛 eb1272 又(有)司伯喪  秦子簋蓋 eb423 又(有)柔孔嘉	 虢季氏子組盤 ms1214 十又一年	 戎生鐘 xs1613 十又一月  戎生鐘 xs1619 黄耇又𪈇
 秦公簋 04315.1 十又二公  秦公簋 04315.2 高引又(有)慶	 盄和鐘 00270.1 竈(肇)又(有)下國	 盄和鐘 00270.1 十又二公  盄和鐘 00270.2 高引又(有)慶			
秦				虢	晉

	 邿召簋q xs1042 使受福毋又(有) 疆  邿召簋g xs1042 使受福毋又(有) 疆				
 鄭大内史叔上 匜　10281 十又二月	 邿公典盤 xs1043 于終又(有)卒	 齊侯鎛 00271 皇祖又(有)成 惠叔  齊侯鎛 00271 皇妣又(有)成 惠姜	 齊侯鎛 00271 䡅叔又(有)成 勞于齊邦  齊侯鎛 00271 二百又九十又 九	 齊侯鎛 00271 二百又九十又 九	 叔夷鐘 00275.1 三百又五十  叔夷鐘 00275.2 又(有)敢在帝所
鄭	邿	齊			

		 鄧公簋 03858 十又四月			
 叔夷鐘 00276.2 又(有)恭于…之所  叔夷鐘 00283 又…	 叔夷鎛 00285.5 又(有)敢在帝所  叔夷鎛 00285.5 三百又五十		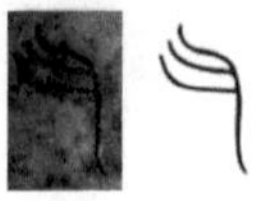 曾公⿰目求甬鐘 A jk2020.1 又(有)成有慶  曾公⿰目求甬鐘 A jk2020.1 吾聖又(有)聞	 曾公⿰目求甬鐘 B jk2020.1 小心又(有)德  曾公⿰目求甬鐘 B jk2020.1 左右又(有)周	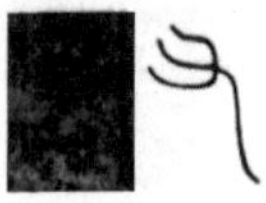 曾公⿰目求甬鐘 B jk2020.1 左右又(有)周 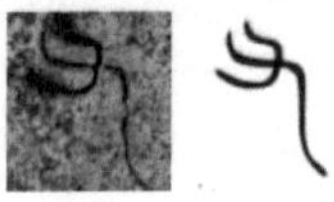 曾公⿰目求甬鐘 B jk2020.1 吾聖又(有)聞
齊		鄧	曾		

曾公畩甬鐘A
jk2020.1
左右又(有)周

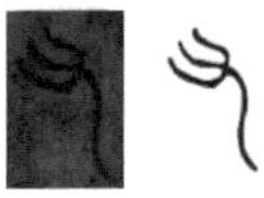
曾公畩甬鐘A
jk2020.1
小心又(有)德

曾公畩鎛鐘
jk2020.1
又(有)成有慶

曾公畩鎛鐘
jk2020.1
左右又(有)周

曾公畩鎛鐘
jk2020.1
小心又(有)德

曾公畩甬鐘B
jk2020.1
又(有)成有慶

曾公畩甬鐘A
jk2020.1
吾聖又(有)聞

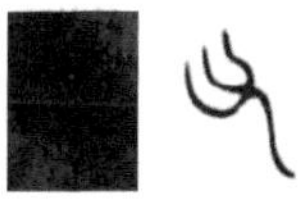
曾公畩甬鐘A
jk2020.1
左右又(有)周

曾公畩鎛鐘
jk2020.1
有成又(有)慶

曾公畩鎛鐘
jk2020.1
吾聖又(有)聞

曾公畩鎛鐘
jk2020.1
左右又(有)周

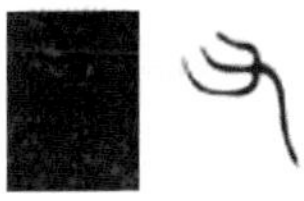
曾公畩甬鐘B
jk2020.1
有成又(有)慶

曾

	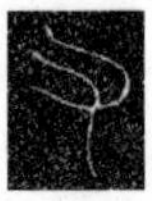 䣄公彭宇簠 04610 十又一月  䣄公彭宇簠 04611 十又一月	 鄀公諴鼎 02753 十又四月  鄀于子瓶簠 04543 鄀于子瓶又自作旅簠			
 曾公畩甬鐘 A jk2020.1 有成又(有)慶  曾公畩甬鐘 A jk2020.1 左右又(有)周			 王孫誥鐘 xs418 又(有)嚴穆穆  王孫誥鐘 xs421 又(有)嚴穆穆	 王孫誥鐘 xs422 又(有)嚴穆穆  王孫誥鐘 xs426 又(有)嚴穆穆	 王孫誥鐘 xs427 又(有)嚴穆穆  王孫誥鐘 xs429 又(有)嚴穆穆
曾	CE		楚		

 王孫誥鐘 xs430 又(有)嚴穆穆  王孫誥鐘 xs434 又(有)嚴穆穆	 王孫誥鐘 xs433 又(有)嚴穆穆  王孫誥鐘 xs443 又(有)嚴穆穆	 鄬子受鐘 xs504 十又四年叁月  鄬子受鐘 xs506 十又四年叁月	 鄬子受鐘 xs509 十又四年叁月  鄬子受鎛 xs513 十又四年叁月	 鄬子受鎛 xs514 十又四年叁月  鄬子受鎛 xs515 十又四年叁月	 鄬子受鎛 xs516 十又四年叁月  鄬子受鎛 xs519 十又四年叁月

右

			 秦公鐘 00262 咸畜左右  秦公鐘 00265 咸畜左右	 秦公鎛 00267.1 咸畜左右  秦公鎛 00268.1 咸畜左右	 秦公鎛 00269.1 咸畜左右  秦子戈 11352a 左右市鮭
		 文公之母弟鐘 xs1479 …不(丕)義又 匿			
 郐王耑又觶 06506 徐王耑又  三兒簋 04245 □又之□	 工吴王䱷䣱工 吴劍　mt17948 又(有)勇無勇  吴王光鐘 00224.3 華英又(有)慶				
徐	吴		秦		

 秦子戈 11353 左右市魼  秦子矛 11547.2 左右市魼	 秦子戈 xs1350 左右市魼  秦子戈 mt17209 左右市魼				
		 子犯鐘 xs1008 晋公左右  子犯鐘 xs1010 晋公左右	 子犯鐘 xs1020 晋公左右 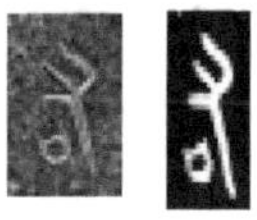 子犯鐘 xs1022 晋公左右	 晋公盆 10342 左右武王  晋公盆 10342 作馮(溓)左右	 晋公盤 mx0952 左右武王  晋公盤 mx0952 作彭(蔽)左右
秦		晋			

 右洀州還矛 11503 右泉州縣	 叔左鼎 mt02334 右子□□		 曹右庇戈 11070 曹右庇(庫)	 庚壺 09733.1B 右師	 叔夷鐘 00272.2 左右毋諱  叔夷鐘 00274.2 左右余一人
 燕西宮壺 xs1298 右遲尹		 宋右師延敦g xs1713 宋右師  宋右師延敦 CE33001 宋右師		 亡鹽戈 xs1538 亡(無)鹽右  平阿右戟 xs1542 平阿右造戟	
燕	BC	宋	曹	齊	

					 烀右盤 10150 唯烀右自作…寶盤
 叔夷鐘 00278 齊侯左右  叔夷鐘 00279 左右毋諱	 叔夷鐘 00280 齊侯左右  叔夷鎛 00285.2 左右毋諱	 叔夷鎛 00285.4 左右余一人  叔夷鎛 00285.8 齊侯左右		 右庇之戈 lw2007.5.16 右庇(庫)	 曾公𤸫鎛鐘 jk2020.1 左右有周  曾公𤸫鎛鐘 jk2020.1 左右有周
			 淳于右戈 xs1069 淳于右造	 右伯君權 10383 右伯君西里疸	 曾侯與鐘 mx1029 䢅(左)䢅(右)文武  曾侯鐘 mx1025 䢅(左)右楚王
齊			淳于	D	曾

 曾公畎甬鐘 A jk2020.1 左右有周  曾公畎甬鐘 A jk2020.1 左右有周	 曾公畎甬鐘 A jk2020.1 左右有周 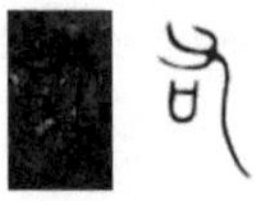 曾公畎甬鐘 B jk2020.1 左右有周	 曾公畎甬鐘 B jk2020.1 左右有周			 楚屈叔佗戈 11393.1 元右王鐘
			 蔡侯紐鐘 00210.1 輊(左)右楚王  蔡侯紐鐘 00211.1 輊(左)右楚王	 蔡侯鎛 00222.1 輊(左)右楚王	
曾			蔡		楚

父

	 右戲仲夏父鬲 00668 右戲仲夏父  右走馬嘉壺 09588 右走馬嘉	 芮公脊父壺 ms1046 芮公脊父  太师小子白歡父鼎 ms0261 太師小子伯歡父	 芮太子白鬲 mt02899 𢦏父	 小子吉父方甗 xs30 小子吉父  城父匜 mt14927 虢□□□父	 國子碩父鬲 xs48 國子碩父  國子碩父鬲 xs49 國子碩父
  吳王光鐘 00224.11 □英右(有)慶					
吳		芮		虢	

 虢宫父鬲 xs50 虢宫父  虢宫父盤 xs51 虢宫父	 虢碩父簠g xs52 虢碩父  虢碩父簠q xs52 虢碩父	 虢宫父鬲 mt02823 虢宫父  虢宫父匜 mt14895 虢宫父	 虢虎父鼎 ms0238 虢季氏子虎父	 晉叔家父壺 xs908 晉叔家父  晉叔家父壺 mt12357 晉叔家父	 晉叔家父盤 ms1188 晉叔家父
虢				晉	

 仲考父盤 jk2020.4 仲考父  仲考父匜 jk2020.4 仲考父	 楷宰仲考父鼎 jk2020.4 楷宰仲考父	 衛子叔□父簠 04499 衛子叔旡父	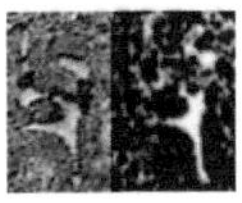 毛叔虎父簋g mx0424 毛叔虎父  毛叔虎父簋q mx0424 毛叔虎父	 毛叔虎父簋g hx2021.5 毛叔虎父  毛叔虎父簋q hx2021.5 毛叔虎父	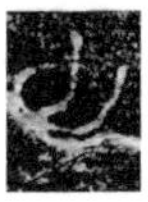 毛百父鼎 hx2021.5 毛百父 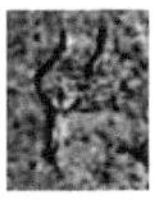 毛百父匜 mx0988 毛百父
黎		衛	毛		

 穌公子𣪘 04014 蘇公子癸父甲  穌公子𣪘 04015 蘇公子癸父甲	 鄭井叔蒦父鬲 00580 鄭井叔𢼸父  鄭井叔蒦父鬲 00581 鄭井叔𢼸父	 鄭叔蒦父鬲 00579 鄭叔𢼸父  鄭饔原父鼎 02493 鄭饔邍父	 鄭師□父鬲 00731 鄭師邍父  伯高父甗 00938 鄭氏伯高父	 鄭戕句父鼎 02520 鄭勇句父  鄭伯氏士叔皇父鼎　02667 鄭伯氏士叔皇父	 召叔山父簠 04601 召叔山父  召叔山父簠 04602 召叔山父
	 哀成叔鼎 02782 少去母父	 鄭莊公之孫盧鼎　mt02409 以爲父母  盧鼎q xs1237 以爲父母			
蘇	鄭				

 許子□父鼎 mx0161 許子□父  伯國父鼎 mx0194 許大或伯國父			 𢦏叔慶父鬲 00608 戴叔慶父	 宋眉父鬲 00601 宋眉父	 陳公子甗 00947 叔邍父
					 陳公孫𣄰父瓶 09979 陳公孫𣄰父
 子璋鐘 00113 父兄  子璋鐘 00114 父兄	 子璋鐘 00115.2 父兄  子璋鐘 00116.2 父兄	 子璋鐘 00117.2 父兄		 宋君夫人鼎q eb304 父母  宋君夫人鼎g eb304 父母	
許			戴	宋	陳

 魯司徒仲齊盨 04440.1 皇考伯走父  魯司徒仲齊盨 04441.1 皇考伯走父	 魯司徒仲齊盨 04441.2 皇考伯走父  魯司徒仲齊匜 10275 皇考伯走父	 侯母壺 09657.1 侯父戎  侯母壺 09657.2 侯父戎	 魯伯厚父盤 10086 魯伯厚父  魯伯厚父盤 mt14413 魯伯厚父	 魯伯厚父盤 sh672 魯伯厚父  魯伯者父盤 10087 魯伯者父	 魯伯俞父簠 04566 魯白伯俞父  魯伯俞父簠 04567 魯伯俞父
 歸父敦 04640 魯子仲之子歸父					
魯					

 魯伯俞父簠 04568 魯伯俞父	 魯伯愈父鬲 00692 魯伯愈父	 魯伯愈父鬲 00694 魯伯愈父	 魯伯愈父盤 10113 魯伯愈父	 魯伯愈父盤 10115 魯伯愈父	 魯宰駟父鬲 00707 魯宰駟父
 魯伯愈父鬲 00691 魯伯愈父	 魯伯愈父鬲 00693 魯伯愈父	 魯伯愈父鬲 00695 魯伯愈父	 魯伯愈父盤 10114 魯伯愈父	 魯伯愈父匜 10244 魯伯愈父	 魯伯大父作季姬婧簋　03974 魯伯大父

魯

 魯大宰遼父簋 03987 魯太宰遼父  魯伯大父作孟姜簋　03988 魯伯大父	 魯伯大父作仲姬俞簋　03989 魯伯大父  魯士浮父簠 04517.1 魯士浮父	 魯士浮父簠 04517.2 魯士浮父  魯士浮父簠 04518 魯士浮父	 魯士浮父簠 04519 魯士浮父 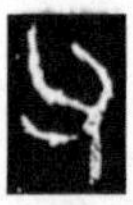 魯士浮父簠 04520 魯士浮父	 魯伯愈父簠 ms0561 魯伯俞父	 邾叔彪父簠 04592 邾叔彪父  邾叔彪父簠g ms0573 邾叔彪父
魯					邾

 邾叔彪父簠q ms0573 邾叔彪父	 邾友父鬲 mt02939 邾友父  邾友父鬲 mt02942 邾友父	 鼄友父鬲 00717 邾友父  鼄□匜 10236 邾友父	 邾友父鬲 mt02941 邾友父  邾友父鬲 xs1094 邾友父	 僉父瓶g mt14036 霝父君僉父  僉父瓶g mt14036 霝父君僉父	 僉父瓶q mt14036 霝父君僉父  僉父瓶q mt14036 霝父君僉父
	 郳公鞁父鎛 mt15815 郳公鞁父  郳公鞁父鎛 mt15816 郳公鞁父	 郳公鞁父鎛 mt15817 郳公鞁父  郳公鞁父鎛 mt15818 郳公鞁父	 郳公戈 ms1492 公克父		
邾	郳				

 邾壽父鼎 jk2020.1 邾壽父  邾眉父鼎 jk2020.1 邾眉父	 邿譴簋 04040.1 父母  邿譴簋 04040.2 父母	 邿譴簋 mt05022 父母  邿遣盤 sh668 父母	 弗奴父鼎 02589 費奴父	 齊趫父鬲 00685 齊趫父  齊趫父鬲 00686 齊趫父	 齊伯里父匜 mt14966 齊伯里父
				 齊太宰歸父盤 10151 齊太宰歸父  歸父盤 mx0932 齊太宰歸父	
郳	邿		費	齊	

 己華父鼎 02418 己(紀)華父	 㠱伯子宊父盨 04442.1 㠱伯子宊父  㠱伯子宊父盨 04442.2 㠱伯子宊父	 㠱伯子宊父盨 04443.1 㠱伯子宊父  㠱伯子宊父盨 04443.2 㠱伯子宊父	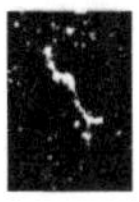 㠱伯子宊父盨 04444.1 㠱伯子宊父  㠱伯子宊父盨 04444.2 㠱伯子宊父	 㠱伯子宊父盨 04445.2 㠱伯子宊父 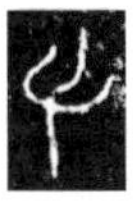 㠱伯宊父盤 10081 㠱伯子宊父	 㠱伯宊父匜 10211 㠱伯子宊父
紀	㠱				

 郚史碩父尊 sh189 郚史碩父	 上曾太子鼎 02750 父母	 黃季佗父戈 xs88 黃季佗父			
		 黃子壺 09663 黃父(夫)人  黃子壺 09664 黃父(夫)人	 伯遊父壺 mt12412 馬頸君伯遊父  伯遊父壺 mt12413 馬頸君伯遊父	 伯遊父𬭚 mt14009 黃季氏伯馬頸君遊父  伯遊父盤 mt14510 馬頸君伯遊父	 伯遊父卮 mt19239b 黃季之伯遊父
		 黃韋俞父盤 10146 黃韋俞父			
郚	D	黃			

 曾仲大父螽段 04203 曾仲大父螽	 曾仲大父螽段 04204.2 曾仲大父	 曾侯仲子斿父鼎　02424 曾侯仲子遊父	 伯克父鼎 ms0285 伯克父	 曾伯克父簋 ms0509 曾伯克父	 曾伯克父盨 ms0538 曾伯克父
 曾仲大父螽段 04204.1 曾仲大父螽	 曾侯仲子斿父鼎　02423 曾侯仲子遊父	 曾仲斿父簠 04673 曾仲斿父	 曾伯克父簋 ms0509 曾伯克父	 曾伯克父甗 ms0361 曾伯克父	 曾伯克父盨 ms0539 曾伯克父
 曾子仲宣鼎 02737 諸父諸兄  嬭加鎛丙 ms1284 父兄					
 曾子叔牀父簠蓋　04544 曾子叔牀父					

曾

 曾伯克父壺g ms1062 曾伯克父  曾伯克父壺q ms1062 曾伯克父	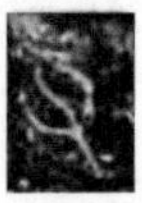 曾伯克父壺 ms1063 曾伯克父  曾伯克父鐳 ms1174 曾伯克父	 曾伯霥壺 ms1069 父母  曾仲斿父方壺 09628.1 曾仲斿父	 曾仲斿父方壺 09629.1 曾仲斿父  曾仲斿父簠 04674 曾仲斿父	 曾伯宮父穆鬲 00699 曾伯宮父  矢叔匜 ms1257 矢叔△父	 單伯遵父鬲 00737 單伯遵父
曾					單

 申比父豆g ms0604 申比父  申比父豆q ms0604 申比父		 䢅伯𠑇父罍 mt13826 䢅伯𠑇父			 楚太師登鐘 mt15511a 父兄  楚太師登鐘 mt15512a 父兄
		 叔師父壺 09706 叔師父			 敬事天王鐘 00074 父兄  敬事天王鐘 00077 父兄
 彭啓簠甲 ww2020.10 父兄	 彭啓簠丙g ww2020.10 父兄  彭啓簠丙q ww2020.10 父兄	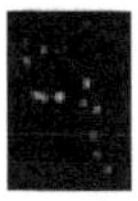 侯古堆鎛 xs277 父兄  侯古堆鎛 xs278 父兄	 侯古堆鎛 xs279 父兄  侯古堆鎛 xs280 父兄	 侯古堆鎛 xs281 父兄	 𪒠鐘 xs482a 父兄  𪒠鐘 xs483b 父兄
CE					楚

 楚太師登鐘 mt15514a 父兄	 楚太師鄧子鎛 mx1045 父兄	 考叔𣅀父簠 04609.1 考叔𣅀父	 塞公孫𣅀父匜 10276 塞公孫𣅀父		
 楚太師登鐘 mt15516a 父兄	 考叔𣅀父簠 04608.1 考叔𣅀父	 考叔𣅀父簠 04609.2 考叔𣅀父			
 敬事天王鐘 00078.2 父兄	 王孫誥鐘 xs418 父兄	 王孫誥鐘 xs420 父兄	 王孫誥鐘 xs422 父兄	 王孫誥鐘 xs424 父兄	 王孫誥鐘 xs426 父兄
 敬事天王鐘 00081.1 父兄	 王孫誥鐘 xs419 父兄	 王孫誥鐘 xs421 父兄	 王孫誥鐘 xs423 父兄	 王孫誥鐘 xs425 父兄	 王孫誥鐘 xs427 父兄
 𪒠鎛 xs489a 父兄	 𪒠鎛 xs491b 父兄	 𪒠鎛 xs494a 父兄			
 𪒠鎛 xs490a 父兄	 𪒠鎛 xs492b 父兄				

楚

 王孫誥鐘 xs428 父兄  王孫誥鐘 xs429 父兄	 王孫誥鐘 xs431 父兄  王孫誥鐘 xs436 父兄	 王孫誥鐘 xs437 父兄  王孫誥鐘 xs438 父兄	 王孫誥鐘 xs441 父兄  王孫遺者鐘 00261.2 父兄		
				 沇兒鎛 00203.2 父兄  徐王子旃鐘 00182.2 父兄	 余贎逐兒鐘 00183.1 父兄  余贎逐兒鐘 00183.2 字(慈)父
楚				徐	

				 束仲䇂父簋 mx0404 束仲䇂父  束仲䇂父簋蓋 03924 束仲䇂父	 叔皮父簋 04127 叔皮父  叔皮父簋 04127 叔皮父
 余贎逨兒鐘 00184.1 字(慈)父  余贎逨兒鐘 00184.2 父兄	 余贎逨兒鐘 00186.1 父兄	 配兒鉤鑃 00427.2 諸父	 姑馮昏同之子句鑃　00424.2 父兄		 嘉賓鐘 00051 父兄  尊父鼎 mt02096 尊父
徐		吴	越		

 叔牙父鬲 00674 叔牙父  右戲仲夏父鬲 00668 右戲仲夏父	 伯筍父鼎 02513 伯筍父  卓林父簋蓋 04018 卓林父	 伯駟父盤 10103 伯駟父  伯其父簠 04581 伯其父廛	 仲阪父盆g ms0619 仲阪父  仲阪父盆q ms0619 仲阪父	 叔家父簠 04615 叔家父	 售仲之孫簋 04120 子員父  冶仲考父壺 09708 冶仲丂父
 王孫叔諲甗 t03362 父兄  文公之母弟鐘 xs1479 諸父	 吴買鼎 02452 畢父  公父宅匜 10278 浮公之孫公父宅	 伯□父簠 04535 伯□父	 掃片昶豯鼎 02570 掃父昶豯  掃片昶豯鼎 02571 掃父昶豯	 掃片昶豯鼎 02570 掃父昶豯	
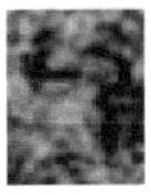 伯怡父鼎 eb312 鄦凡伯刣(怡)父 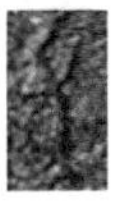 痟父匜 mt14986 痟父					

	 尹小叔鼎 02214 尹小叔	 吴王御士簠 04527 吴王御士尹氏		 番昶伯者君鼎 02617 番昶伯者尹(君)  番昶伯者君鼎 2618 番昶伯者尹(君)	 番昶伯者君鼎 02617 永寶用尹  番昶伯者君鼎 02618 永寶用尹
 盄和鐘 00270.2 揉燮百邦					
			 鄧尹疾鼎 02234.1 鄧尹疾  鄧尹疾鼎 02234.2 鄧尹疾		
秦	虢	虞	鄧	番	

 曾大工尹戈 11365 大工尹  曾公畭甬鐘 B jk2020.1 乎命尹厥命			 王子午鼎 02811.2 令尹  王子午鼎q xs444 令尹	 王子午鼎 xs445 令尹  王子午鼎 xs446 令尹	 王子午鼎q xs447 令尹  王子午鼎 xs448 令尹
 曾旨尹喬缶 mx0902 曾旨尹𫏋  曾旨尹喬匜 ms1245 曾旨尹喬	 曾都尹定簠 xs1214 曾都尹	 蔡襄尹啓戈 ms1444 蔡襄尹	 闇尹瞰鼎 xs503 闇尹	 倗夫人嬭鼎 mt02425 鄬大尹(君)	
曾		蔡	楚		

叡

			 天尹鐘 00005 天尹作元弄  天尹鐘 00006 天尹	 戎生鐘 xs1617 既龢叡(且)盄	
 王子午鼎 xs449 令尹				 子犯鐘 xs1013 乃龢叡(且)鳴  子犯鐘 xs1017 乃龢叡(且)鳴	
	 郐令尹者旨𦣻爐　10391 令尹  郐諧尹征城 00425.1 郐諧尹者故𧊒	 郐𨞽尹譬鼎 02766.1 郐𨞽尹𣇓  郐𨞽尹譬鼎 02766.2 郐𨞽尹𣇓	 工尹坡盞 mt06060 工尹坡		 鄦子𥂴自鎛 00153 終翰叡(且)揚  鄦子𥂴自鎛 00154 終翰叡(且)揚
楚	徐			晉	許

<table>
<tr>
<td></td>
<td></td>
<td></td>
<td>
曩甫人匜
10261
余王寶虘孫</td>
<td>
曾伯霥壺
ms1069
温恭虘(且)忌</td>
<td></td>
</tr>
<tr>
<td>
簷叔之仲子平
鐘　00174
仲平譱發虘考

簷叔之仲子平
鐘　00175
仲平譱發虘考</td>
<td>
簷叔之仲子平
鐘　00177
仲平譱發虘考

簷叔之仲子平
鐘　00179
仲平譱發虘考</td>
<td>
簷叔之仲子平
鐘　00180
仲平譱發虘考</td>
<td></td>
<td>
曾公畎鎛鐘
jk2020.1
終龢虘(且)鳴

曾公畎甬鐘 A
jk2020.1
終龢虘(且)鳴</td>
<td> 
曾公畎甬鐘 B
jk2020.1
終龢虘(且)鳴</td>
</tr>
<tr>
<td></td>
<td></td>
<td></td>
<td></td>
<td></td>
<td>
曾仲之孫戈
11254
曾仲之孫𣎳虘</td>
</tr>
<tr>
<td colspan="3">莒</td>
<td>曩</td>
<td colspan="2">曾</td>
</tr>
</table>

	 楚太師登鐘 mt15511a 龢鳴𪉕(且)𢿰  楚太師登鐘 mt15512a 龢鳴𪉕(且)𢿰	 楚太師登鐘 mt15513a 龢鳴𪉕(且)𢿰  楚太師登鐘 mt15514a 龢鳴𪉕(且)𢿰	 楚太師登鐘 mt15516a 龢鳴𪉕(且)𢿰  楚太師登鐘 mt15519b 龢鳴𪉕(且)𢿰		
 登鐸 mx1048 終翰𪉕(且)揚	 王孫遺者鐘 00261.1 終翰𪉕(且)揚  王孫誥鐘 xs418 終翰𪉕(且)揚	 王孫誥鐘 xs419 終翰𪉕(且)揚  王孫誥鐘 xs420 終翰𪉕(且)揚	 王孫誥鐘 xs421 終翰𪉕(且)揚)  王孫誥鐘 xs422 終翰𪉕(且)揚	 王孫誥鐘 xs423 終翰𪉕(且)揚  王孫誥鐘 xs425 終翰𪉕(且)揚	 王孫誥鐘 xs427 終翰𪉕(且)揚  王孫誥鐘 xs428 終翰𪉕(且)揚
CE	楚				

 王孫誥鐘 xs429 終翰戱(且)揚  王孫誥鐘 xs430 終翰戱(且)揚	 王孫誥鐘 xs434 終翰戱(且)揚  王孫誥鐘 xs433 終翰戱(且)揚	 王孫誥鐘 xs443 終翰戱(且)揚			
			 沇兒鎛 00203.1 終翰戱(且)揚  徐王子旃鐘 00182.2 終翰戱(且)揚	 嬰同盆 ms0621 戱句徐	 工吴王戱䱄劍 mt17948 工吴王戱䱄  工盧王者彶戱劍　zy2021.1 工盧王者彶戱
楚			徐		吴

 吴王餘眛劍 mx1352 䖒戗郐命我爲王  吴王餘眛劍 mx1352 余䖒戗郐之嗣弟	 吴王餘眛劍 mx1352 䖒戗此郐  工䖒大叔䖒矣劍　mx1345 工䖒大叔䖒矣	 吴王壽夢之子劍　xs1407 䖒戗郚之義□  攻吴大䖒矛 xs1625 工䖒大䖒矢	 攻吴王䖒戗劍 xs1188 攻䖒王䖒戗此郐  攻敔王者彶劍 mt17946 攻敔王者彶䖒虘	 吴王光鐘 00224.3 □孜䖒(且)紫  吴王光鐘 00224.4 既孜䖒(且)青	 吴王光鐘 00224.4 …䖒(且)焚  吴王光鐘 00224.6 振鳴䖒(且)焚
吴					

及

					 秦公鐘 00262 公及王姬  秦公鐘 00264 公及王姬
					 盄和鐘 00270.2 匍及四方
 吳王光鐘 00224.9 …虘(且)紫  吳王光鐘 00224.15 [藝孜]虘(且)紫	 吳王光鐘 00224.14 既[孜]虘(且)[青]  吳王光鐘 00224.20 振鳴虘(且)龤	 吳王光鐘 00224.21 [藝孜]虘(且)紫  吳王光鐘 00224.42 藝孜(兹)虘(且)紫	 吳王光鐘 00224.41 振鳴虘(且)龤	 配兒鉤鑃 00427.1 孰戕于戎功虘(且)武  虘巢鎛 xs1277 虘巢曰	
吳					秦

 秦公鎛 00267.1 公及王姬  秦公鎛 00268.1 公及王姬	 秦公鎛 00269.1 公及王姬				
		 子犯鐘 xs1021 子犯及晉公			
			 杕氏壺 09715 杕氏福及歲賢鮮于	 封子楚簠g mx0517 嘉賓大夫及我朋友	 鄦子盟自鎛 00153 嘉賓大夫及我朋友  鄦子盟自鎛 00154 嘉賓大夫及我朋友
秦		晉	燕	鄭	許

					 曾伯霥壺 ms1069 我皇祖及我文考
 郳公鈓鐘 00102 我嘉賓及我正卿	 郜公典盤 xs1043 郜子姜首返(及)郜	 鼄子鼎 mt02404A 仲匋姒返(及)子思	 齊鼄氏鐘 00142.2 嘉賓及我朋友	 叔夷鐘 00275.2 其先舊及其高祖  叔夷鎛 00285.5 其先舊及其高祖	 嬭加鎛乙 ms1283 𤔲公及我大夫  嬭加鎛丙 ms1284 父兄及我大夫
					 曾侯與鐘 mx1034 吾以及大夫  曾侯與鐘 mx1035 吾以及大夫
郳	郜	齊			曾

		 楚太師登鐘 mt15511a 庶侯及我父兄  楚太師登鐘 mt15512a 庶侯及我父兄	 楚太師登鐘 mt15514a 庶侯及我父兄  楚太師登鐘 mt15516a 庶侯及我父兄	 楚太師鄧子鎛 mx1045 庶侯及我父兄	
		 王孫誥鐘 xs418 嘉賓及我父兄  王孫誥鐘 xs419 嘉賓及我父兄	 王孫誥鐘 xs420 嘉賓及我父兄  王孫誥鐘 xs421 嘉賓及我父兄	 王孫誥鐘 xs422 嘉賓及我父兄  王孫誥鐘 xs424 嘉賓及我父兄	 王孫誥鐘 xs427 嘉賓及我父兄  王孫誥鐘 xs428 嘉賓及我父兄
 彭啓簠甲 ww2020.10 士庶子及我父兄  彭啓簠丙g ww2020.10 士庶子及我父兄	 彭啓簠丙q ww2020.10 士庶子及我父兄	 𪊲鐘 xs483b 凡及君子父兄	 𪊲鎛 xs489a 凡及君子父兄  𪊲鎛 xs490a 凡及君子父兄	 𪊲鎛 xs491b 凡及君子父兄  𪊲鎛 xs492b 凡及君子父兄	
CE		楚			

 王孫誥鐘 xs429 嘉賓及我父兄  王孫誥鐘 xs431 嘉賓及我父兄	 王孫誥鐘 xs436 嘉賓及我父兄  王孫誥鐘 xs437 嘉賓及我父兄	 王孫誥鐘 xs438 嘉賓及我父兄  王孫誥鐘 xs441 嘉賓及我父兄	 王孫遺者鐘 00261.2 嘉賓父兄及我朋友		
				 沇兒鎛 00203.2 嘉賓及我父兄  郗王義楚觶 06513 皇天及我文考	 姑馮昏同之子句鑃 00424.2 賓客及我父兄
楚				徐	越

秉

		 秦子簋蓋 eb423 温□□秉□			 曾侯戈 11121 秉戈  曾侯絴伯戈 ms1400 秉戈
 益余敦 xs1627 邵翏公之孫盄余及陳叔嬀		 秦公簋 04315.1 穆穆帥秉明德  盄和鐘 00270.1 穆穆帥秉明德	 晉公盆 10342 秉德嚚嚚(秩秩)  晉公盤 mx0952 秉德嚚嚚(秩秩)	 國差罎 10361 寶罎四秉	
	 攻敔王者彶叡虘劍 mt17946 攻敔王者彶叡虜				
	吴	秦	晉	齊	曾

					 戎生鐘 xs1616 取厥吉金  晉姜鼎 02826 取厥吉金
 王子安戈 11122 王子反	 䵼鐘 xs482a 反鐘  䵼鐘 xs486a 反鐘	 䵼鐘 xs484a 反鐘  䵼鎛 xs491a 反鐘	 䵼鎛 xs494a 反鐘  䵼鎛 xs496a 反鐘	 姑發䎽反劍 11718 太子姑發䎽反  諸樊之子通劍 xs1111 攻敔王姑發者反	
滕	楚			吳	晉

叚

		 戎生鐘 xs1615 余弗叚灋其顯光  晋姜鼎 02826 不叚(暇)妄(荒)寧		 曾伯陭壺 09712.1 爲德無叚  曾伯陭壺 09712.5 爲德無叚	 曾伯霥簠 04631 叚(遐)不黄耇  曾伯霥簠 04632 叚(遐)不黄耇
 取膚上子商盤 10126 取膚上子商  取膚上子商匜 10253 取膚上子商	 取它人鼎 02227 取它人之膳鼎		 華孟子鼎 mx0207 中叚厥婦中子		
D		晋	D	曾	

友

<table>
<tr>
<td>
楚太師登鐘
mt15511a
依叚□□

楚太師登鐘
mt15512a
依叚□□</td>
<td>
楚太師登鐘
mt15514b
依叚□□
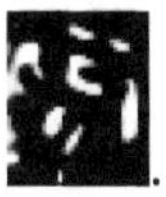
楚太師登鐘
mt15516b
依叚□□</td>
<td>
楚太師登鐘
mt15518b
依叚□□

楚太師鄧子鎛
mx1045
依依叚遲</td>
<td></td>
<td></td>
<td></td>
</tr>
<tr>
<td></td>
<td></td>
<td></td>
<td></td>
<td>
王孫遺者鐘
00261.2
朋友</td>
<td></td>
</tr>
<tr>
<td></td>
<td></td>
<td></td>
<td>
鄦子盟自鎛
00153
朋友

鄦子盟自鎛
00154
朋友</td>
<td></td>
<td>
徐王子旃鐘
00182.1
朋友</td>
</tr>
<tr>
<td colspan="3">楚</td>
<td>許</td>
<td>楚</td>
<td>徐</td>
</tr>
</table>

			 邾友父鬲 mt02939 邾沓(友)父  邾友父鬲 mt02942 邾沓(友)父	 鼄友父鬲 00717 邾沓(友)父  邾友父鬲 xs1094 邾沓(友)父	 邾友父鬲 mt02941 邾沓(友)父  鼄口匜 10236 邾沓(友)父
	 文公之母弟鐘 xs1479 朋友				
 冉鉦鋮 00428 友朋	 嘉賓鐘 00051 朋友	 封子楚簠g mx0517 朋沓(友)			
吴		鄭	郳		

旻	叡		卑		
 蛣公諴簠 04600 皇旻(祖)皇考	 曾仲大父螽段 04203 叡(摣)乃𨠵金  曾仲大父螽段 04204.1 叡(摣)乃𨠵金	 曾仲大父螽段 04204.2 叡(摣)乃𨠵金	 戎生鐘 xs1616 卑(俾)譖征繁湯  晋姜鼎 02826 卑(俾)貫通□		
			 子犯鐘 xs1010 燮諸侯卑朝王   子犯鐘 xs1022 燮諸侯卑朝王		
				 與兵壺q eb878 卑(俾)萬世無期  與兵壺g eb878 卑(俾)萬世無期	 與兵壺 ms1068 卑(俾)萬世無期
CE	曾		晋	鄭	

					 曾子斿鼎 02757 民俱卑(俾)饗
	 國差罎 10361 卑(俾)旨俾清  國差罎 10361 俾旨卑(俾)清	 叔夷鐘 00277.2 卑(俾)若鐘鼓  叔夷鐘 00278 卑(俾)百斯男	 叔夷鐘 00284 卑(俾)若鐘鼓  叔夷鎛 00285.8 卑(俾)若鐘鼓	 叔夷鎛 00285.8 卑(俾)百斯男 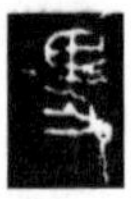 齊鞷氏鐘 00142.2 卑鳴攸好	 曾公𠭯鎛鐘 jk2020.1 卑辥千休  曾公𠭯甬鐘 A jk2020.1 卑辥千休
 司馬楙鎛 eb49 卑(俾)作司馬于滕					 曾侯與鐘 mx1029 周室之既庳(卑)
滕	齊				曾

 曾伯桼簠 04631 具既卑(俾)方  曾伯桼簠 04632 具既卑(俾)方					
 曾公畩甬鐘 B jk2020.1 卑辥千休		 者㶣鐘 00195 [卑]龢卑(俾)[平]  者㶣鐘 00195 卑(俾)女䰰䰰剖剖	 者㶣鐘 00196 卑(俾)龢卑(俾)[平]  者㶣鐘 00196 卑(俾)龢卑(俾)[平]	 者㶣鐘 00196 卑(俾)[女] 䰰䰰剖剖  者㶣鐘 00197.1 卑(俾)龢卑(俾)平	 者㶣鐘 00197.1 卑(俾)龢卑(俾)平  者㶣鐘 00197.2 卑(俾)汝䰰䰰剖剖
	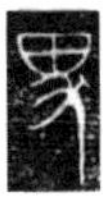 秦王鐘 00037 王卑(俾)命競平王之定				
曾	楚	吴			

史

 者𨚕鐘 00198.2 卑(俾)汝𩐢𩐢剖剖  者𨚕鐘 00198.1 卑(俾)龢卑(俾)平	 者𨚕鐘 00198.1 卑(俾)龢卑(俾)平  卑梁君光鼎 02283 卑梁君光		 鄭大内史叔上匜　10281 鄭大内史	 敶大喪史仲高鐘　00351.1 陳大喪史  敶大喪史仲高鐘　00352.1 陳大喪史	 敶大喪史仲高鐘　00353.1 陳大喪史  敶大喪史仲高鐘　00355.1 陳大喪史
		 者尚余卑盤 10165 者尚余卑□			
吴		越	鄭	陳	

	 鄁史碩父尊 sh189 鄁史碩父		 蔡太史鉚 10356 蔡太史	 史孔卮 10352 史孔作和  伯索史盂 10317 伯索史	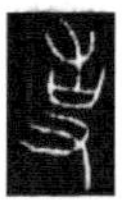 秦公鐘 00262 虩事蠻方  秦公鐘 00264 虩事蠻方
					 秦公簋 04315.1 虩事蠻夏
 簷太史申鼎 02732 莒太史		 曾孫史夷簠 04591 曾孫史尸		 史宋鼎 02203 史宋	
莒	鄁	曾	蔡		秦

 秦公鎛 00267.1 虩事蠻方  秦公鎛 00268.1 虩事蠻方	 秦公鎛 00269.1 虩事蠻方				
 盄和鐘 00270.1 虩事蠻夏  盄和鐘 00270.2 于秦執事					
		 郘黛鐘 00226 頡蹈(詘)事君  郘黛鐘 00228 頡蹈(詘)事君	 郘黛鐘 00230 頡蹈(詘)事君  郘黛鐘 00231 頡蹈(詘)事君	 郘黛鐘 00232 頡蹈(詘)事君  郘黛鐘 00233 頡蹈(詘)事君	 郘黛鐘 00234 頡蹈(詘)事君  郘黛鐘 00235 頡蹈(詘)事君
秦		晋			

		 郜召簠q xs1042 事(使)受福  郜召簠g xs1042 事(使)受福			
			 齊侯鎛 00271 余四事是以  齊侯鎛 00271 大(太)事(史)	 齊侯鎛 00271 是以可事(使)  國差𦉜 10361 國佐立事歲	 叔夷鐘 00272.1 宦執而政事  叔夷鐘 00272.2 虔卹乃死事
 郘黛鐘 00237 頡詘(詘)事君	 哀成叔鼎 02782 以事康公		 洹子孟姜壺 09729 余不其事(使) 汝受殃  洹子孟姜壺 09729 天子之事	 洹子孟姜壺 09729 天子之事  洹子孟姜壺 09730 天子之事	 洹子孟姜壺 09730 用御爾事   公子土折壺 09709 公孫窖立事歲
晋	鄭	郜	齊		

 叔夷鐘 00274.1 汝康能乃九事	 叔夷鐘 00276.2 勤勞其政事	 叔夷鐘 00281 宦執而政事	 叔夷鐘 00283 勤勞其政事	 叔夷鎛 00285.2 虔卹乃死事	 叔夷鎛 00285.4 外内之事
 叔夷鐘 00274.2 外内之事	 叔夷鐘 00277.2 龢協而九事	 叔夷鐘 00281 宦執而政事	 叔夷鎛 00285.1 宦執而政事	 叔夷鎛 00285.4 大(太)事(史)	 叔夷鎛 00285.7 勤勞其政事

齊

	 曾子斿鼎 02757 事于四國				
 叔夷鎛 00285.8 龢協而九事	 曾公畎鎛鐘 jk2020.1 召事一帝	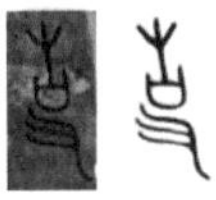 曾公畎甬鐘 A jk2020.1 咸成我事	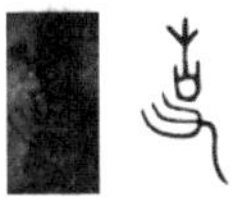 曾公畎甬鐘 A jk2020.1 咸成我事	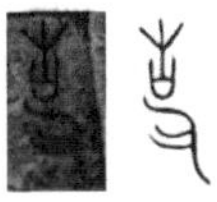 曾公畎甬鐘 B jk2020.1 咸成我事	 敬事天王鐘 00073 敬事天王
 叔夷鎛 00285.3 汝康能乃九事	 曾公畎鎛鐘 jk2020.1 咸成我事	 曾公畎甬鐘 A jk2020.1 召事一帝	 曾公畎甬鐘 B jk2020.1 召事一帝		 敬事天王鐘 00075 敬事天王
					 競孫旟也鬲 mt03036 卲事辟王
齊	曾				楚

 敬事天王鐘 00077 敬事天王	 敬事天王鐘 00080.2 敬事天王	 王孫誥鐘 xs419 敬事楚王	 王孫誥鐘 xs421 敬事楚王	 王孫誥鐘 xs427 敬事楚王	 王孫誥鐘 xs430 敬事楚王
 敬事天王鐘 00078.2 敬事天王	 王孫誥鐘 xs418 敬事楚王	 王孫誥鐘 xs420 敬事楚王	 王孫誥鐘 xs422 敬事楚王	 王孫誥鐘 xs429 敬事楚王	 王孫誥鐘 xs434 敬事楚王

楚

肅

 王孫誥鐘 xs435 敬事楚王  王孫誥鐘 xs433 敬事楚王	 王孫誥鐘 xs443 敬事楚王	 事孫□丘戈 11069 事孫□丘戈	 王孫誥鐘 xs418 肅哲臧戠 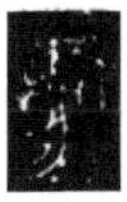 王孫誥鐘 xs419 肅哲臧戠	 王孫誥鐘 xs420 肅哲臧戠 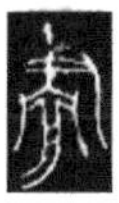 王孫誥鐘 xs422 肅哲[臧]戠	 王孫誥鐘 xs423 肅哲臧戠  王孫誥鐘 xs424 肅哲臧戠
楚			楚		

 王孫誥鐘 xs425 肅哲臧䵼  王孫誥鐘 xs426 肅哲臧䵼	 王孫誥鐘 xs427 肅哲臧䵼  王孫誥鐘 xs428 肅哲臧䵼	 王孫誥鐘 xs429 肅哲臧䵼  王孫誥鐘 xs430 肅哲臧䵼	 王孫誥鐘 xs434 肅哲臧䵼  王孫誥鐘 xs432 肅哲臧䵼	 王孫誥鐘 xs439 肅哲臧䵼  王孫誥鐘 xs440 肅哲臧䵼	 王孫遺者鐘 00261.2 肅哲聖武

楚

				聿	書
				 楚王領鐘 00053.2 其聿(律)其言(歆)	
 蔡侯𤕌尊 06010 齋嘏整𧭮(肅) 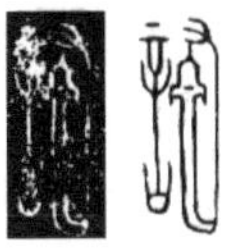 蔡侯𤕌盤 10171 齋嘏整𧭮(肅)	 侯古堆鎛 xs276 肅肅(肅肅)倉倉  侯古堆鎛 xs277 肅肅(肅肅)倉倉	 侯古堆鎛 xs279 肅肅(肅肅)倉倉  侯古堆鎛 xs281 肅肅(肅肅)倉倉	 鄱子成周鐘 xs289 肅肅(肅肅)倉倉		 衛侯之孫書鐘 ms1280 𩴾子之子書
蔡	CE			楚	衛

隶

楚	晋				曾
					 曾公畎鎛鐘 jk2020.1 隶(肆)途辝衄   曾公畎甬鐘A jk2020.1 隶(肆)途辝衄
 樂書缶 10008.2 余畜孫書也  樂書缶 10008.2 樂書之子孫	 邵黛鐘 00225 大鐘八隶(肆)  邵黛鐘 00226 大鐘八隶(肆)	 邵黛鐘 00228 大鐘八隶(肆)  邵黛鐘 00230 大鐘八隶(肆)	 邵黛鐘 00231 大鐘八隶(肆)  邵黛鐘 00233 大鐘八隶(肆)	 邵黛鐘 00236 大鐘八隶(肆)  邵黛鐘 00237 大鐘八隶(肆)	

臤　　　　臣

				 魯内小臣床生鼎　02354 魯内小臣	
 曾公畖甬鐘 B jk2020.1 隶(肆)逵辝卹	 姬寏母豆 04693 魯仲臤(賢)		 長子沫臣簠 04625.1 長子䮾臣  長子沫臣簠 04625.2 長子䮾臣		 叔夷鐘 00276.1 小臣  叔夷鎛 00285.6 小臣
		 徐王子旃鐘 00182.2 朋友諸臤(賢)			
曾	齊	徐	晋	魯	齊

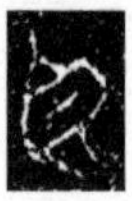 己侯壺 09632 小臣		 曾子牧臣鼎 ms0211 曾子牧臣  曾子牧臣壺 ms1407 曾子牧臣	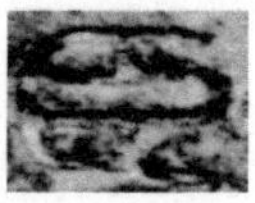 曾子牧臣壺 ms1408 曾子牧臣  牧臣簠g ms0553 牧臣	 牧臣簠q ms0553 牧臣  牧臣簠q ms0554 牧臣	
	 伯亞臣鐳 09974 黃孫須頸子伯亞臣				
		 巫鼎 ms0212 其舅叔考臣 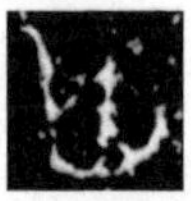 巫簠 ms0557 其舅叔考臣	 曾子季关臣簠 eb463 曾子季关臣  曾关臣匜 eb948 曾关臣	 曾公叔考臣甗 ms0357 曾公孫叔考臣  曾季关臣盤 eb933 曾季关臣	 曾㠯公臣鼎 mx0117 曾㠯公臣  曾工差臣簠 mx0484 曾工佐臣
紀	黃	曾			

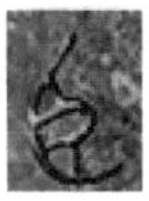 君臣戈 mx1132 君臣	 𨜺鐘 xs485a 余臣兒難得  𨜺鐘 xs498 余臣兒難得	 𨜺鎛 xs489b 余臣兒難得  𨜺鎛 xs490b 余臣兒難得	 𨜺鎛 xs491a 余臣兒難得  𨜺鎛 xs493b 余臣兒難得	 𨜺鎛 xs495a 余臣兒難得  王子臣俎 mt06321 王子臣作鬻彝	 余購逐兒鐘 00183.2 義楚之良臣
CE	楚				徐

⿰爿成

 口鏞用戈 11334 戴大酉得臣			 曩伯子窡父盨 04442.1 慶其以⿰爿成(臧)  曩伯子窡父盨 04442.2 慶其以⿰爿成(臧)	 曩伯子窡父盨 04443.1 慶其以⿰爿成(臧)  曩伯子窡父盨 04443.2 慶其以⿰爿成(臧)	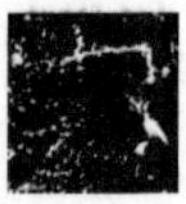 曩伯子窡父盨 04444.1 慶其以⿰爿成(臧)  曩伯子窡父盨 04444.2 慶其以⿰爿成(臧)
 郘子詠臣戈 11253 郘子詠臣					
	 膚鼎g xs1237 鄭⿰爿成(莊)公  膚鼎q xs1237 鄭⿰爿成(莊)公	 鄭莊公之孫缶 xs1239 鄭⿰爿成(莊)公  鄭莊公之孫膚鼎 mt02409 鄭⿰爿成(莊)公			
	鄭		曩		

 曩伯子宼父盨 04445.2 慶其以臧(臧)	 曾子斿鼎 02757 臧(臧)敔集[功]				
	 曾侯鐘 mx1025 徇驕臧(壯)武  曾公畩鎛鐘 jk2020.1 至于桓臧(莊)	 曾公畩甬鐘 A jk2020.1 至于桓臧(莊)  曾公畩甬鐘 B jk2020.1 至于桓臧(莊)	 嬭加編鐘 kg2020.7 密臧(臧)我猷		 周王孫季紀戈 11309.2 孔臧(臧)元武
		 曾侯與鐘 mx1029 𢡏(壯)武畏忌  曾侯殘鐘 mx1031 𢡏(壯)武畏忌		 雌盤 ms1210 蔡臧(莊)君	
曩	曾			蔡	CE

 王孫誥鐘 xs418 肅哲臧(臧)戠  王孫誥鐘 xs419 肅哲臧(臧)戠	 王孫誥鐘 xs420 肅哲臧(臧)戠  王孫誥鐘 xs421 [肅]哲臧(臧)戠	 王孫誥鐘 xs423 肅哲臧(臧)戠  王孫誥鐘 xs424 肅哲臧(臧)戠	 王孫誥鐘 xs427 肅哲臧(臧)戠 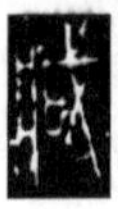 王孫誥鐘 xs428 肅哲臧(臧)戠	 王孫誥鐘 xs429 肅哲臧(臧)戠  王孫誥鐘 xs430 肅哲臧(臧)戠	 王孫誥鐘 xs434 肅哲臧(臧)戠  王孫誥鐘 xs439 肅哲臧(臧)戠
 臧之無咎戈 mt16706 臧(莊)之無咎					

楚

				殳	殴
					 曾伯陭鉞 xs1203 非歷殴井(型)
 王孫誥鐘 xs440 肅哲臧(臧)戭					 嬭加鎛乙 ms1283 殴民之氐巨
	 臧孫鐘 00093 坪之子臧(臧)孫  臧孫鐘 00094 坪之子臧(臧)孫	 臧孫鐘 00095 坪之子臧(臧)孫  臧孫鐘 00096 坪之子臧(臧)孫	 臧孫鐘 00100 坪之子臧(臧)孫 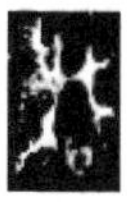 臧孫鐘 00101 坪之子臧(臧)孫	 曾侯邚殳 11567 用殳	
	吴			曾	曾

			殽	⿰米殳	毁
				 杞伯每亡鼎 02494.1 ⿰米殳(邾)嫊(曹)	 武生毁鼎 02522 武生毁  武生毁鼎 02523 武生毁
 王子午鼎 02811.2 殹(繄)民之所亟  王子午鼎q xs444 殹(繄)民之所亟	 王子午鼎 xs445 殹(繄)民之所亟  王子午鼎 xs446 殹(繄)民之所亟	 王子午鼎q xs447 殹(繄)民之所亟	 晉公盆 10342 殽(教)戩(威)百蠻  晉公盤 mx0952 殽(教)戩(威)百蠻		
楚			晉	杞	

軗	𣪕		毀	殺	
 伯軗鬲 00592 …之孫伯軗					
			 庚壺 09733.1B 殺其⿰豐殳(毀)者	 庚壺 09733.1B 殻(殺)其⿰豐殳(毀)者	 叔尸鐘 00277 戚戚（肅肅)⿱𦥯吅⿱𦥯吅 【李家浩釋】 又見卷十二“戚”
	 與兵壺q eb878 丕𣪕春秋歲嘗  與兵壺 ms1068 丕𣪕春秋歲嘗	 ⿰東殳巽鼎 hdkg 十二 ⿰東殳巽自作鼎			
曾	鄭	齊	齊	齊	

寺

			 上曾太子鼎 02750 父母嘉寺(持)		
		 郜公典盤 xs1043 寺(郜)子姜首  郜公典盤 xs1043 郜子姜首彶寺(郜)			
 鼄公牼鐘 00149 分器是寺(持)  鼄公牼鐘 00150 分器是寺(持)	 鼄公牼鐘 00151 分器是寺(持)  鼄公牼鐘 00152 分器是寺(持)			 楚王酓忎盤 mt14402 楚王酓忎作寺(持)盥盤  楚王酓忎匜 mt14869 楚王酓忎作寺(持)	 競孫旟也鬲 mt03036 恭寺(持)明德
邾		郜	D	楚	

尋

			 䨓侯簠 04561 作叔姬寺男媵簠  䨓侯簠 04562 作叔姬寺男媵簠		 尋仲盤 10135 叟(鄩)仲  尋仲匜 10266 叟(鄩)仲
			 台寺缶 xs1693 台寺	 秦公簋 04315.2 作䢅(尋)宗彝	
 吴王光鐘 0223.1 寺春秜歲  吴王光鐘 00224.1 以作寺吁[龢鐘]	 吴王光鐘 00224.27 以作寺吁[龢鐘]  吴王光鑑 10298 叔姬寺吁宗彊(彝)薦鑑	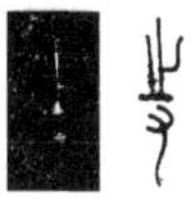 吴王光鑑 10299 叔姬寺吁宗彊(彝)薦鑑	 𤔲料盆蓋 10327 司料柬所寺(持)		
吴				秦	鄩

尃

			 曾仲之孫簋 04120 爲訉(尋)率樂□子㠯父		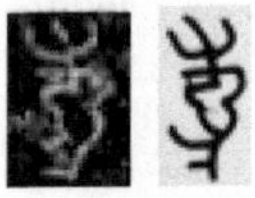 秦政伯喪戈 eb1248 竈尃東方  秦政伯喪戈 eb1249 竈尃東方
					 盄和鐘 00270.1 叡尃(敷)明井(刑)
 遷邟鐘 mt15520 訉(尋)楚誅之子  遷邟鐘 mt15521 訉(尋)楚誅之子	 遷邟鐘 mx1027 訉(尋)楚誅之子	 遷邟鎛 mt15794 訉(尋)楚誅之子  遷邟鎛 mt15796 訉(尋)楚誅之子		 攻吴王姑發郕之子劍 xs1241 姑發郕之子曹鰥衆㖊(尋)員	
舒				吴	秦

 叔夷鐘 00272.1 余既尃乃心  叔夷鐘 00274.1 汝尃(傅)余于艱恤	 叔夷鐘 00274.2 中尃(布)盟井(刑)  叔夷鐘 00274.2 以尃戒公家	 叔夷鐘 00275.2 尃(溥)受天命  叔夷鐘 00282 汝尃(傅)余于艱恤	 叔夷鎛 00285.1 余既尃乃心  叔夷鎛 00285.4 汝尃(傅)余于艱恤	 叔夷鎛 00285.4 中尃(布)盟井(刑)  叔夷鎛 00285.4 汝以尃戒公家	 登鐸 mx1048 尃(溥)聞四方
齊					CE

皮

		 專車季鼎 02476 專車季	 曾子伯皮鼎 mx0166 曾子伯皮		
 王孫遺者鐘 00261.2 余尃(溥)徇于國					 者瀘鐘 00193 工獻王皮[難]  者瀘鐘 00195 工獻王皮難(然)
 子辛戈 xs526 擇厥吉金尃皇	 吴王光鐘 00224.13 [青吕]尃皇  吴王光鐘 00224.24 青吕(鋁)尃[皇]	 者兒戈 mx1255 尃邑	 曾侯鐘 mx1025 妥(綏)□皮(彼)無□	 郐諧尹征城 00425.2 皿皮(彼)吉人享	
楚	吴		曾	徐	吴

鞁

			 叔皮父簋 04127 叔皮父  叔皮父簋 04127 叔皮父		
 者𣳚鐘 00196 工[⿺]王皮難(然)  者𣳚鐘 00197.1 工[⿺]王皮難(然)	 者𣳚鐘 00198.1 工⿺王皮難(然)  者𣳚鐘 00199 工⿺王皮[難]	 者𣳚鐘 00201 工⿺王皮難(然)  者𣳚鐘 00202 工⿺王皮難(然)			
				 郳公鞁父鎛 mt15815 郳公鞁父  郳公鞁父鎛 mt15816 郳公鞁父	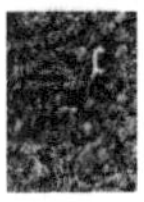 郳公鞁父鎛 mt15817 郳公鞁父  郳公鞁父鎛 mt15818 郳公鞁父
吳				郳	

攴　啓

邾	吴	晋	蔡	CE	
		 戎生鐘 xs1613 啓厥明心			
		 晋公盤 mx0952 𤔲(將)廣啓邦			
 邾公𩊄䚘 mx0891 邾公𩊄	 吴王壽夢之子劍　xs1407 攴七邦君		 蔡襄尹啓戈 ms1444 蔡襄尹啓	 彭啓簠甲 ww2020.10 啓自作飤𥂴  彭啓簠丙g ww2020.10 啓自作飤𥂴	 彭啓簠丙q ww2020.10 啓自作飤𥂴  彭啓戈 ww2020.10 彭啓

肇　　　　敏

		 番君匜 10271 番君肇用士<吉>金			
			 叔夷鐘 00273.1 汝肇勄(敏)于戎功  叔夷鐘 00281 …勄(敏)于戎功	 叔夷鎛 00285.3 汝肇勄(敏)于戎功	
 彭啓戟 ww2020.10 彭啓	 王子啓疆鼎 mt11690 王子啓疆				 曾侯與鐘 mx1032 穆誩敦敏
CE	楚	番	齊		曾

敀	敄	整	故		
	 上鄀公敄人簋蓋　04183 上鄀公敄人  鄀公敄人鐘 00059 鄀公敄人			 諸匜 sh696 者僕故作匜	 鄧公簋蓋 04055 不故女夫人
 三兒簋 04245 □□敀子  三兒簋 04245 敀子壆□□仲		 蔡侯龖尊 06010 齋嘏整肅  蔡侯龖盤 10171 齋嘏整肅	 郘大司馬彊盤 ms1216 故壽其身  郘大司馬彊匜 ms1260 故壽其身		
徐	CE	蔡	郘	諸	鄧

政

徐	秦		虞	郳	齊
	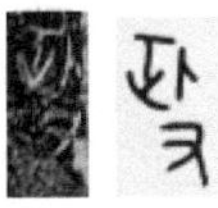 秦政伯喪戈 eb1248 秦政伯喪 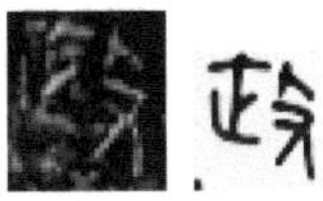 秦政伯喪戈 eb1248 戮政西旁	 秦政伯喪戈 eb1249 秦政伯喪  秦政伯喪戈 eb1249 戮政西旁	 虞侯政壺 09696 虞侯政(政)		
				 鼄君鐘 00050 用處大政	 齊侯鎛 00271 肅肅義政  叔夷鐘 00272.1 政事
 郐諧尹征城 00425.1 郐諧尹者故蟳					

 叔夷鐘 00272.2 余命汝政于朕三軍  叔夷鐘 00272.2 政德	 叔夷鐘 00276.2 政事  叔夷鐘 00278 肅肅義政	 叔夷鐘 00279 …政德  叔夷鐘 00280 肅肅義政	 叔夷鐘 00281 政事  叔夷鐘 00283 政事	 叔夷鎛 00285.1 政事  叔夷鎛 00285.1 余命汝政于朕三軍	 叔夷鎛 00285.2 政德  叔夷鎛 00285.7 政事

齊

	 曾伯陭鉞 xs1203 用爲民政				
 叔夷鎛 00285.8 肅肅義政	 曾公畎鎛鐘 jk2020.1 涉政(征)淮夷  曾公畎鎛鐘 jk2020.1 用政南方	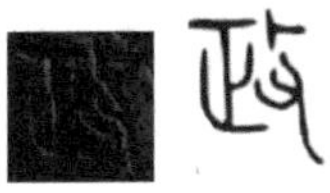 曾公畎甬鐘 A jk2020.1 涉政(征)淮夷 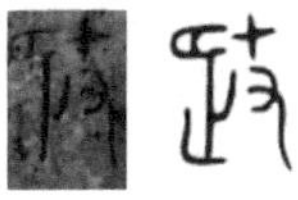 曾公畎甬鐘 A jk2020.1 用政[南方]	 曾公畎甬鐘 A jk2020.1 用政南方  曾公畎甬鐘 B jk2020.1 涉政(征)淮夷	 曾公畎甬鐘 B jk2020.1 用政南方  嬭加鎛乙 ms1283 龖龖豫政	
	 曾侯與鐘 mx1029 西政(征)南伐				 蔡侯紐鐘 00210.1 窹窹豫政  蔡侯紐鐘 00211.1 窹窹豫政
齊	曾				蔡

		 王孫誥鐘 xs418 政德  王孫誥鐘 xs419 政德	 王孫誥鐘 xs420 政德  王孫誥鐘 xs421 政德	 王孫誥鐘 xs422 政德  王孫誥鐘 xs423 政德	 王孫誥鐘 xs425 政德  王孫誥鐘 xs426 政德
 蔡侯紐鐘 00217.1 窨窨豫政  蔡侯紐鐘 00218.1 窨窨豫政	 蔡侯鎛 00222.1 窨窨豫政				
蔡		楚			

 王孫誥鐘 xs427 政德	 王孫誥鐘 xs430 政德	 王孫誥鐘 xs432 政德	 王孫誥鐘 xs440 政德	 王子午鼎 02811.2 政德	 王子午鼎 xs446 政德
 王孫誥鐘 xs429 政德	 王孫誥鐘 xs434 政德	 王孫誥鐘 xs433 政德	 王孫遺者鐘 00261.2 政德	 王子午鼎q xs444 政德	 王子午鼎q xs447 政德

楚

孜			敕		陳
					 陳生雈鼎 02468 陳（陳）生雈  陳侯作嘉姬毁 03903 陳（陳）侯
			 秦公簋 04315.1 萬民是敕（敕）  盄和鐘 00270.2 萬生（姓）是敕	 晉公盆 10342 誓（敕）乂爾家  晉公盤 mx0952 誓（敕）乂爾家	 陳公子中慶簠 04597 陳（陳）公子  陳公孫㝬父瓶 09979 陳（陳）公孫
 冉鉦鉞 00428 余以政𠷎徒	 吴王光鐘 00224.3 □孜且紫  吴王光鐘 00224. 21 [藝]孜且紫	 吴王光鐘 00224.33 藝孜[觑紫]			 陳樂君甗 xs1073 陳（陳）樂君
吴	吴		秦	晉	陳

 陳侯鼎 02650 陳(陳)医	 陳医壺 09633.1 陳(陳)侯	 陳医壺 09634.1 陳(陳)侯			
 陳公子甗 00947 陳(陳)公子	 陳医壺 09633.2 陳(陳)侯	 陳医壺 09634.2 陳(陳)侯			
 陳医作孟姜㛄簠 04606 陳(陳)侯	 陳医作王仲媯㛄簠 04603.1 陳(陳)侯	 陳医作王仲媯㛄簠 04604.1 陳(陳)侯	 陳子匜 10279 陳(陳)子子	 陳大喪史仲高鐘 00351.1 陳(陳)大喪史	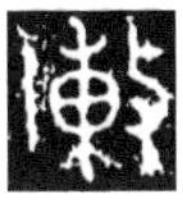 陳姬小公子盨 04379.1 陳(陳)姬
 陳伯元匜 10267 陳(陳)白鴋	 陳医作王仲媯㛄簠 04603.2 陳(陳)侯	 陳医作王仲媯㛄簠 04604.2 陳(陳)侯	 陳大喪史仲高鐘 00350 陳(陳)大喪史	 陳大喪史仲高鐘 00355.1 陳(陳)大喪史	 陳姬小公子盨 04379.2 陳(陳)姬
 宋兒鼎 mx0162 隓(陳)侯					

陳

敵

 陳大喪史仲高鐘　00352.1 陳(陳)大喪史  有兒簋 mt05166 陳(陳)桓公	 陳侯匜 xs1833 陳(陳)侯	 敶侯簠 04607 陳(陳)侯  陳侯戈 mx1198 敶(陳)侯		 叔夷鐘 00273.2 敵(敵)寮  叔夷鐘 00274.1 敵(敵)寮	 叔夷鎛 00285.3 敵(敵)寮  叔夷鎛 00285.4 敵(敵)寮
			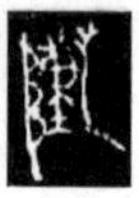 〓侯之孫陳鼎 02287 〓侯之孫陳(陳)之鼾		
陳			CE	齊	

救

 伯克父鼎 ms0285 仇敎(敵)					
	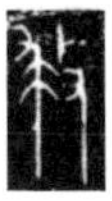 秦王鐘 00037 救秦戎  𥁰篙鐘 00038.2 晋人救戎於楚境	 競之定鬲 mt03015 王命競之定救秦戎  競之定鬲 mt03016 救秦戎	 競之定鬲 mt03017 救秦戎 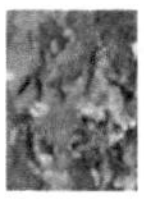 競之定鬲 mt03018 救秦戎	 競之定鬲 mt03019 救秦戎  競之定鬲 mt03020 救秦戎	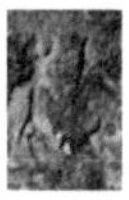 競之定鬲 mt03021 救秦戎  競之定鬲 mt03022 救秦戎
曾	楚				

攸 敦

			 曾仲大父螽殷 04204.1 廼用吉攸(鋚)	 曾仲大父螽殷 04203 廼用吉攸(鋚)  曾仲大父螽殷 04204.2 廼用吉攸(鋚)	
		 齊鞷氏鐘 00142.2 卑鳴攸好	 嬭加鎛乙 ms1283 攸攸騃騃		
 競之定簋 mt04978 救秦戎  競之定簋 mt04979 救秦戎	 競之定豆 mt06150 救秦戎  競之定豆 mt06151 救秦戎				 裔窅敦年戟 mx1131 裔窅敦(敦)年戟
楚		齊	曾		D

敗

 曾侯與鐘 mx1032 穆諟戟（敦）敏	 隱公克敦 04641 饋鐘（敦）	 荆公孫敦 mt06070 膳亶（敦）  荆公孫敦 04642 膳亶（敦）	 吴王餘眛劍 mx1352 敗（敗）麻  吴王餘眛劍 mx1352 未敗（敗）盧邦	 霸服晋邦劍 wy054 □敗（敗）□  吴王壽夢之子劍　xs1407 敗（敗）三軍	 冉鉦鋮 00428 汝勿喪勿敗（敗）
曾	郳	D	吴		

寇		鼓			
	 鑄司寇鼎 xs1917 鑄司寇  祝司寇獸鼎 02474 槊(祝)司寇				
 魯少司寇封孫宅盤　10154 魯少司寇					 庚壺 09733.1B 崔子執敼(鼓)  叔夷鐘 00277.2 俾若鐘敼(鼓)
		 子璋鐘 00113 永保鼓之  子璋鐘 00115.1 永保鼓之	 子璋鐘 00116.1 永保鼓之  子璋鐘 00117.1 永保鼓之	 子璋鐘 00119 永保鼓之	 洹子孟姜壺 09729 鼓鐘[一銉]  洹子孟姜壺 09730 鼓鐘一銉(肆)
魯	鑄	許			齊

 叔夷鐘 00284 俾若鐘敼(鼓)  叔夷鎛 00285.8 俾若鐘敼(鼓)					
	 鄱子成周鐘 mt15256 永保鼓之  鄱子成周鐘 xs288 永保鼓之	 鄱子成周鐘 xs289 其永鼓之	 蔡侯紐鐘 00211.2 子孫鼓之  蔡侯紐鐘 00216.2 子孫鼓之	 蔡侯紐鐘 00217.2 子孫鼓之  蔡侯紐鐘 00218.2 子孫鼓之	 蔡侯鎛 00221.2 子孫鼓之  蔡侯鎛 00222.2 子孫鼓之
齊	番		蔡		

	 楚太師鄧子鎛 mx1045 永寶鼓之				
	 王孫誥鐘 xs418 永保鼓之  王孫誥鐘 xs420 永保鼓之	 王孫誥鐘 xs421 永保鼓之  王孫誥鐘 xs422 永保鼓之	 王孫誥鐘 xs423 永保鼓之  王孫誥鐘 xs424 永保鼓之	 王孫誥鐘 xs425 永保鼓之  王孫誥鐘 xs426 永保鼓之	 王孫誥鐘 xs427 永保鼓之  王孫誥鐘 xs428 永保鼓之
 侯古堆鎛 xs276 其永鼓之  侯古堆鎛 xs277 其永鼓之	 𪒠鎛 xs489a 永保鼓之  𪒠鎛 xs490a 永保鼓之	 𪒠鐘 xs482a 千歲敼(鼓)之  𪒠鐘 xs483b 千歲敼(鼓)之	 𪒠鎛 xs491b 千歲敼(鼓)之  𪒠鎛 xs492a 千歲敼(鼓)之	 𪒠鎛 xs495a 千歲敼(鼓)之	
CE	楚				

 王孫誥鐘 xs429 永保鼓之  王孫誥鐘 xs431 永保鼓之	 王孫誥鐘 xs436 永保鼓之  王孫誥鐘 xs437 永保鼓之	 王孫誥鐘 xs438 永保鼓之  王孫誥鐘 xs442 永保鼓之			
			 九里墩鼓座 00429.1 鼂鼓(鼓)	 沇兒鎛 00203.1 永保鼓(鼓)之  徐王子旃鐘 00182.1 萬世鼓(鼓)之	 之乘辰鐘 xs1409 世世鼓(鼓)之
楚			鍾離	徐	

攷　　攻

			 齊侯鎛 00271 大玫(工)戹  國差罎 10361 攻(工)師	 叔夷鐘 00273.1 汝肈敏于戎攻(功)  叔夷鐘 00281 …敏于戎攻(功)	 叔夷鎛 00285.3 汝肈敏于戎攻(功)
 冉鉦鉞 00428 乍(祚)以永鼓	 越王者旨於睗鐘　00144 日日以鼓(鼓)之	 郤王義楚觶 06513 我文攷(考)			
吳	越	徐	齊		

 曾大工尹戈 11365 大攻(工)尹	 王孫誥鐘 xs418 武于戎攻(功)  王孫誥鐘 xs419 武于戎攻(功)	 王孫誥鐘 xs420 武于戎攻(功)  王孫誥鐘 xs421 武于戎攻(功)	 王孫誥鐘 xs422 武于戎攻(功)  王孫誥鐘 xs423 武于戎攻(功)	 王孫誥鐘 xs424 武于戎攻(功)  王孫誥鐘 xs425 武于戎攻(功)	 王孫誥鐘 xs426 武于戎攻(功)  王孫誥鐘 xs427 武于戎攻(功)
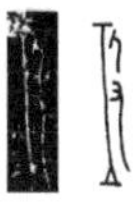 曾侯與鐘 mx1029 親尃(敷)武珍(功)  曾侯與鐘 mx1030 親尃(敷)武珍(功)					
曾	楚				

 王孫誥鐘 xs428 武于戎攻(功)  王孫誥鐘 xs429 武于戎攻(功)	 王孫誥鐘 xs430 武于戎攻(功)  王孫誥鐘 xs432 武于戎攻(功)	 王孫誥鐘 xs439 武于戎攻(功)  王孫誥鐘 xs441 武于戎攻(功)			
			 夫跃申鼎 xs1250 敔(攻)盧王	 吴王壽夢之子劍　xs1407 攻敔王  吴王壽夢之子劍　xs1407 攻之	 攻吴王䱷斂此郤劍　xs1188 攻盧王  攻敔王者彶䱷虘劍　mt17946 攻敔王
楚			舒	吴	

 吴王餘昧劍 mx1352 攻盧王	 諸樊之子通劍 xs1111 攻敔王	  攻吴王光韓劍 xs1807 攻吾王	 攻敔王光劍 11654 攻敔王	 攻敔王光劍 mt17916 攻敔王	 攻敔王光鐸 mx1047 攻敔王
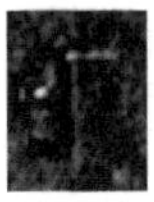 攻敔王盧收此郐劍 mt17947 攻敔王	 攻吴王姑發邸之子劍 xs1241 攻盧王	 攻敔王光劍 11620 攻敔王	 吴王光劍 t17919 攻敔王	  攻敔王光劍 zy2021.1 攻敔王	 攻敔王光劍 11666 克戠多攻

吴

 攻敔王光劍 11666 攻敔王	 臧孫鐘 00094 攻敔仲終歲	 臧孫鐘 00096 攻敔仲終歲	 臧孫鐘 00098 攻敔仲終歲	 臧孫鐘 00100 攻敔仲終歲	 配兒鉤鑃 00427.1 余孰□于戎攻(功)獻武
 臧孫鐘 00093 攻敔仲終歲	 臧孫鐘 00095 攻敔仲終歲	 臧孫鐘 00097 攻敔仲終歲	 臧孫鐘 00099 攻敔仲終歲	 臧孫鐘 00101 攻敔仲終歲	 攻吳王夫差鑑 mx1000 攻吳王

吴

 吴王夫差鑑 10295 攻吴王  吴王夫差鑑 10296 攻吴王	 攻吴王夫差鑑 xs1477 攻吴王  攻敔戟 11258.1 攻敔工	 攻敔王夫差戈 11288 攻敔王  攻敔王劍 11636 攻敔王	 攻敔王夫差劍 11637 攻敔王  攻敔王夫差劍 11638 攻敔王	 攻敔王夫差劍 11639 攻敔王  攻吴王夫差劍 xs1116 攻敔王	 攻吴王夫差劍 xs1523 攻敔王  攻吴王夫差劍 xs1551 攻敔王

吴

 攻吴王夫差劍 xs1734 攻敔王	 攻吴王夫差劍 xs1876 攻敔王	 攻敔王夫差劍 mt17934 攻敔王	 攻敔王夫差劍 mx1341 攻敔王	 攻敔王夫差劍 ms1592 攻敔王	 攻敔王光戈 11151.1 攻敔王
  攻吴王夫差劍 xs1868 攻敔王	 攻吴王夫差劍 xs1895 攻敔王	 攻敔王夫差劍 mt17939 攻敔王	 攻敔王夫差劍 mx1336 攻敔王	 虘巢鎛 xs1277 攻王之玄孫	 攻吾王光劍 wy030 攻吾王

吴

敔

	 鄦大嗣攻鬲 00678 嗣（司）攻（工）  梁伯戈 11346.2 攻□□旁（方）			 曾仲子敔鼎 02564 曾仲子敔（敔）  曾子斿鼎 02757 臧敔（敔）集[功]	
 攻吾王光劍 wy031 攻吾王 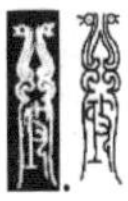 攻吴王光劍 xs1478 攻吾王	 嘉賓鐘 00051 武于戎攻（工）  工尹坡盞 t06060 攻（工）尹	 工□戈 10965 攻（工）師	 宋公繇簠 04589 句敔（敔）夫人  宋公繇簠 04590 句敔（敔）夫人		 吴王壽夢之子劍　xs1407 攻敔（敔）王  諸樊之子通劍 xs1111 攻敔（敔）王
吴			宋	曾	吴

 攻敔王者彶劍 mt17946 攻敽(敔)王  攻敔王光劍 11620 攻敔(敔)王	 攻敔王光劍 11654 攻敽(敔)王  吴王光劍 mt17919 攻敽(敔)王	 攻敔王光戈 11151.1 攻敽(敔)王  攻敽王光鐸 mx1047 攻敽(敔)王	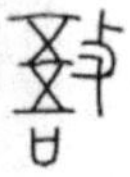 攻敔王光劍 zy2021.1 攻敔王 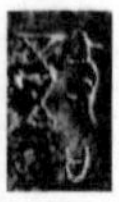 攻敔王光劍 mt17916 攻敽(敔)王	 攻敔王光劍 11666 攻敽(敔)王  臧孫鐘 00093 攻敽(敔)仲終歲	 臧孫鐘 00094 攻敽(敔)仲終歲  臧孫鐘 00095 攻敽(敔)仲終歲
吴					

 臧孫鐘 00096 攻敔（敔）仲終歲  臧孫鐘 00097 攻敔（敔）仲終歲	 臧孫鐘 00098 攻敔（敔）仲終歲  臧孫鐘 00099 攻敔（敔）仲終歲	 臧孫鐘 00100 攻敔（敔）仲終歲  臧孫鐘 00101 攻敔（敔）仲終歲	 攻敔王劍 11636 攻敔（敔）王  攻敔王劍 11636 攻敔（敔）王	 攻敔戟 11258.1 攻敔（敔）工  攻敔王夫差戈 11288 攻敔（敔）王	 攻敔王夫差劍 11637 攻敔（敔）王  攻敔王夫差劍 11638 攻敔（敔）王
吴					

 攻敔王夫差劍 11639 攻敌(敔)王	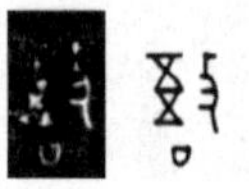 吴王夫差劍 xs317 [攻]敿(敔)王	 攻吴王夫差劍 xs1523 攻敔(敔)王	 攻吴王夫差劍 xs1734 攻敔(敔)王	 攻吴王夫差劍 xs1876 攻敔(敔)王	 攻敔王夫差劍 mx1336 攻敔(敔)王
 吴王夫差盉 xs1475 敔(敔)王	 攻吴王夫差劍 xs1116 攻敔(敔)王	 攻吴王夫差劍 xs1551 攻敔(敔)王	 攻吴王夫差劍 xs1868 攻敔(敔)王	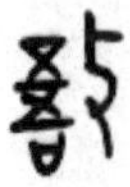 攻吴王夫差劍 xs1895 攻敿(敔)王	 攻敔王夫差劍 mt17939 攻敌(敔)王夫
吴					

改

					 楚太師登鐘 mt15511a 萬年[毋]改  楚太師登鐘 mt15512a 萬年毋改
			 齊侯鎛 00271 勿或俞(渝)改	 嬭加編鐘 kg2020.7 大命毋改  嬭加鎛丁 ms1285 萬年毋改	
 攻敔王夫差劍 mx1341 攻敔(敔)王  攻敔王夫差劍 mt17934 攻敔(敔)王	 攻敔王夫差劍 ms1592 攻敔王	 封子楚簠g mx0517 萬世倗改 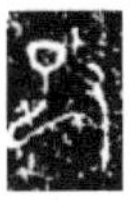 封子楚簠q mx0517 萬世倗改		 曾侯與鐘 mx1029 改復曾疆  曾侯殘鐘 mx1031 改復曾疆	
吴		鄭	齊	曾	楚

牧

 楚太師登鐘 mt15513b 萬年[毋]改	 楚太師登鐘 mt15516b 萬年毋改	 楚太師鄧子鎛 mx1045 萬年毋改	 鄧公牧簋 03590.1 鄧公牧	 鄧公牧簋 03591 鄧公牧	 曾子牧臣鼎 ms0211 曾子牧臣
 楚太師登鐘 mt15514b 萬年毋改	 楚太師登鐘 mt15518b 萬年毋改		 鄧公牧簋 03590.2 鄧公牧		 曾子牧臣壺 ms1407 曾子牧臣
楚			鄧		曾

𢻫

 曾子牧臣壺 ms1408 曾子牧臣 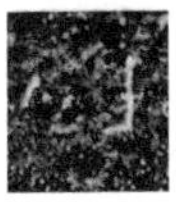 牧臣簠g ms0553 牧臣	 牧臣簠q ms0553 牧臣  牧臣簠q ms0554 牧臣				
		 𪔂鐘 xs482b 𢻫(批)諸囂聖  𪔂鐘 xs486b 𢻫(批)諸囂聖	 𪔂鐘 xs484a 𢻫(批)諸囂聖	 𪔂鎛 xs491a 𢻫(批)諸囂聖  𪔂鎛 xs492b 𢻫(批)諸囂聖	 𪔂鎛 xs494b 𢻫(批)諸囂聖  𪔂鎛 xs496b 𢻫(批)諸囂聖
曾		楚			

⿰巿攴 ⿰并攴 敦

		 僉父瓶g mt14036 金⿰并攴(瓶)  僉父瓶q mt14036 金⿰并攴(瓶)		 楚太師登鐘 mt15511a 龢鳴且敦  楚太師登鐘 mt15512a 龢鳴且敦	 楚太師登鐘 mt15513a 龢鳴且敦  楚太師登鐘 mt15514a 龢鳴且敦
 黝鎛 xs489b 忄匕(批)諸囂聖  黝鎛 xs490b 匕(批)諸囂聖	 醅祓想簠g xs534 醅⿰巿攴想之飤盙  醅祓想簠q xs534 醅⿰巿攴想之飤盙		 鄦子盥自鎛 00153 敦敦熙熙  鄦子盥自鎛 00154 敦敦熙熙		
楚	楚	郥	許	楚	

		敳	敽		毆
 楚太師登鐘 mt15516a 龢鳴且敳  楚太師登鐘 mt15519b 龢鳴且敳	 楚太師鄧子鎛 mx1045 龢鳴且敳				 内子仲□鼎 02517 芮子仲毆  芮子仲毆鼎 mt02125 芮子仲毆
		 叔夷鐘 00276.1 敳厥靈師  叔夷鎛 00285.6 敳厥靈師			
			 敽之行鼎 01990.1 敽之行鼎  敽之行鼎 01990.2 敽之行鼎	 䀇于盞g 04636 䀇師敽  䀇于盞q 04636 䀇師敽	
楚		齊	曾		芮

歞		斁		歛	歔
 叔夷鎛 00285.7 歞(選)擇吉金	 章子鄭戈 11295A 章子鄭(國)歞(選)其元金				 曾公𠹭鎛鐘 jk2020.1 歔(吾)聖有聞  曾公𠹭甬鐘A jk2020.1 歔(吾)聖有聞
		 曾侯與鐘 mx1029 撫斁(定)天下  曾侯與鐘 mx1029 復斁(定)楚王	 曾侯與鐘 mx1032 斁(定)徇曾土	 蔡侯䜌尊 06010 歛(攤)敬不惕(易)  蔡侯䜌盤 10171 歛(攤)敬不惕(易)	 曾侯與鐘 mx1029 歔(吾)用燮譹(就)楚  曾侯與鐘 mx1032 歔(吾)以祈眉壽
齊	CE	曾		蔡	曾

 曾公㺿甬鐘 A jk2020.1 虘(吾)聖有聞 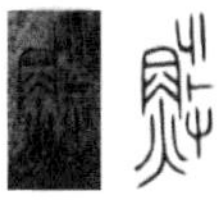 曾公㺿甬鐘 B jk2020.1 虘(吾)聖有聞				 者減鐘 00193 工虘王  者減鐘 00194 [工]虘王	 者減鐘 00195 工虘王  者減鐘 00197.1 工[虘]王
 曾侯與鐘 mx1034 虘(吾)以及大夫  曾侯與鐘 mx1035 虘(吾)以及大夫	 彭啓簋甲 ww2020.10 虘(吾)以飤士庶子 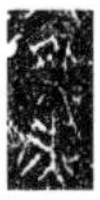 彭啓簋丙g ww2020.10 虘(吾)以飤士庶子	 彭啓簋丙q ww2020.10 虘(吾)以飤士庶子	 沇兒鎛 00203.2 虘(吾)以宴以喜	 姑發㽖反劍 11718 工虘太子	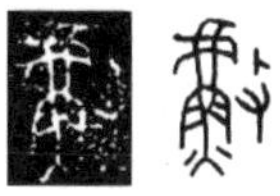 工虘季生匜 10212 工虘季生
曾	CE		徐	吴	

教　　學　　卜　　貞

				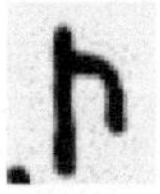 卜淦□高戈 xs816 卜淦□高	 伯國父鼎 mx0194 作叔嬀緐貞(鼎)  鄦奓魯生鼎 02605 媵鼎(鼎)
 者㵄鐘 00198.1 工𫊸王  者㵄鐘 00199 工𫊸王	 者㵄鐘 00201 工𫊸王  者㵄鐘 00202 工𫊸王				
 工𫊸王劍 11665 工𫊸王		 與兵壺g eb878 永寶教之	 羅兒匜 xs1266 學卯□□臺之子		
吳		鄭	羅	秦	許

 喬夫人鼎 02284 𩞁鼎(鼎)				 杞子每亡鼎 02428 寶鼎(鼎))  杞伯每亡鼎 02494.1 寶鼎(鼎)	 杞伯每亡鼎 02495 寶鼎(鼎)  杞伯每亡鼎 02642 寶鼎(鼎)
	 宋公緣鼎蓋 02233 𩞁鼎(鼎)  宋君夫人鼎蓋 02358 𩞁盂鼎(鼎)	 宋君夫人鼎q eb304 𩞁鼎(鼎)  宋君夫人鼎g eb304 𩞁鼎(鼎)	 宋左太師睪鼎 mt01923 𩞁鼎(鼎)		
	宋			杞	

 魯侯鼎 xs1067 媵鼎(鼎)  魯仲齊鼎 02639 鬻鼎(鼎)	 鑄子叔黑臣鼎 02587 寶鼎(鼎)  鑄叔作嬴氏鼎 02568 寶鼎(鼎)	 鑄司寇鼎 xs1917 鬻鼎(鼎) 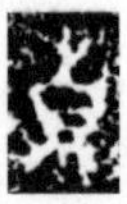 祝司寇獸鼎 02474 寶鼎(鼎)	 鼄來隹鬲 00670 作鼎(鼎)  邾伯御戎鼎 02525 寶鼎(鼎)	 圓君鼎 02502 旅尊鼎(鼎)  郳壽父鼎 jk2020.1 郳壽父作鼎(鼎)	 郜伯祀鼎 02602 膳鼎(鼎)  郜伯鼎 02601 膳鼎(鼎)
 魯大左嗣徒元鼎　02592 膳鼎(鼎)  魯大左嗣徒元鼎　02593 膳鼎(鼎)					
魯	鑄		邾	郳	郜

	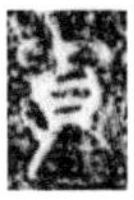 哀鼎g mt02311 膳會鼑(鼎)  哀鼎q mt02311 膳會鼑(鼎)	 鄙甘辜鼎 xs1091 尊鼑  弗奴父鼎 02589 賸鼑(鼎)	 伯氏始氏鼎 02643 揉鼑(鼎)	 叔單鼎 02657 自作鼑(鼎)  奚子宿車鼎 02604.1 行鼑(鼎)	 奚子宿車鼎 02603.1 行鼑(鼎)  奚子宿車鼎 02603.2 行鼑(鼎)
		 華孟子鼎 mx0207 賸寶鼑(鼎)  取它人鼎 02227 膳鼑(鼎)	 鄧鰟鼎 02085.1 飤鼑(鼎)  鄧鰟鼎 02085.2 飤鼑(鼎)		
 篖太史申鼎 02732 作其造(竈)鼑(鼎)十					
莒	㠱	D	鄧	黃	

 番昶伯者君鼎 02617 寶鼑(鼎)  番昶伯者君鼎 02618 寶鼑(鼎)					
	 曾侯宝鼎 mt02219 阩(升)鼑(鼎)  曾侯宝鼎 mt02220 阩(升)鼑(鼎)	 曾侯宝鼎 mx0187 阩(升)鼑(鼎)	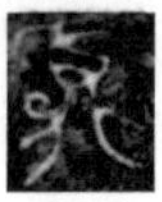 曾侯宝鼎 mx0185 阩(升)鼑(鼎) 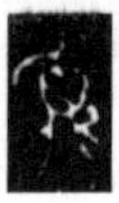 曾侯宝鼎 mx0186 阩(升)鼑(鼎)	 曾子仲宣鼎 02737 寶鼑(鼎)	
	 瞂之行鼎 01990.1 行貞(鼎)  瞂之行鼎 01990.2 行貞(鼎)	 曾少宰黃仲酉鼎　eb279 行貞(鼎)  曾侯郕鼎 eb257 飤貞(鼎)	 棄疾鼎g mx0126 行貞(鼎)  棄疾鼎q mx0126 行貞(鼎)	 棄疾鼎g mx0127 行貞(鼎)	 曾叔旂鼎 mx0109 行貞(鼎)  曾啚公臣鼎 mx0117 厩(廚)貞(鼎)
番	曾				

 曾大司馬國鼎 mx0128 飤貞(鼎)  崎鼎 mx0079 阩(升)貞(鼎)	 曾孫定鼎 xs1213 脰(廚)鼑(鼎)  曾大師奠鼎 xs501 脰(廚)鼑(鼎)	 蔡侯䵼鼎 02217.1 飤鼑(鼎)  蔡侯䵼鼎 02217.2 飤鼑(鼎)	 蔡侯殘鼎 02218 飤鼑(鼎)  蔡侯殘鼎 02220 飤鼑(鼎)	 蔡侯殘鼎蓋 02221 飤鼑(鼎)  蔡侯殘鼎蓋 02222 頭(廚)鼑(鼎)	 蔡侯殘鼎蓋 02223 頭(廚)鼑(鼎)  蔡侯殘鼎蓋 02224 飤鼑(鼎)
曾		蔡			

	 洤叔鼎 02355 行鼑(鼎)  盅鼎 02356 噂(登)鼑(鼎)	 以鄧鼎g xs406 緐鼑(鼎)  以鄧鼎q xs406 緐鼑(鼎)	 發孫虜鼎g xs1205 飤鼑(鼎)  發孫虜鼎q xs1205 飤鼑(鼎)		 卑梁君光鼎 02283 飤鼑(鼎)
 蔡侯䵼鼎蓋 mt01588 頭(廚)鼑(鼎)		 鄬子孟升嬭鼎g xs523 飤鼑(鼎)  鄬子孟升嬭鼎q xs523 飤鼑(鼎)	 倗夫人嫘鼎 mt02425 辻鼑(鼎)  邵王之諻鼎 02288 饋鼑(鼎)	 郐𦗢尹譬鼎 02766.1 湯鼑(鼎)  郐𦗢尹譬鼎 02766.2 湯鼑(鼎)	 吴王孫無土鼎 02359.1 脰(廚)鼑(鼎)  吴王孫無土鼎 02359.2 脰(廚)鼑(鼎)
蔡	CE	楚		徐	吴

用

 伯氏鼎 02443 羞鼎(鼎)  伯氏鼎 02444 羞鼎(鼎)	 伯氏鼎 02446 羞鼎(鼎)  伯氏鼎 02447 羞鼎(鼎)	 叔夜鼎 02646 鐈鼎(鼎)  叔液鼎 02669 鐈鼎(鼎)	 𢈔弃生鼎 02524 媵鼎(鼎)	 秦公鼎 xs1340 寶用鼎  秦公鼎 xs1341 寶用鼎	 秦公鼎 mt01557 寶用鼎  秦公鼎 mt01558 寶用鼎
 吴買鼎 02452 䧹(享)鼎(鼎)  深伯鼎 02621 作鼎(鼎)	 瘃鼎 02569 其鬻鼎鼎(鼎鼎)  瘃鼎 02569 其鬻鼎鼎(鼎鼎)			 秦公戈 mx1238 秦公作子車用	
 王子姪鼎 02289.1 飤鼎(鼎)  王子姪鼎 02289.2 飤鼎(鼎)	 與子具鼎 xs1399 䌛鼎(鼎)  史宋鼎 02203 盂鼎(鼎)	 蔡子𣐿鼎 02087 蔡子𣐿之鼎(鼎)  師麻孝叔鼎 02552 旅鼎(鼎)			
				秦	

 秦公鼎 mt01559 寶用鼎	 秦公簋 mt04389 作鑄用簋	 秦公鼎 xs1338 作鑄用鼎	 □元用戈 11013 元用	 秦子戈 11352a 用逸宜	 秦子戈 11353 用逸宜
 秦公簋 xs1342 作鑄用簋	 秦公鼎 xs1337 作鑄用鼎	 秦公鼎 xs1339 作鑄用鼎	 秦子戈 11352a 中辟元用	 秦子戈 11353 元用	 秦子矛 11547.1 元用

秦

 秦子矛 11547.2 用逸宜	 秦子戈 xs1350 左辟元用	 秦子戈 xs1350 用逸宜	 卜淦口高戈 xs816 永吿(寶)用	 秦政伯喪戈 eb1249 用逸宜	 秦公簋 mt04387 作鑄用簋
 秦子戈 xs1349 元用	 秦子戈 xs1350 左辟元用	 秦子戈 mt17209 公族元用	 秦政伯喪戈 eb1248 用逸宜	 秦公鼎 mx0107 作鑄用鼎	 秦公簋 mt04388 作鑄用簋

秦

 秦公壺 ms1042 用壺  秦公鼎 ms0173 用鼎	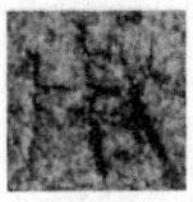 秦公簋 ms0427 用簋	 内公鐘 00031 永寶用  内公簋蓋 03707 永寶用	 内公簋蓋 03708 永寶用  内大子白簠蓋 04537 永用	 内大子白簠蓋 04538 永用  内太子白鼎 02496 永用	 内公壺 09596 永寶用  内公壺 09597 永寶用
秦		芮			

 内大子白壺蓋 09644 永用享	 内大子白壺 09645.2 永用享	 芮太子白鬲 mt2981 永保用享	 芮太子白鬲 mt2899 永保用享	 仲姜壺 mt12248 作爲趄公尊壺用	 芮太子鬲 eb78 永寶用享
 内大子白壺 09645.1 永用享	 芮太子白鬲 mt2980 永保用享	 芮太子白鬲 mt2898 永保用享	 仲姜壺 mt12247 作爲趄公尊壺用	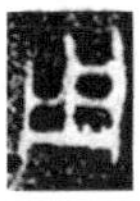 芮公鬲 eb77 永寶用享	 内公鼎 02475 永寶用享
芮					

 内公鼎 00743 永寶用享	 内公鼎 02389 永寶用	 内子仲□鼎 02517 永寶用	 芮子仲鼎 mt01910 永寶用享	 芮公㝬父壺 ms1046 永用	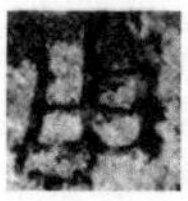 芮公鼎 ms0254 永寶用享
 内公鼎 02387 永寶	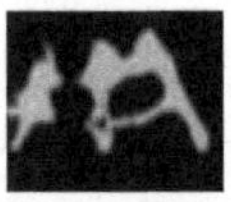 内太子鼎 02448 永用享	 芮子仲𣪘鼎 mt02125 永寶用	 内公簠 04531 永寶用享	 太师小子白歡父鼎　ms0261 永寶用	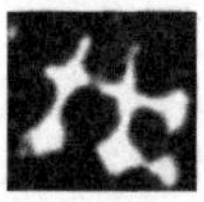 芮公鼎 ms0255 永寶用享

芮

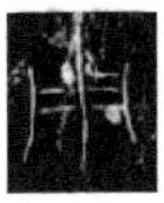 芮公鼓架銅套 ms1725 用祈眉壽  内公壺 09598 永寶用	 虢季鐘 xs1 用與其邦  虢季鐘 xs1 用享追孝于其皇考	 虢季鐘 xs1 用樂用享  虢季鐘 xs1 用樂用享	 虢季鐘 xs2 用義其家  虢季鐘 xs2 用與其邦	 虢季鐘 xs2 用享追孝于其皇考  虢季鐘 xs2 用祈萬壽	 虢季鐘 xs2 用樂用享  虢季鐘 xs2 用樂用享
芮	虢				

 虢季鐘 xs3 用與其邦	 虢季鐘 xs3 用享追孝于其皇考	 虢季鐘 xs3 用樂用享	 虢季鐘 xs6 用享追孝	 虢季鼎 xs11 永寶用享	 虢季鼎 xs14 永寶用享
 虢季鐘 xs3 用義其家	 虢季鐘 xs3 用祈萬壽	 虢季鐘 xs3 用樂用享	 虢季鼎 xs9 永寶用享	 虢季鼎 xs12 永寶用享	 虢季𣪘q xs17 永寶用

虢

 虢季𣪘g xs16 永寶用  虢季𣪘q xs16 永寶用	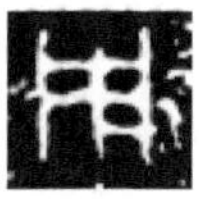 虢季𣪘g xs18 永寶用 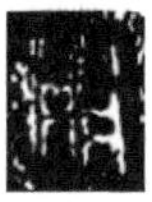 虢季𣪘q xs18 永寶用	 虢季𣪘 xs19 永寶用 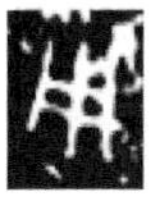 虢季𣪘g xs20 永寶用	 虢季𣪘q xs20 永寶用 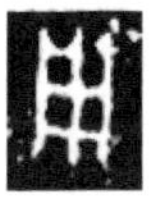 虢季𣪘g xs21 永寶用	 虢季𣪘q xs21 永寶用 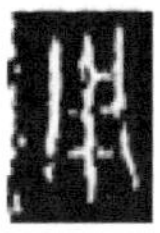 虢季鬲 xs22 永寶用享	 虢季鬲 xs23 永寶用享  虢季鬲 xs24 永寶用享

虢

 虢季鬲 xs25 永寶用享	 虢季鬲 xs27 永寶用享	 虢季盨g xs33 永寶用	 虢季盨q xs31 永寶用	 虢季盨q xs32 永寶用	 虢季盨q xs34 永寶用
 虢季鬲 xs26 永寶用享	 虢季鬲 xs29 永寶用享	 虢季盨g xs31 永寶用	 虢季盨g xs32 永寶用	 虢季盨g xs34 永寶用	 虢季鋪 xs36 子子孫孫用享

號

 虢季鋪 xs37 子子孫孫用享	 虢仲簠 xs46 永寶用	 國子碩父鬲 xs49 永寶用	 虢宮父盤 xs51 用從永征	 虢碩父簠q xs52 永寶用享	 虢宮父匜 mt14895 用從永征
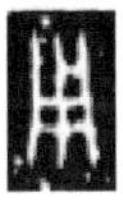 虢季盤 xs40 永寶用	 國子碩父鬲 xs48 永寶用享	 虢宮父鬲 xs50 用從永征	 虢碩父簠g xs52 永寶用享	 虢宮父鬲 mt02823 用從永征	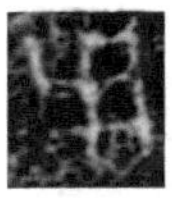 虢姜鼎 mt01839 永寶用

虢

 虢姜壺 mt12223 永寶用	 城父匜 mt14927 永寶用	 虢季氏子組鬲 mt02888 永寶用	 虢季氏子組簋 03972 永寶用享	 虢季氏子組壺 09655 永寶其用享	 虢季氏子組盤 ms1214 永寶用享
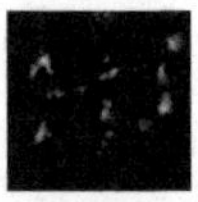 虢姜甗 mt03301 永寶用	 虢季氏子組鬲 00662 永寶用享	 虢季氏子組簋 03971 永寶用享	 虢季氏子組簋 03973 永寶用享	 虢季子組鬲 00661 永寶用享	 賙金氏孫盤 10098 永寶用

虢

 虢嫚□盤 10088 永寶用 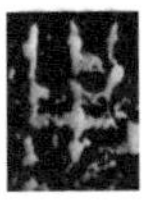 虢虎父鼎 ms0238 永寶用	 虢季甗 ws2020.1 永寶用享	 戎生鐘 xs1614 用建于茲外土  戎生鐘 xs1614 用倝不廷方	 戎生鐘 xs1615 用龏王命  戎生鐘 xs1616 用作寶協鐘	 戎生鐘 xs1618 用祈綽眉壽 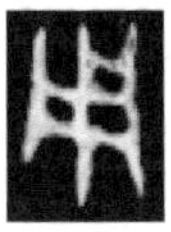 戎生鐘 xs1620 永寶用	 戎生鐘 xs1617 用卲追孝于皇祖皇考  太師盤 xs1464 用祈眉壽
		 子犯鐘 xs1012 用爲龢鐘九堵  子犯鐘 xs1014 用享用孝	 子犯鐘 xs1014 用享用孝  子犯鐘 xs1014 用祈眉壽	 子犯鐘 xs1017 用匽用寧 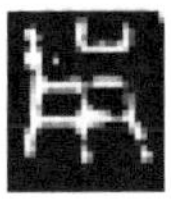 子犯鐘 xs1018 用享用孝	 子犯鐘 xs1018 用祈眉壽
		 少虡劍 11696.1 作爲元用  少虡劍 11697 作爲元用	 吉日壬午劍 mt18021 作爲元用  少虡劍 xs985 作爲元用		
虢		晋			

 太師盤 xs1464 永用爲寶  郳湯伯匜 10208 永用之	 晋侯簋g mt04712 永寶用  晋侯簋q mt04712 永寶用	 晋侯簋g mt04713 永寶用享  晋侯簋q mt04713 永寶用	 晋姞盤 mt14461 其萬年寶用  晋姞匜 mt14954 其萬年寶用	 晋叔家父壺 xs908 永寶用享  晋叔家父壺 mt12357 永寶用	 晋姜鼎 02826 用（紹）匹辞辟  晋姜鼎 02826 用作寶尊鼎
 長子沬臣簠 04625.1 永保用之  長子沬臣簠 04625.2 永保用之					

晋

 晉姜鼎 02826 用康揉綏懷遠邇君子	 晉姜鼎 02826 用享用德	 晉刑氏鼎 ms0247 永寶用享	 叔休盨 mt05617 永保用	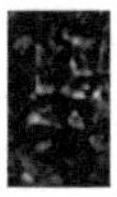 叔休盨 mt05619 永保用	 叔休盉 mt14778 永保用
 晉姜鼎 02826 用祈綽綰眉壽	 晉姜鼎 02826 用享用德	 晉侯簋 ms0467 永寶用	 叔休盨 mt05618 永保用	 叔休盤 mt14482 永保用	 叔休壺 ms1059 永保用

 叔休壺 ms1060 永保用	 仲考父匜 jk2020.4 子子孫孫用享  楷宰仲考父鼎 jk2020.4 子子孫孫用享	 楷侯宰吹壺甲g jk2020.4 永用  楷侯宰吹壺甲q jk2020.4 永用	 楷侯宰吹壺乙g jk2020.4 永用  楷侯宰吹壺乙q jk2020.4 永用	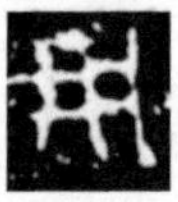 燕仲盨g kw2021.3 永寶用之  燕仲盨q kw2021.3 永寶用之	 燕仲鼎 kw2021.3 永寶用享  燕仲盤 kw2021.3 [永]寶用
				 匽公匜 10229 永寶用	
晋	黎			燕	

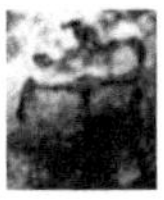 燕仲匜 kw2021.3 永寶用  燕仲鬲 kw2021.3 永寶用享	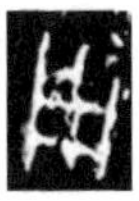 燕太子簋 kw2021.3 作爲行簋用 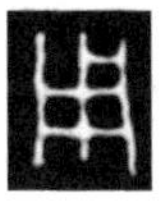 琱射壺 kw2021.3 永寶用享	 畢鬲 kw2021.3 用享用孝  畢鬲 kw2021.3 用享用孝	 衛伯須鼎 xs1198 用吉金作寶鼎  衛伯須鼎 xs1198 子孫用之	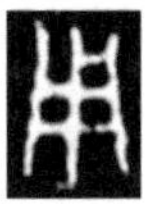 衛夫人鬲 xs1700 用從遙征 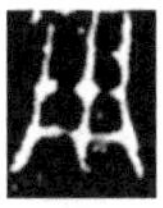 衛夫人鬲 xs1701 用從遥征	 筍侯匜 10232 永寶用
燕			衛		荀

 虞侯政壺 09696 永寶用	 宗婦鄁嬰鼎 02683 永寶用  宗婦鄁嬰鼎 02684 永寶用	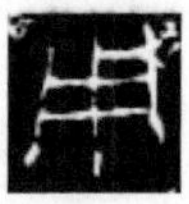 宗婦鄁嬰鼎 02685 永寶用  宗婦鄁嬰鼎 02686 永寶用	 宗婦鄁嬰鼎 02687 永寶用  宗婦鄁嬰鼎 02688 永寶用	 宗婦鄁嬰鼎 02689 永寶用  宗婦鄁嬰𣪕蓋 04076 永寶用	 宗婦鄁嬰𣪕 04077 永寶用  宗婦鄁嬰𣪕 04078 永寶用
虞	BC				

 宗婦鄁嬰段 04079 永寶用	 宗婦鄁嬰段 04081 永寶用	 宗婦鄁嬰段 04084 永寶用	 宗婦鄁嬰段 04086.1 永寶用	 宗婦鄁嬰壺 09699.1 永寶用	 用戈 xs990 用戈
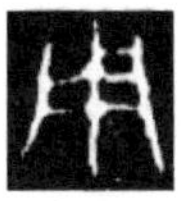 宗婦鄁嬰段 04080 永寶用	 宗婦鄁嬰段 04083 永寶用	 宗婦鄁嬰段 04085 永寶用	 宗婦鄁嬰壺 09698.2 永寶用	 宗婦鄁嬰盤 10152 永寶用	
BC					BC

	 單子白盨 04424 永寶用  單伯邍父鬲 00737 永寶用享	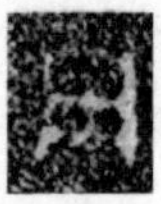 毛叔虎父簋g hx2021.5 子子孫孫永寶  毛叔虎父簋g mx0424 用享大宗	 毛叔虎父簋q mx0424 用享大宗  毛叔虎父簋q hx2021.5 用享大宗	 毛百父匜 mx0988 永寶用享  毛百父鼎 hx2021.5 永寶用	 毛虎壺q hx2021.5 永寶用  毛叔盤 10145 永保用
 叔左鼎 mt02334 其霝用□□  叔左鼎 mt02334 用□□□					
BC	單	毛			

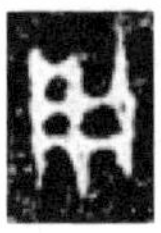 京叔盨q xs1964 永寶用  京叔盨g xs1964 永寶用	 鄭饔原父鼎 02493 永用  鄭師□父鬲 00731 永寶用	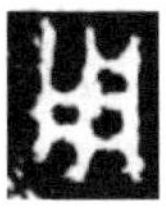 鄭戕句父鼎 02520 永寶用  鄭義伯鑩 09973.1 用賜眉壽	 鄭義伯鑩 09973.2 用賜眉壽  鄭義伯鑩 09973.2 我用以克□	 召叔山父簠 04601 用享用孝  召叔山父簠 04602 用享用孝	 召叔山父簠 04601 用享用孝 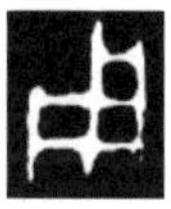 召叔山父簠 04602 用享用孝
 鄭子石鼎 02421 永寶用  鄭大内史叔上匜 10281 永寶用之					
 與兵壺q eb878 用享用孝  與兵壺q eb878 用享用孝	 與兵壺 ms1068 用享用孝  與兵壺 ms1068 用享用孝	 封子楚簠g mx0517 永保用之  封子楚簠q mx0517 永保用之	 封子楚簠g mx0517 用會嘉賓大夫	 哀成叔鼎 02782 永用禋祀 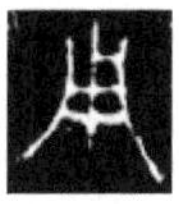 鄭莊公之孫盧鼎 mt02409 萬世用之	
鄭					

 召叔山父簠 04601 用匄眉壽  召叔山父簠 04602 用匄眉壽	 召叔山父簠 04601 用爲永寶  召叔山父簠 04602 用爲永寶	 寶登鼎 mt02122 永寶用享  子耳鼎 mt02253 永寶用	 穌冶妊鼎 02526 永寶用  穌冶妊盤 10118 永寶用之	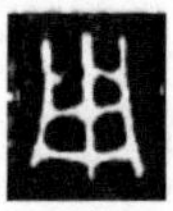 穌公子毁 04014 永寶用享  穌公子毁 04015 永寶用享	 蘇公匜 xs1465 永寶用  穌貉簠 04659 作小用
			 寬兒鼎 02722 永保用之  寬兒缶 mt14091 永保用之		
鄭			蘇		

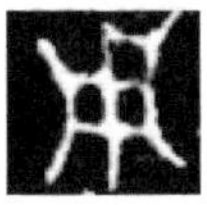 許成孝鼎 mx0190 永寶用之  伯國父鼎 mx0194 永寶用享	 鄦奓魯生鼎 02605 永寶用				
 許公簠g mx0510 用享用孝 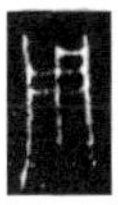 許公簠g mx0510 用享用孝	 許公簠g mx0510 永保用之  許公簠g mx0511 用享用孝	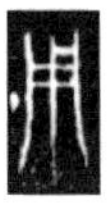 許公簠g mx0511 用享用孝  許公簠g mx0511 永保用之	 許公簠q mx0511 用享用孝  許公簠q mx0511 用享用孝	 許公簠q mx0511 永保用之	
 鄦公買簠 04617.2 永寶用之  鄦公買簠g eb475 永寶用之	 鄦公買簠q eb475 永寶用之  鄦子妝簠 04616 用鑄其簠	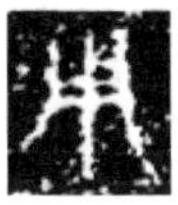 鄦子妝簠 04616 用媵孟姜秦嬴  鄦子妝簠 04616 永保用之	 子璋鐘 00113 用宴以喜  子璋鐘 00113 用樂父兄	 子璋鐘 00114 用宴以喜 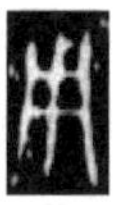 子璋鐘 00114 用樂父兄	 子璋鐘 00115.2 用宴以喜  子璋鐘 00115.2 用樂父兄

<table>
<tr><td></td><td></td><td></td><td></td><td></td><td></td></tr>
<tr><td></td><td></td><td></td><td></td><td></td><td></td></tr>
<tr>
<td>
子璋鐘
00116.2
用宴以喜
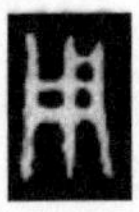
子璋鐘
00116.2
用樂父兄</td>
<td>
子璋鐘
00117.2
用宴以喜

子璋鐘
00117.2
用樂父兄</td>
<td>
子璋鐘
00118.1
用宴以喜

子璋鐘
00119
用樂天〈父〉兄</td>
<td>
喬君鉦鋮
00423
用享用考(孝)

喬君鉦鋮
00423
用享用考(孝)</td>
<td>
喬君鉦鋮
00423
用祈眉壽

喬君鉦鋮
00423
永寶用之</td>
<td>
無伯彪戈
11134
用戈

許公寍戈
eb1145
用戈</td>
</tr>
<tr><td colspan="6">許</td></tr>
</table>

		 戈叔朕鼎 02690 永寶用之 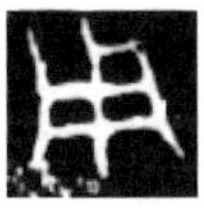 戈叔朕鼎 02691 永寶用之	 戈叔朕鼎 02692 永寶用之  叔朕簠 04620 永寶用之	 叔朕簠 04621 永寶用之  戈伯匜 10246 永寶用之	 陳生隺鼎 02468 永寶用  陳侯作嘉姬𣪘 03903 永寶用
					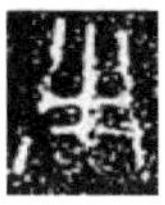 陳公子中慶簠 04597 用祈眉壽  陳公子中慶簠 04597 永壽用之
 鄦子盟自鎛 00153 用宴以喜  鄦子盟自鎛 00153 用樂嘉賓	 鄦子盟自鎛 00154 用宴以喜  鄦子盟自鎛 00154 用樂嘉賓				 陳樂君甗 xs1073 用祈眉壽無疆  陳樂君甗 xs1073 永用之
許		戴			陳

 陳医壺 09633.1 永寶用	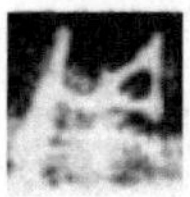 陳医壺 09634.1 永寶用	 陳公子甗 00947 用征用行	 陳公子甗 00947 用鬻稻粱	 原氏仲簠 xs395 用祈眉壽	 原氏仲簠 xs397 永壽用之
 陳医壺 09633.2 永寶用	 陳医壺 09634.2 永寶用	 陳公子甗 00947 用征用行	 陳公子甗 00947 用祈眉壽	 原氏仲簠 xs396 用祈眉壽	 陳侯鼎 02650 永壽用之
 陳公孫㝬父瓶 09979 用祈眉壽	 陳医作孟姜㛄簠 04606 用祈眉壽	 陳医作孟姜㛄簠 04607 用祈眉壽	 陳医作王仲嬀㛄簠 04603.2 用祈眉壽無疆	 陳医作王仲嬀㛄簠 04603.1 永壽用之	 陳医作王仲嬀㛄簠 04604.1 用祈眉壽無疆
 陳公孫㝬父瓶 09979 永壽用之	 陳医作孟姜㛄簠 04606 永壽用之	 陳医作孟姜㛄簠 04607 永壽用之	 陳伯元匜 10267 永壽用之	 陳医作王仲嬀㛄簠 04603.2 永壽用之	 陳医作王仲嬀㛄簠 04604.2 用祈眉壽無疆
 宋兒鼎 mx0162 永保用之  陳侯戈 mx1198 □慮用造					

陳

 原氏仲簠 xs395 永用之  原氏仲簠 xs396 永壽用之	 陳医鬲 00705 永用  陳医鬲 00706 永用				
 陳医作王仲媯 援簠　04604.1 永壽用之  陳医作王仲媯 援簠　04604.2 永壽用之	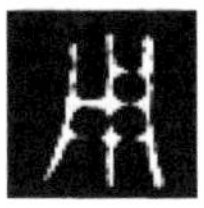 陳医盤 10157 用祈眉壽  陳医盤 10157 永壽用之	 陳子匜 10279 用祈眉壽  陳子匜 10279 永壽用之	 陳大喪史仲高 鐘　00351.2 永寶用之 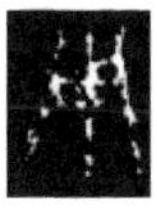 陳大喪史仲高 鐘　00352.1 用祈眉壽無疆	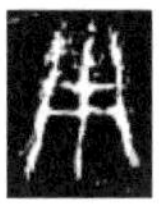 陳大喪史仲高 鐘　00353.1 用祈眉壽無疆  陳大喪史仲高 鐘　00353.2 永寶用之	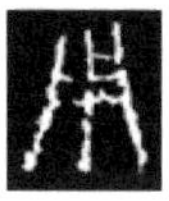 陳大喪史仲高 鐘　00354.1 用祈眉壽無疆  陳大喪史仲高 鐘　00354.2 永寶用之
陳					

			 商丘叔簠 04557 永寶用  商丘叔簠 04558 永寶用	 商丘叔簠 04559.1 永寶用  商丘叔簠 04559.2 永寶用	 商丘叔簠 xs1071 永寶用
 敶大喪史仲高鐘 00355.1 用祈眉壽無疆  敶大喪史仲高鐘 00355.2 永寶用之	 有兒簋 mt05166 用享用祀  有兒簋 mt05166 用享用祀	 有兒簋 mt05166 永保用之	 宋公圝鋪 mt06157 永保用之 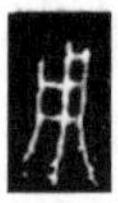 宋公圝鋪 mx0532 永保用之	 宋公圝鼎g mx0209 永保用之  宋公圝鼎q mx0209 永保用之	 趞亥鼎 02588 永壽用之
			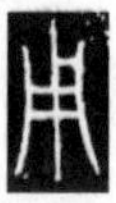 宋君夫人鼎q eb304 用般禋祀  宋君夫人鼎g eb304 用般禋祀	 樂子簠 04618 永保用之	
陳			宋		

		 曹伯狄毀 04019 永寶用享		 杞伯每亡鼎 02495 永寶用  杞伯每亡鼎 02642 永寶用享	 杞伯每亡毀 03898.1 永寶用享  杞伯每亡毀 03898.2 永寶用享
 鄒子蒷臺鼎g 02498 永壽用之  鄒子蒷臺鼎q 02498 永壽用之	 鄒子臺簠 04545 永壽用	 曹公簠 04593 用祈眉壽無疆  曹公簠 04593 永壽用之	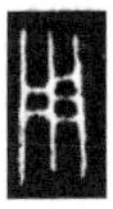 曹公盤 10144 用祈眉壽無疆 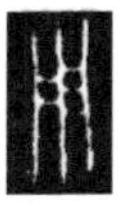 曹公盤 10144 永壽用之		
邊		曹		杞	

 杞伯每亡毁 03899.1 永寶用享  杞伯每亡毁 03899.2 永寶用享	 杞伯每亡毁 03901 永寶用享  杞伯每亡毁 03900 永寶用享	 杞伯每亡毁 03902.2 永寶用享  杞伯每亡簋 mt04860 永寶用	 杞伯每亡壺蓋 09687 永寶用享  杞伯每亡壺 09688 永寶用享	 杞伯每亡匜 10255 永寶用  杞伯每亡盆 10334 永寶用	 杞伯雙聯鬲 mx0262 用享孝于其姑公  杞伯雙聯鬲 mx0262 永寶用

杞

 魯侯鼎 xs1067 永寶用	 魯仲齊鼎 02639 永寶用享	 魯司徒仲齊盨 04440.1 永寶用享	 魯司徒仲齊盨 04441.1 永寶用享	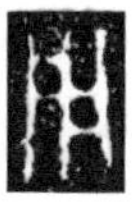 魯司徒仲齊盤 10116 永寶用享	 侯母壺 09657.2 用征行
 魯侯簠 xs1068 永寶用	 魯仲齊甗 00939 永寶用	 魯司徒仲齊盨 04440.2 永寶用享	 魯司徒仲齊盨 04441.2 永寶用享	 侯母壺 09657.1 用征行	 侯母壺 09657.2 用求福無疆
 魯大司徒厚氏元簠　04689 永寶用之	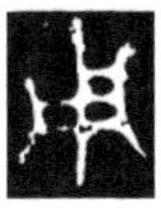 魯大司徒厚氏元簠　04690.2 永寶用之	 魯大司徒厚氏元簠　04691.2 永寶用之			
 魯大司徒厚氏元簠　04690.1 永寶用之	 魯大司徒厚氏元簠　04691.1 永寶用之	 魯大左嗣徒元鼎　02592 永寶用之			

魯

 侯母壺 09657.1 用求福無疆	 魯伯俞父簠 04566 永寶用	 魯伯俞父簠 04568 永寶用	 魯伯愈父鬲 00691 其永寶用	 魯伯愈父鬲 00693 其永寶用	 魯伯愈父鬲 00695 其永寶用
 侯母壺 sh611 用征行	 魯伯俞父簠 04567 永寶用	 魯伯愈父鬲 00690 其永寶用	 魯伯愈父鬲 00692 其永寶用	 魯伯愈父鬲 00694 其永寶用	 魯伯愈父盤 10113 其永寶用

魯

 魯伯愈父盤 10114 其永寶用	 魯伯愈父匜 10244 其永寶用	 魯大司徒子仲白匜　10277 永保用之	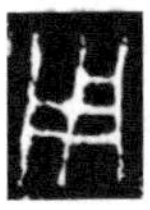 魯伯大父作季姬婧簋　03974 永寶用	 魯伯大父作仲姬俞簋　03989 永寶用享	 魯伯匜 10222 永寶用
 魯伯愈父盤 10115 其永寶用	 魯伯愈父簠 ms0561 永寶用	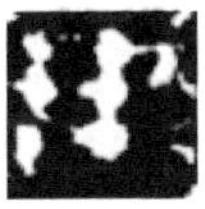 魯宰駟父鬲 00707 永寶用	 魯大宰邍父簋 03987 永寶用	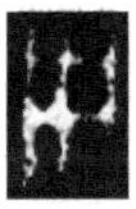 魯姬鬲 00593 永寶用	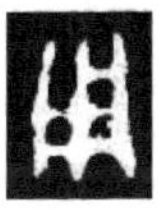 魯伯悆盨 04458.1 永寶用享

魯

 魯伯悆盨 04458.1 魯伯悆用公㚸	 魯伯悆盨 04458.1 用祈多福	 魯伯悆盨 04458.2 夙夙用追孝	 魯伯悆盨 04458.2 永寶用亨	 魯士浮父簠 04517.2 永寶用	 魯士浮父簠 04519 永寶用
 魯伯悆盨 04458.1 夙夙用追孝	 魯伯悆盨 04458.2 用公㚸	 魯伯悆盨 04458.2 用祈多福	 魯士浮父簠 04517.1 永寶用	 魯士浮父簠 04518 永寶用	 魯士浮父簠 04520 永寶用

魯

 魯正叔盤 10124 永壽用之	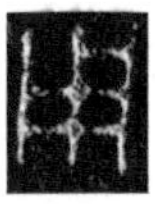 魯酉子安母簋q mt05902 永寶用	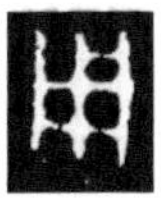 魯酉子安母簋q mt05903 永寶用	 禽簋 hx2022.2 永寶用	 鑄子叔黑𦣞鼎 02587 永寶用	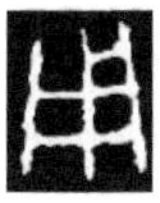 鑄子叔黑𦣞簠 04570.1 永寶用
 魯酉子安母簋g mt05902 永寶用	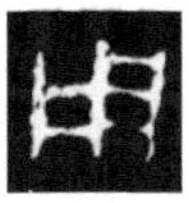 魯酉子安母簋g mt05903 永寶用	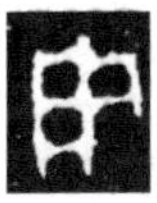 □魯宰两鼎 02591 永寶用之		 鑄子叔黑𦣞盨 mt05608 永寶用	 鑄子叔黑𦣞簠 04570.2 永寶用
魯				鑄	

 鑄子叔黑叵簠 04571.1 永寶用	 叔黑叵匜 10217 永寶用	 鑄子叔黑叵鬲 00735 永寶用	 鑄公簠 sh379 永寶用	 鑄叔作嬴氏簠 04560.1 永寶用	 鑄子獯匜 10210 永寶用
 鑄子叔黑叵簠 04571.2 永寶用	 鑄子叔黑叵簋 03944 永寶用	 鑄公簠蓋 04574 永寶用	 鑄叔作嬴氏鼎 02568 永寶用	 鑄叔作嬴氏簠 04560.2 永寶用	 鑄侯求鐘 00047 永享用之

鑄

<table>
<tr>
<td>
鑄司寇鼎
xs1917
永寶用

祝司寇獸鼎
02474
其永寶用</td>
<td>
鑄叔盤
mt14456
永寶用</td>
<td>
鼄伯鬲
00669
永寶用

鼄來隹鬲
00670
眉壽無疆用</td>
<td>
鼄討鼎
02426
永寶用

鼄叔之伯鐘
00087
用鑄其龢鐘</td>
<td>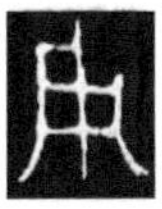
鼄叔之伯鐘
00087
永保用享無疆

鼄叔之伯鐘
00087
用祈眉壽</td>
<td>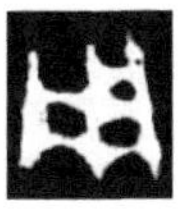
邾伯御戎鼎
02525
永寶用

邾口白鼎
02641
永寶用</td>
</tr>
<tr>
<td></td>
<td></td>
<td>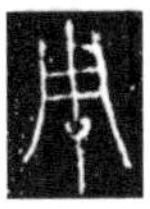
邾公釛鐘
00102
用敬恤盟祀

邾公釛鐘
00102
用樂我嘉賓</td>
<td>
鼄君鐘
00050
用自作其龢鐘

鼄君鐘
00050
用處大政</td>
<td>
虖肏丘君盤
wm6.200
永寶用之</td>
<td></td>
</tr>
<tr>
<td></td>
<td></td>
<td>
鼄大宰簠
04623
永寶用之

鼄大宰鐘
00086.2
永保用享</td>
<td>
鼄大宰簠
04624
永寶用之

鼄大宰簠
04624
其眉壽用饎</td>
<td>
鼄公華鐘
00245
用鑄厥龢鐘

鼄公華鐘
00245
永保用享</td>
<td>
邾公孫班鎛
00140
用喜于其皇祖

邾公孫班鎛
00140
永保用之</td>
</tr>
<tr>
<td colspan="2">鑄</td>
<td colspan="4">邾</td>
</tr>
</table>

 邾叔彪父簠q ms0573 永寶用享  邾叔彪父簠 04592 用享	 邾友父鬲 mt02939 永寶用  邾友父鬲 mt02942 永寶用	 鼄友父鬲 00717 永寶用  邾友父鬲 xs1094 永寶用	 鼄□匜 10236 永寶用	 邾壽父鼎 jk2020.1 永寶用享 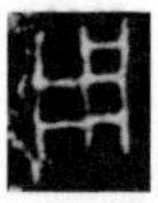 邾眉父鼎 jk2020.1 永寶用享	 邾君慶壺g ms1056 永寶用  邾君慶壺q ms1056 永寶用
	 郳公𩊠父鎛 mt15815 用祈壽考  郳公𩊠父鎛 mt15816 用祈壽考	 郳公𩊠父鎛 mt15818 用祈壽考  𨛭公克敦 04641 永保用之	 郳大司馬彊盤 ms1216 永保用之  郳大司馬彊匜 ms1260 永保用之	 郳大司馬鈚 ms1177 永保用之	
邾	郳				

 郳慶鬲 ms0312 永寶用	 邾季脂𦜗簠g ms0571 用鑄寶𥂴	 邾季脂𦜗簠q ms0571 用鑄寶𥂴	 邾季脂𦜗簠g ms0572 用鑄寶𥂴	 邾季脂𦜗簠q ms0571 永寶用	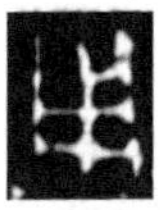 圓君婦媿霝壺 mt12353 永用
 邾季脂𦜗簠g ms0571 用乍中媆用鑄寶𥂴	 邾季脂𦜗簠q ms0571 用乍中媆用鑄寶𥂴	 邾季脂𦜗簠g ms0572 用乍中媆用鑄寶𥂴	 邾季脂𦜗簠g ms0572 永寶用	 圓君婦媿霝壺 ms1055 永用	 圓君婦媿霝鎣 09434 子子孫孫寶用
郳					

 僉父瓶g mt14036 永寶用之	 兒慶鼎 xs1095 永寶用	 兒慶鬲 mt02868 永寶用	 郳慶簠 mt05878 永寶用享	 郳慶匜 mt14955 永寶用享	 郳君慶壺q mt12333 永寶用
 僉父瓶q mt14036 永寶用之	 兒慶鬲 mt02867 永寶用	 兒慶盤 mt14414 永寶用	 郳慶簠 mt05879 永寶用享	 郳君慶壺g mt12333 永寶用	 郳君慶壺 mt12334 永寶用
郳					

 郳公子害簠 mt05908 永寶用  郳公子害簠g mt05907 永寶用	 郳公子害簠q mt05907 永寶用  子皇母簠 mt05853 永寶用之	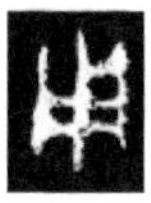 畢仲弁簠 mt05912 永寶用之	 𩐥侯𩵦盨 04428 永寶用  滕侯蘇盨 mt05620 永寶用		 薛侯盤 10133 永寶用  薛侯匜 10263 永寶用
			 司馬楙鎛 eb48 用克肇謹先王明祀  司馬楙鎛 eb50 用享于皇祖文考	 司馬楙鎛 eb50 用旂吉休畯楙(茂)	
郳			滕		薛

 薛子仲安簠 04546.1 永寶用享  薛子仲安簠 04546.2 永寶用享	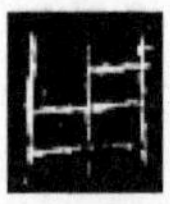 薛子仲安簠 04547 永寶用享  走馬薛仲赤簠 04556 永保用享	 鄀仲簠g xs1045 永寶用  鄀仲簠q xs1045 永寶用	 鄀仲簠 xs1046 永寶用  鄀召簠q xs1042 用實稻粱	 鄀召簠q xs1042 用飤諸母諸兄  鄀召簠g xs1042 用實稻粱	 鄀召簠g xs1042 用飤諸母諸兄  鄀伯祀鼎 02602 永寶用享
		 鄀公典盤 xs1043 用祈眉壽難老  鄀公典盤 xs1043 永保用之	 鄀公典盤 xs1043 不(丕)用勿出		
薛		鄀			

 邿伯鼎 02601 永寶用	 邿譴簋 04040.1 永寶用享	 邿譴簋 04040.1 用追孝于其父母	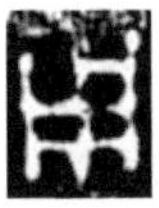 邿譴簋 04040.1 用賜永壽	 邿譴簋 mt05022 用追孝于其父母	 邿譴簋 mt05022 永寶用享
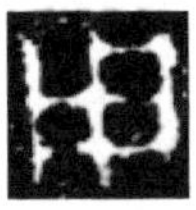 邿造譴鼎 02422 用享	 邿譴簋 04040.2 永寶用享	 邿譴簋 04040.2 用追孝于其父母	 邿譴簋 04040.2 用賜永壽	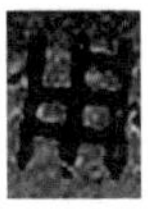 邿譴簋 mt05022 用賜永壽	
邿					

 齊侯子行匜 10233 永寶用享	 齊縈姬盤 10147 永保用享	 齊趫父鬲 00685 永寶用享	 齊侯匜 10242 永保用	 齊伯里父匜 mt14966 永寶用	
 齊侯匜 10272 永寶用	 齊良壺 09659 永保用	 齊趫父鬲 00686 永寶用享	 齊侯盤 10117 永保用	 齊不起鬲 mt02926 永寶用	
 齊侯鎛 00271 用祈侯氏永命	 齊侯鎛 00271 用享用考(孝)	 齊侯鎛 00271 用求考命	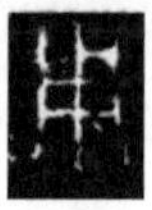 齊䵣氏鐘 00142.2 用亯享以孝	 齊䵣氏鐘 00142.2 用宴用喜	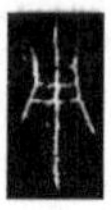 齊侯盂 10318 永保用之
 齊侯鎛 00271 用享用考(孝)	 齊侯鎛 00271 用祈壽老毋死	 齊侯鎛 00271 永保用享	 齊䵣氏鐘 00142.2 用宴用喜	 齊䵣氏鐘 00142.2 用樂嘉賓	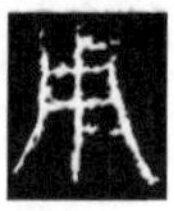 䵣子鼎 mt02404A 永保用
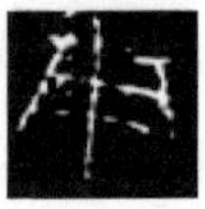 公子土折壺 09709 永保用之	 洹子孟姜壺 09729 用縱爾大樂	 洹子孟姜壺 09729 用御天子之事	 洹子孟姜壺 09729 用鑄爾羞瓶	 洹子孟姜壺 09729 用乞嘉命	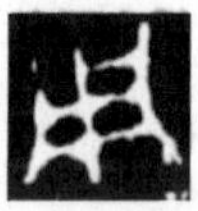 洹子孟姜壺 09729 于上天子用璧
 公子土折壺 09709 用祈眉壽萬年	 洹子孟姜壺 09729 用鑄爾羞瓶	 洹子孟姜壺 09729 用縱爾大樂	 洹子孟姜壺 09729 用御天子之事	 洹子孟姜壺 09729 用祈眉壽	 洹子孟姜壺 09730 于上天子用璧

齊

 國差罎 10361 用實旨酉(酒)	 叔夷鐘 00273.2 夷敢用拜稽首	 叔夷鐘 00275.1 夷用或敢再拜稽首	 叔夷鐘 00277.1 用享于其皇祖皇妣皇母皇考	 叔夷鐘 00278 永保用享	 叔夷鎛 00285.4 余用登純厚乃命
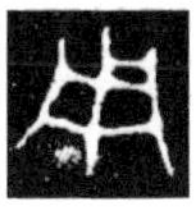 國差罎 10361 永保用之	 叔夷鐘 00274.1 余用登純厚乃命	 叔夷鐘 00277.1 夷用作鑄其寶鐘	 叔夷鐘 00277.1 用祈眉壽	 叔夷鎛 00285.3 乃敢用拜稽首	 叔夷鎛 00285.5 夷用或敢再拜稽首
 洹子孟姜壺 09730 于大司命用璧	 洹子孟姜壺 09730 用縱爾大樂	 洹子孟姜壺 09730 用御天子之事	 洹子孟姜壺 09730 用祈眉壽	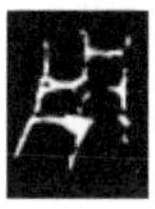 齐侯作孟姜敦 04645 永保用之	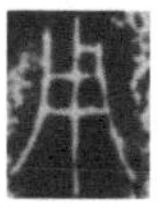 齊侯盤 10159 用祈眉壽
 洹子孟姜壺 09730 于南宮子用璧	 洹子孟姜壺 09730 用鑄爾羞瓶	 洹子孟姜壺 09730 用乞嘉命	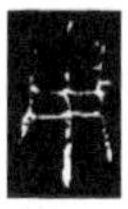 齐侯作孟姜敦 04645 用祈眉壽	 齊侯匜 10283 用祈眉壽	 齊侯盤 10159 永保用之
齊					

 叔夷鎛 00285.7 用作鑄其寶鎛  叔夷鎛 00285.7 用享于其皇祖	 叔夷鎛 00285.7 用祈眉壽  叔夷鎛 00285.8 永保用享	 齊医敦 04638 永保用  齊侯子仲姜鬲 mx0261 永保用之	 齊医敦 04639.1 永保用  齊医敦 04639.2 永保用	 姬寏母豆 04693 用祈眉壽 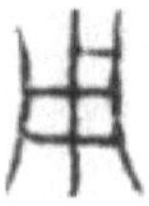 姬寏母豆 04693 永寶用	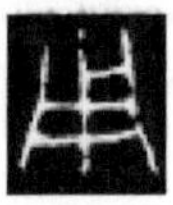 簷叔之仲子平鐘　00172 永保用之  簷叔之仲子平鐘　00173 永保用之
 齊侯鼎 mt02363 用祈眉壽  齊侯鼎 mt02363 永保用之	 慶叔匜 10280 永保用之				 簷太史申鼎 02732 用征以迮  鄺平壺 xs1088 用征以□
齊					莒

			 㠱甫人匜 10261 永寶用  㠱侯弟叟鼎 02638 永寶用	 㠱侯簋 xs1462 永寶用 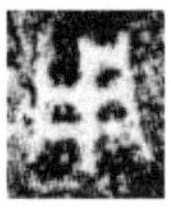 哀鼎g mt02311 用征用行	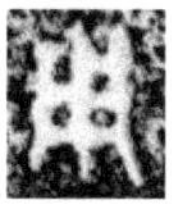 哀鼎g mt02311 用征用行  哀鼎g mt02311 永保用之
 簷叔之仲子平鐘　00174 永保用之 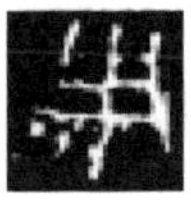 簷叔之仲子平鐘　00175 永保用之	 簷叔之仲子平鐘　00177 永保用之 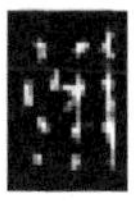 簷叔之仲子平鐘　00179 永保用之	 簷叔之仲子平鐘　00180 永保用之			
 鄘平壺 xs1088 永保用之  鄘侯少子簋 04152 永保用享			 㠱公壺 09704 永保用之		
莒			㠱		

 哀鼎q mt02311 用征用行  哀鼎q mt02311 用征用行	 哀鼎q mt02311 永保用之	 己華父鼎 02418 子子孫孫永用  己侯壺 09632 永寶用	 夆叔盤 10163 永保用之  夆叔匜 10282 永保用之	 尋仲盤 10135 永寶用  尋仲匜 10266 永寶用	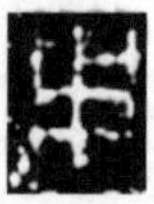 鄩甘辜鼎 xs1091 永寶用享  諸匜 sh696 永寶用
					 華孟子鼎 mx0207 子子孫孫保用享  濫夫人鎛 mx1040 用樂□□
					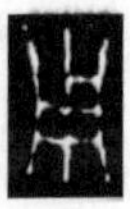 荆公孫敦 04642 老壽用之  荆公孫敦 mt06070 老壽用之
㠱		紀	逢	鄩	D

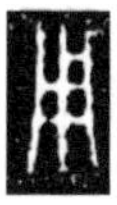 干氏叔子盤 10131 永寶用之  弗奴父鼎 02589 永寶用	 上曾太子鼎 02750 用考(孝)用享  上曾太子鼎 02750 用考(孝)用享	 上曾太子鼎 02750 多用旨食	 鄧公簋 03775 永寶用 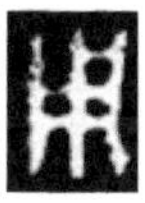 鄧公簋 03776 永寶用	 鄧公簋蓋 04055 用爲女夫人尊誋敦 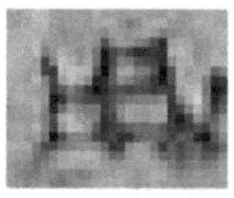 鄧公孫無忌鼎 xs1231 其用追孝朕皇高祖	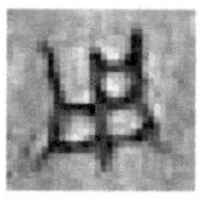 鄧公孫無忌鼎 xs1231 余用正(征)用行  鄧公孫無忌鼎 xs1231 余用正(征)用行
 此余王鼎 mx0220 作鑄其用鼎 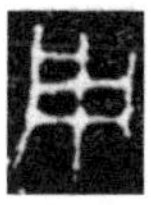 濫公宜脂鼎 mx0191 用鑄其口宜鼎	 取膚上子商盤 10126 用媵麗妸  取膚上子商盤 10126 永寶用	 取膚上子商匜 10253 用媵之麗妸 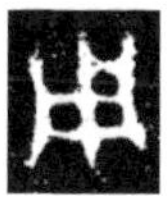 取膚上子商匜 10253 永寶用	 鄧公乘鼎 02573.1 永保用之  鄧公乘鼎 02573.2 永保用之		
 拍敦 04644 繼毋星用祀  鵙公劍 11651 延寶用之	 鄦巽鼎 hdkg 十二 其子子孫孫用  㝅戈 xs1156 㝅之親用戈				
D			鄧		

 鄧公孫無忌鼎 xs1231 永寶用之  鄧子仲無忌戈 xs1232 用戈	 鄧子仲無忌戈 xs1233 用戈  鄧子仲無忌戈 xs1234 用戈	 伯氏始氏鼎 02643 永寶用  鄧伯吉射盤 10121 永寶用享	 鄧子孫白鼎 mx0092 鄧子孫白用	 昜媍鼎 ms0225 永寶用享	 黃仲匜 10214 永寶用享  黃季鼎 02565 永寶用享
					 伯亞臣鐳 09974 用征  伯亞臣鐳 09974 用祈眉壽
				 唐子仲瀕兒盤 xs1211 永寶用之  鴋子斨戈 mt16766 唐子斨之用	 黃韋俞父盤 10146 永用之
鄧				唐	黃

 叔單鼎 02657 永寶用享	 奚子宿車鼎 02603.2 自用	 郛季寬車匜 10234 永寶用之	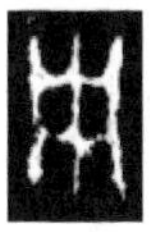 奚□單匜 10235 用之	 番□伯者君盤 10139 永寶用享	 番□伯者君盤 10140 永寶用之
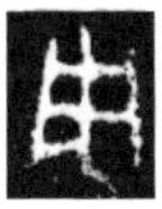 □單盤 10132 永寶用享	 奚子宿車鼎 02604.2 自用	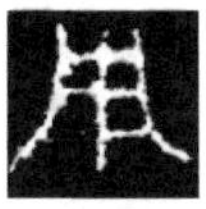 郛季寬車盤 10109 永寶用之	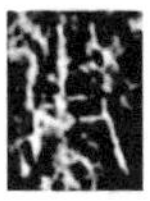 黃子季庚臣簠 ms0589 用盛稻粱	 番□伯者君盤 10140 用其吉金	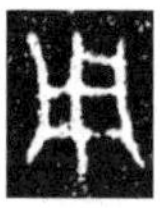 番□伯者君匜 10268 永寶用享
 黃太子白克盆 10338 永寶用之	 黃太子白克盤 10162 用祈眉壽	 伯遊父壺 mt12412 永寶用之	 伯遊父鐳 mt14009 永寶用之	 番子鼎 ww2012.4 永保用之	 番君召簠 04582 用享用孝
	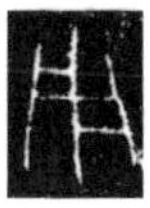 黃太子白克盤 10162 永寶用之	 伯遊父壺 mt12413 永寶用之	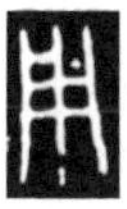 伯遊父盤 mt14510 永寶用之	 番君召簠 04582 用享用孝	 番君召簠 04582 用祈眉壽
黃				番	

 番口伯者君匜 10269 永害(寶)用享	 番君䣄伯鬲 00733 永用	 番昶伯者君鼎 02617 永寶用	 番伯酓匜 10259 永寶用	 番君伯歡盤 10136 用其青金	 番君匜 10271 番君肇用士<吉>金
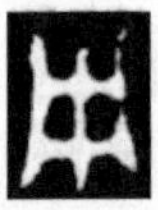 番君䣄伯鬲 00732 永用	 番君䣄伯鬲 00734 永用	 番昶伯者君鼎 02618 永寶用	 番叔壺 xs297 永用之	 番君伯歡盤 10136 永用之享	 番君匜 10271 永寶用享
 番君召簠 04582 永寶用	 番君召簠 04583 用享用孝	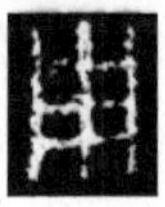 番君召簠 04583 永寶用之	 番君召簠 04584 用享用孝	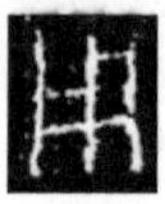 番君召簠 04584 永寶用之	 番君召簠 04585 用享用孝
 番君召簠 04583 用享用孝	 番君召簠 04583 用祈眉壽	 番君召簠 04584 用享用孝	 番君召簠 04584 用祈眉壽	 番君召簠 04585 用享用孝	 番君召簠 04585 用祈眉壽

番

					 樊孫伯渚鼎 mx0197 用其吉金  樊孫伯渚鼎 mx0197 永用之享
 番君召簠 04585 永寶用之  番君召簠 04586 用享用孝	 番君召簠 04586 用享用孝  番君召簠 04586 用祈眉壽	 番君召簠 04586 永寶用之  番君召簠 04587 用享用孝	 番君召簠 04587 永寶用之  番君召簠 ms0567 用享用孝	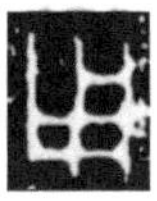 番君召簠 ms0567 用享用孝 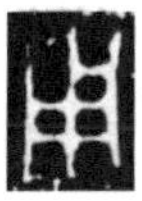 番君召簠 ms0567 用祈眉壽	 樊君匜 10256.1 用□自作浣匜  樊君匜 10256.2 用□自作浣匜
					 樊季氏孫仲𩰫鼎　02624.2 用其吉金
番					樊

			 曾伯文簋 04051.1 用賜眉壽黃耇  曾伯文簋 04051.2 用賜眉壽黃耇	 曾伯文簋 04051.1 永寶用享  曾伯文簋 04051.2 永寶用享	 曾伯文簋 04052.1 用賜眉壽黃耇  曾伯文簋 04052.2 用賜眉壽黃耇
 樊君盆 10329.1 用其吉金  樊君盆 10329.2 用其吉金	 樊夫人龍嬴壺 09637 用其吉金  樊夫人龍嬴鬲 00675 用其吉金	 樊夫人龍嬴鬲 00676 用其吉金  樊君匜 10256.2 永寶用享	 曾公𤾊鎛鐘 jk2020.1 用政南方  曾公𤾊鎛鐘 jk2020.1 永保用享	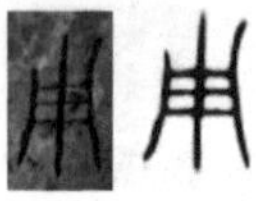 曾公𤾊甬鐘 A jk2020.1 用鉞 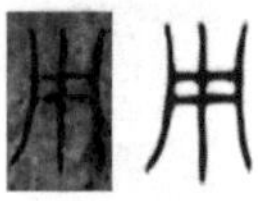 曾公𤾊甬鐘 A jk2020.1 用政[南方]	 曾公𤾊甬鐘 A jk2020.1 永保用享  曾公𤾊甬鐘 A jk2020.1 用政南方
			 曾侯與鐘 mx1029 吾用燮就楚  曾侯與鐘 mx1029 用孝以享于悍(予)皇祖	 曾侯與鐘 mx1034 永用畯長	 曾侯郕戈 11174 用戈  曾侯郕殳 11567 用殳
樊			曾		

 曾伯文簠 04052.1 永寶用享	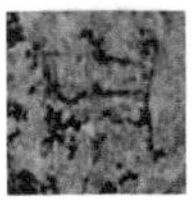 曾伯文簠 mt05028 用賜眉壽黄耇	 曾伯文簠 04053 用賜眉壽黄耇	 曾仲大父蝱毁 04203 迺用吉攸(鋚)	 曾仲大父蝱毁 04203 其用追孝于其皇考	 曾仲大父蝱毁 04203 永寶用享
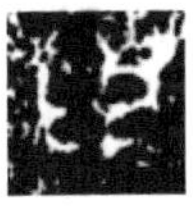 曾伯文簠 04052.2 永寶用享	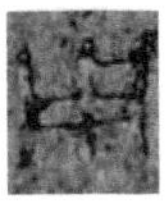 曾伯文簠 mt05028 永寶用享	 曾伯文鑐 09961 用征行	 曾仲大父蝱毁 04203 用自作寶毁	 曾仲大父蝱毁 04203 用賜眉壽	 曾仲大父蝱毁 04204.1 迺用吉攸(鋚)
 曾公畩甬鐘B jk2020.1 用政南方	 湛之行鼎甲 kx2021.1 其永用之	 湛之行鼎丙 kx2021.1 其永用之	 湛之行緐鼎甲q kx2021.1 其永用之	 湛之行簠甲 kx2021.1 其永用之	 湛之行簠丙 kx2021.1 其永用之
 曾公畩甬鐘B jk2020.1 永保用享	 湛之行鼎乙 kx2021.1 其永用之	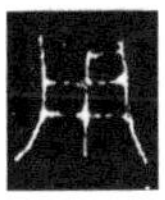 湛之行緐鼎甲g kx2021.1 其永用之	 湛之行緐鼎乙 kx2021.1 其永用之	 湛之行簠乙 kx2021.1 其永用之	 湛之行簠丁 kx2021.1 其永用之
 曾季关臣盤 eb933 永用之	 曾子旂戟 mx1158 用戟	 曾子義行簠g xs1265 永保用之	 曾孫史夷簠 04591 永寶用之	 曾子虡戈 mx1157 用戈	
 嬻盤 mx0948 永保用之	 曾□□簠 04614 永寶用之用戟	 曾孫無朞鼎 02606 永寶用之		 曾仲之孫戈 11254 用戈	

曾

 曾仲大父螽𣪘 04204.1 用自作寶𣪘	 曾仲大父螽𣪘 04204.1 用賜眉壽	 曾仲大父螽𣪘 04204.2 迺用吉攸(鋚)	 曾仲大父螽𣪘 04204.2 其用追孝于其皇考	 曾仲大父螽𣪘 04204.2 永寶用享	 𬋼右盤 10150 迺用萬年
 曾仲大父螽𣪘 04204.1 其用追孝于其皇考	 曾仲大父螽𣪘 04204.1 永寶用享	 曾仲大父螽𣪘 04204.2 用自作寶𣪘	 曾仲大父螽𣪘 04204.2 用賜眉壽	 𬋼右盤 10150 自作用其吉金寶盤	 𬋼右盤 10150 永寶用享
 湛之行簠甲g kx2021.1 其永用之	 湛之行簠乙g kx2021.1 其永用之	 湛之行鬲甲 kx2021.1 其永用之	 湛之行鬲丙 kx2021.1 其永用之	 湛之行壺g kx2021.1 其永用之	 湛作季嬴鼎甲 kx2021.1 其永用之
 湛之行簠甲q kx2021.1 其永用之	 湛之行簠乙q kx2021.1 其永用之	 湛之行鬲乙 kx2021.1 其永用之	 湛之行鬲丁 kx2021.1 其永用之	 湛之行壺q kx2021.1 其永用之	 湛作季嬴鼎乙 kx2021.1 其永用之

曾

 曾子伯𧮚盤 10156 用其吉金	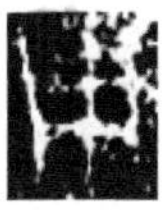 曾子仲謱甗 00943 用其吉金	 曾子仲謱鼎 02620 用其吉金	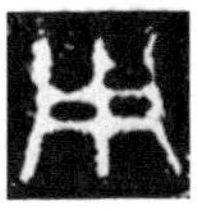 曾伯陭鉞 xs1203 用爲民貿	 曾伯陭壺 09712.1 廼用吉金鐈鋚	 曾伯陭壺 09712.1 用饗賓客
 曾子伯𧮚盤 10156 永寶用享	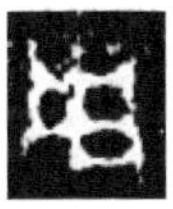 曾子仲謱甗 00943 其永用之	 曾子仲謱鼎 02620 其永用之	 曾伯陭鉞 xs1203 用爲民政	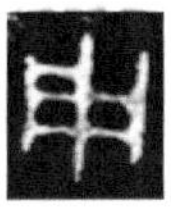 曾伯陭壺 09712.1 用自作醴壺	 曾伯陭壺 09712.1 用孝用享
 湛作季嬴鼎丙 kx2021.1 其永用之	 湛作季嬴簋甲 kx2021.1 其永用之	 湛作季嬴簋丁 kx2021.1 其永用之	 湛作季嬴鬲乙 kx2021.1 其永用之	 湛作季嬴鬲丁 kx2021.1 其永用之	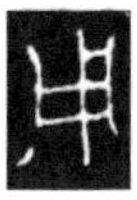 湛作季嬴壺甲q kx2021.1 其永用之
 湛作季嬴簋甲 kx2021.1 其永用之	 湛作季嬴簋丙 kx2021.1 其永用之	 湛作季嬴鬲甲 kx2021.1 其永用之	 湛作季嬴鬲丙 kx2021.1 其永用之	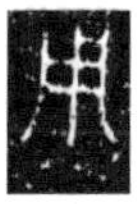 湛作季嬴簠 kx2021.1 其永用之	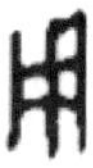 湛作季嬴壺乙g kx2021.1 其永用之

曾

 曾伯陭壺 09712.2 用孝用享	 曾伯陭壺 09712.3 用受大福無疆	 曾伯陭壺 09712.4 用自作醴壺	 曾伯陭壺 09712.5 用孝用享	 曾伯陭壺 09712.5 用賜眉壽	 伯克父鼎 ms0285 用伐我仇敵
 曾伯陭壺 09712.2 用賜眉壽	 曾伯陭壺 09712.4 迺用吉金鐈鋚	 曾伯陭壺 09712.4 用饗賓客	 曾伯陭壺 09712.5 用孝用享	 曾伯陭壺 09712.5 用受大福無疆	 伯克父鼎 ms0285 用享于其皇考
 湛作季嬴壺乙q kx2021.1 其永用之	 嬭加鎛丁 ms1285 用受寶福	 嬭加鎛丙 ms1284 用孝用享	 加嬭簋 mx0375 永用之	 加嬭簋q ms0556 其永用之	 曾侯宏鼎 mt02220 永用之
 嬭加鎛乙 ms1283 用自作宗彝龢鐘	 嬭加鎛丙 ms1284 用孝用享	 嬭加鎛丁 ms1285 石(庶)保用之	 加嬭簋g ms0556 其永用之	 曾侯宏鼎 mt02219 永用之	 曾侯宏鼎 mx0187 永用之

曾

 伯克父鼎 ms0285 用自作寶鼎	 伯克父鼎 ms0285 永寶用享	 曾伯克父簋 ms0509 用受多福無疆	 曾伯克父甗 ms0361 用作旅甗	 曾伯克父盨 ms0539 用作旅盨	 曾伯克父壺g ms1062 永寶用
 伯克父鼎 ms0285 用賜眉壽黄耇	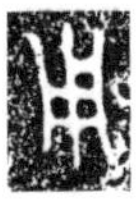 曾伯克父簋 ms0509 用追孝于我皇祖文考	 曾伯克父簋 ms0509 永寶用	 曾伯克父盨 ms0538 用作旅盨	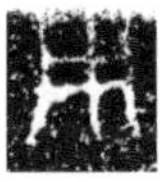 曾伯克父壺g ms1062 用匄眉壽黄耇	 曾伯克父壺q ms1062 用匄眉壽黄耇
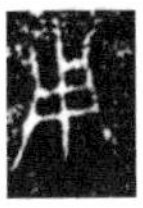 曾侯宏簋 mt04975 永用之	 曾侯宏簋 mt04976 永用之	 曾侯宏鼎 mx0185 永用之	 曾子南戈甲 jk2015.1 用戈	 曾子南戈丙 ms1421 曾子南之用	 曾公子叔涹簠g mx0507 永寶用之
 曾侯寶鼎 ms0265 永用之	 曾侯宏壺 mt12390 永用之	 曾侯宏鼎 mx0186 永用之	 曾子南戈乙 ms1420 用戈		

曾

 曾伯克父壺q ms1062 永寶用  曾伯克父壺 ms1063 用匄眉壽黃耇	 曾伯克父壺 ms1063 永寶用  曾伯鬲 xs1217 永寶用	 曾伯霥壺 ms1069 用其鐈鏐  曾伯霥壺 ms1069 用孝用享	 曾伯霥壺 ms1069 用孝用享 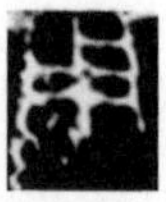 曾伯霥壺 ms1069 用賜害(匄)眉壽	 曾伯霥簠 04631 余用自作旅藍 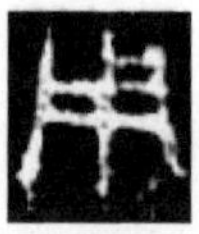 曾伯霥簠 04631 用盛稻粱	 曾伯霥簠 04631 用孝用享  曾伯霥簠 04631 用孝用享
 曾孟嬶諫盆 10332.1 其眉壽用之  曾孟嬶諫盆 10332.2 其眉壽用之	 曾子仲宣鼎 02737 用其吉金  曾大工尹戈 11365 季䛁(怡)之用				
曾					

 曾伯霥簠 04631 永寶用之享	 曾伯霥簠 04632 用盛稻粱	 曾伯霥簠 04632 用孝用享	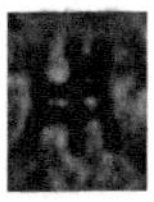 孟爾克母簠g ms0583 用其吉金	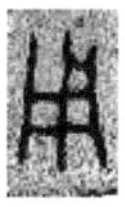 曾侯鼎 ms0224 其永用□	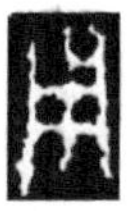 曾仲斿父方壺 09628.2 用吉金
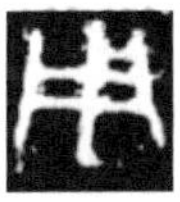 曾伯霥簠 04632 余用自作旅藍	 曾伯霥簠 04632 用孝用享	 曾伯霥簠 04632 永寶用之享	 孟爾克母簠q ms0583 用其吉金	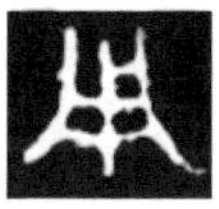 曾仲斿父方壺 09628.1 用吉金	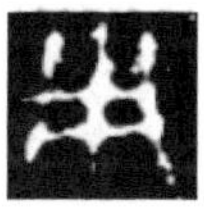 曾仲斿父方壺 09629.1 用吉金

曾

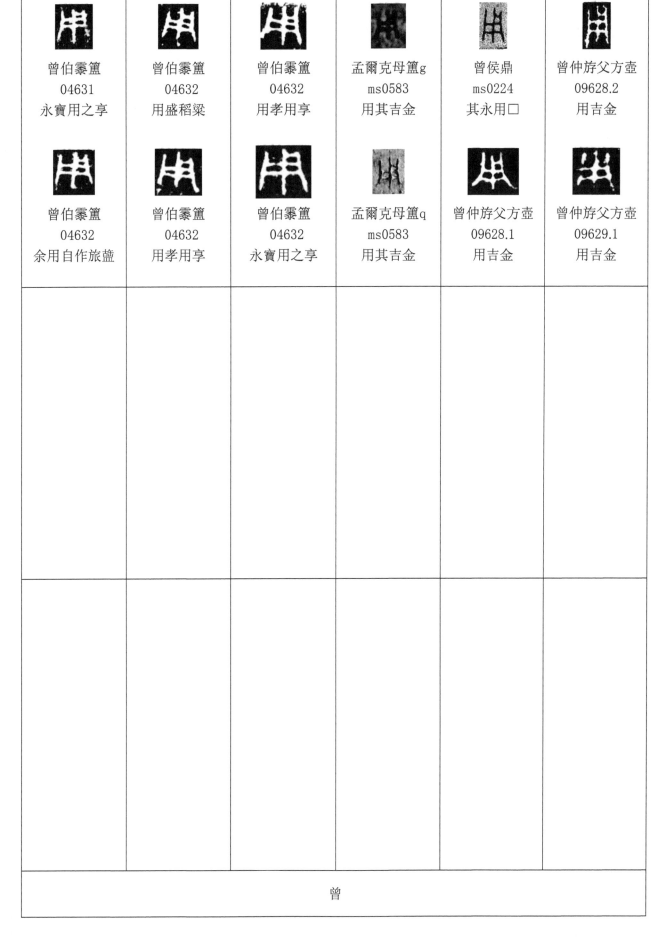

 曾仲斿父方壶 09629.2 用吉金	 曾仲斿父方壶 09628.2 用吉金	 曾子斁鼎 mx0146 其永用之	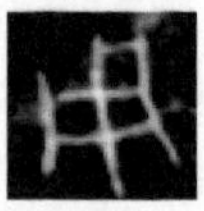 曾子伯皮鼎 mx0166 子孫用享	 曾太保嬬簋 mx0425 用享于其皇祖	 曾太保簠g ms0559 用其吉金
 曾仲斿父方壶 09628.1 用吉金	 曾子單鬲 00625 用吉金	 曾太保嬬簋 mx0425 用吉金	 曾子伯皮鼎 mx0166 用吉金	 曾太保嬬簋 mx0425 永用之	 曾太保簠q ms0559 用其吉金

曾

 曾太保簋g ms0559 用享	 曾大保盆 10336 永用之	 曾伯宫父穆鬲 00699 迺用吉金	 曾仲子敔鼎 02564 永用享	 曾子斿鼎 02757 用考(孝)用享	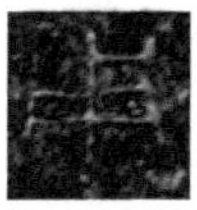 曾侯子鐘 mt15141 其永用之
 曾太保簋q ms0559 用享	 曾大保盆 10336 用其吉金	 曾仲子敔鼎 02564 用吉金	 曾子斿鼎 02757 用鑄𪚔彝	 曾子斿鼎 02757 用考(孝)用享	 曾侯子鐘 mt15142 永用之

曾

 曾侯子鐘 mt15143 永用之	 曾侯子鐘 mt15145 永用之	 曾侯子鐘 mt15147 永用之	 黄朱柢鬲 00610 用吉金	 竈乎簋 04157.1 用享孝皇祖	 竈乎簋 04157.1 其萬人(年)永用
 曾侯子鐘 mt15144 永用之	 曾侯子鐘 mt15146 永用之	 曾侯子鐘 mt15149 永用之	 竈乎簋 04157.1 用聽夙夜	 竈乎簋 04157.1 用匃眉壽	 竈乎簋 04157.2 用耶(聽)夙夜

曾

 寵乎簋 04157.2 用享孝皇祖	 寵乎簋 04157.2 其萬人(年)永用	 寵乎簋 04158.1 用享孝皇祖	 寵乎簋 04158.1 其萬人(年)永用	 寵乎簋 04158.2 用享孝皇祖	 寵乎簋 04158.2 其萬人(年)永用
 寵乎簋 04157.2 用匄眉壽	 寵乎簋 04158.1 用聽夙夜	 寵乎簋 04158.1 用匄眉壽	 寵乎簋 04158.2 用聽夙夜	 寵乎簋 04158.2 用匄眉壽	 曾者子鼎 02563 用作鬻鼎
曾					

 曾者子鼎 02563 用享于祖	 曾師季𩍽盤 10138 用孝用享	 夨叔匜 ms1257 其永壽用之	 蔡大善夫趣簠g xs1236 永寶用之	 蔡太史鉌 10356 永保用	 蔡侯鼎 xs1905 永寶用享
 曾師季𩍽盤 10138 用其士<吉>金	 曾師季𩍽盤 10138 用孝用享	 鄐子奠伯鬲 00742 永寶用	 蔡大善夫趣簠q xs1236 永寶用之	 蔡公子叔湯壺 xs1892 永寶用享	
			 鄝中姬丹盤 xs471 用祈眉壽	 鄝中姬丹匜 xs472 用祈眉壽	 蔡大司馬燮盤 eb936 永保用之
			 鄝中姬丹盤 xs471 [永保]用之	 鄝中姬丹匜 xs472 永保用之	 蔡大司馬燮匜 mx0997 永保用之
			 蔡侯𪔈尊 06010 用作大孟姬媵彝缶	 蔡侯𪔈盤 10171 用作大孟姬媵彝盤	 蔡侯𪔈戈 11141 用戈
			 蔡侯𪔈尊 06010 永保用之	 蔡侯𪔈盤 10171 永保用之	 蔡□□戟 11150 用戟
曾			蔡		

 蔡大師鼎 02738 用祈眉壽	 蔡加子戈 11149 用戈	 蔡叔季之孫鬲 匜　10284 用祈眉壽	 蔡侯簠g xs1896 永寶用之	 蔡侯簠 xs1897 永寶用之	 雌盤 ms1210 永保用之
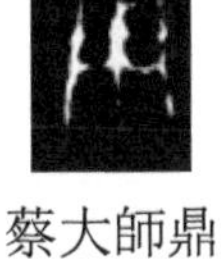 蔡大師鼎 02738 永寶用之	 蔡公孫鱄戈 mx1200 用戈	 蔡叔季之孫鬲 匜　10284 永寶用之	 蔡侯簠q xs1896 永寶用之	 蔡侯簠 ms0582 永寶用之	 蔡公子吴戈 ms1438 蔡公子吴之用

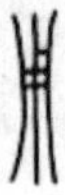 蔡侯朔戟 mx1161 用戟	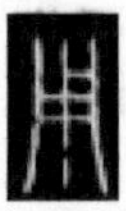 蔡侯班戈 mx1163 用戈	 蔡侯産戈 xs1311 用戈	 蔡侯産戈 ms1448 用戈	 蔡侯龖戈 11142 用戈	 蔡公子宴戈 mx1172 蔡公子宴之用
 蔡侯朔劍 mx1301 用劍	 蔡侯産戈 mx1167 蔡侯産之用戈	 蔡侯産劍 11587 用劍		 蔡侯龖戈 mt16833 用戈	 蔡公子果戈 mx1174 蔡公子果之用

蔡

 蔡公子果戈 11145 蔡公子果之用  蔡公子果戈 11146 蔡公子果之用	 蔡公子果戈 11147 蔡公子果之用  蔡公子頒戈 eb1146 蔡公子頒之用	 蔡公子從戈 xs1676 蔡公子從之用  蔡公子從劍 mt17837 蔡公子從之用	 蔡公子從劍 mt17838 蔡公子從之用  蔡公子加戈 11148 蔡公子加之用	 蔡公子加戈 mt16903 用戈  蔡公子縝戈 mx1176 蔡公子縝之用	 蔡侯産戟 mx1169 用戟  蔡叔子宴戈 mx1171 蔡叔子宴之用
蔡					

					 矩甗 xs970 永寶用之 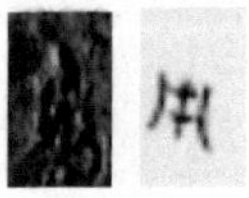 申伯戈 zy2020.5 用戈
 蔡侯劍 11601 □叔之用  蔡侯產戈 11143 用戈	 蔡侯產戈 xs1677 用戈  蔡侯產劍 11604 用劍	 蔡侯產戈 mx1166 蔡侯產之用戈  蔡侯產戈 11144 用戈	 蔡侯產劍 xs1267 用劍  蔡侯產劍 xs1267 用劍	 蔡侯產戟 mt16840 用戟  自作用戈 11028 自作用戈	 申公壽簠 mx0498 永保用之  申文王之孫簠 mt05943 永保用之
蔡					CE

 彭伯壺g xs315 永寶用之  彭伯壺q xs315 永寶用之	 彭伯壺q xs316 永寶用之  彭子仲盆蓋 10340 永寶用之	 鄜公彭宇簠 04610 永寶用之  鄜公彭宇簠 04611 永寶用之	 申比父豆g ms0604 永享用  申比父豆q ms0604 永享用		
 彭公孫無所鼎 eb299 永保用之 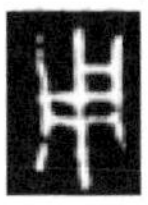 無所簠 eb474 永保用之	 彭子壽簠 mx0497 永保用之  彭子射盂鼎 mt02264 永保用之	 射戟 mt16505 射之用  射戈 mt16504 射之用	 叔姜簠g xs1212 永保用之  叔姜簠q xs1212 永保用之	 彭啓簠甲 ww2020.10 永保用之  彭啓簠丙g ww2020.10 永保用之	 彭啓簠丙q ww2020.10 永保用之
CE					

 蛣公諴簠 04600 用追孝于皇祖  蛣公諴簠 04600 用賜眉壽萬年	 蛣公諴簠 04600 永寶用  鄀于子瓶簠 04543 永用	 上鄀公敄人簋 蓋　04183 用享考(孝)于 厥皇祖  上鄀公敄人簋 蓋　04183 用賜眉壽	 上鄀太子平侯 匜　ms1252 永寶用  上鄀公敄人簋 蓋　04183 永寶用享	 鄀公平侯鼎 02771 用追孝于厥皇 祖  鄀公平侯鼎 02771 用賜眉壽	 鄀公平侯鼎 02771 永寶用享  鄀公平侯鼎 02772 用追孝于厥皇 祖
 蔿兒罍 xs1187 永保用之	 上鄀公簠g xs401 永寶用之  上鄀公簠q xs401 永寶用之	 上鄀府簠 04613.1 永寶用之  上鄀府簠 04613.2 永寶用之			
CE					

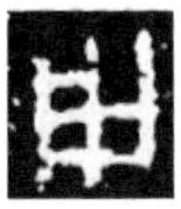 鄀公平侯鼎 02772 用賜眉壽  鄀公平侯鼎 02772 永寶用享	 鄀公簠蓋 04569 永寶用之  鄀公諴鼎 02753 用追享丂(孝) 于皇祖考	 鄀公諴鼎 02753 用乞眉壽	 昶伯墉盤 10130 永用享  昶盤 10094 永寶用享	 昶仲匜 mt14953 [永] 寶用享 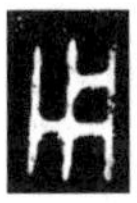 昶仲無龍匜 10249 永寶用享	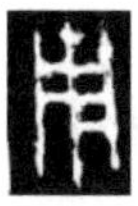 昶仲無龍鬲 00713 永寶用享  昶仲無龍鬲 00714 永寶用享
			 鄎伯受簠 04599.1 用其吉金  鄎伯受簠 04599.1 其永用之	 鄎伯受簠 04599.2 其永用之  鄎伯受簠 04599.2 用其吉金	

CE

 䢅帹伯壺蓋 ms1057 永寶用享	 䢅帹伯壺 mx0831 永寶用享	 䢅伯𡚱父罍 mt13826 永寶用享	 邛君婦龢壺 09639 永寶用之	 伯戔盤 10160 永寶用之	 伯戔盆q 10341 永保用之
 䢅帹伯壺蓋 ms1058 永寶用享	 䢅仲侯盤 ms1206 永寶用享	 䢅帹伯壺 jjmy011 永寶用享	 伯戔盤 10160 用祈眉壽	 伯戔盆g 10341 永保用之	 郙季伯歸鼎 02644 用其吉金
			 叔師父壺 09706 永寶用之	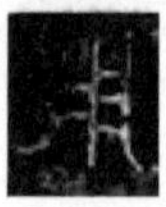 鼄君季䵼鑑 mx0535 用祀用饗	 盜叔壺 09625 永用之
			 江叔螽鬲 00677 永寶用之	 鼄君季䵼鑑 mx0535 用祀用饗	 盜叔壺 09626 永用之

CE

 廍季伯歸鼎 02645 用其吉金  廍季伯歸鼎 02644 永寶用之	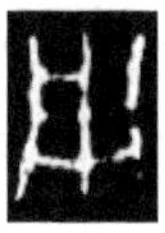 廍季伯歸鼎 02645 永寶用之 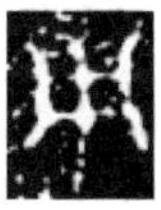 伯歸臺盤 s14484 用其吉金	 鄁公鼎 02714 用其吉金  鄁公鼎 02714 永寶用享	 鄁公簋 04016 用吉金  鄁公簋 04016 用作寶簋	 鄁公簋 04016 永用享  鄁公簋 04017.1 用吉金	 鄂姜簠 ms0552 永寶用 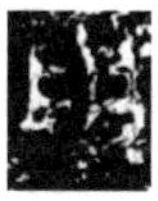 鄂伯邍鼎 ms0241 用享
 洜叔鼎 02355 永用之  盅鼎 02356 其永用之	 鄝子妝戈 xs409 鄝子妝之用  鄝子妝戈 mx1123 鄝子妝之用	 鄝叔義行戈 mx1146 鄝叔義行之用  瞳戈 xs1971 吕王之孫瞳之用	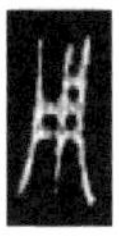 邵子栽盤 xs1372 子孫用之  蔡子皺盞g xs1235 永保用之	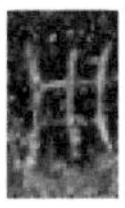 鄬膚簠 mx0500 永保用之  周王孫季紟戈 11309.2 元用戈	 諆余鼎 mx0219 永寶用之  郳子行盆 10330.2 永寶用之
 丁兒鼎蓋 xs1712 永保用之  君臣戈 mx1132 君臣之用戈	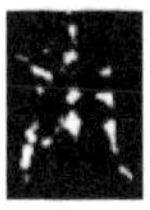 義子鼎 eb308 永保用之				

CE

 備兵鼎 jjmy007 永寶用 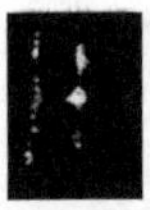 𨛫君𪊨鼎 mx0198 永用之	 鄵伯貝懋盤 mx0941 自用  鄵伯貝懋盤 mx0941 永用享	 □□戈 xs1204 用戈  幻伯隹壺 xs1200 子孫用之	 楚季哻盤 10125 永寶用享  楚嬴盤 10148 永用享	 楚嬴匜 10273 永用享  塞公孫㽙父匜 10276 永寶用之	 考叔㽙父簠 04608.1 永寶用之  考叔㽙父簠 04608.2 永寶用之
 子諆盆 10335.2 永壽用之  子諆盆 10335.1 永壽用之			 以鄧匜 xs405 永寶用之  以鄧鼎g xs406 永寶用之	 以鄧戟 xs407 用戟  以鄧鼎q xs406 永寶用之	 王子嬰次鐘 00052 永用宴喜 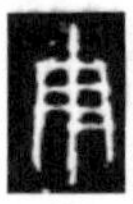 王子申盞 04643 永保用之
			 子季嬴青簠 04594.1 永寶用之  子季嬴青簠 04594.2 永寶用之	 楚屈喜戈 eb1126 楚屈喜之用	 褱鼎 02551.1 永保用之  褱鼎 02551.2 永保用之
CE			楚		

 考叔㸒父簠 04609.1 永寶用之	 楚太師登鐘 mt15511a 用其吉金	 楚太師登鐘 mt15513a 用其吉金	 楚太師登鐘 mt15516a 用其吉金	 楚太師登鐘 mt15518a 用其吉金	 楚太師登鐘 mt15511a 用宴用喜
 考叔㸒父簠 04609.2 永寶用之	 楚太師登鐘 mt15512a 用其吉金	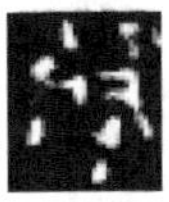 楚太師登鐘 mt15514a 用其吉金	 楚太師登鐘 mt15517 用其吉金	 楚太師登鐘 mt15519a 用其吉金	 楚太師登鐘 mt15511a 用宴用喜
 楚屈叔佗戈 11198 元用	 楚屈子赤目簠 04612 永保用之	 仲改衛簠 xs399 用其吉金	 仲改衛簠 xs400 子子孫孫用之	 何次簠g xs403 永保用之	 何次簠g xs404 永保用之
	 楚屈子赤目簠 xs1230 永保用之	 仲改衛簠 xs400 用其吉金	 何次簠 xs402 永保用之	 何次簠q xs403 永保用之	 何次簠q xs404 永保用之
 楚王戈 ms1488 楚王之用	 競孫旟也鬲 mt03036 永保之用享	 競之𢣎鼎 mx0178 用供盟祀	 復公仲壺 09681 用作饗壺	 復公仲壺 09681 萬壽用之	
 子辛戈 xs526 用戈		 競之朝鼎 hnbw 用供盟祀	 復公仲簋蓋 04128 用作…媵簋	 復公仲簋蓋 04128 用狃萬邦	

楚

 楚太師登鐘 mt15511a 用樂庶(諸)侯  楚太師登鐘 mt15512a 用宴用喜	 楚太師登鐘 mt15512a 用宴用喜  楚太師登鐘 mt15512a 用樂庶侯	 楚太師登鐘 mt15513a 用宴用喜  楚太師登鐘 mt15513a 用宴用喜	 楚太師登鐘 mt15513a 用樂庶侯  楚太師登鐘 mt15514a 用宴用喜	 楚太師登鐘 mt15514a 用宴用喜  楚太師登鐘 mt15514a 用樂庶侯	 楚太師登鐘 mt15516a 用宴用喜  楚太師登鐘 mt15516a 用宴用喜
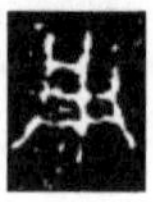 東姬匜 xs398 永寶用之	 孟縢姬缶 10005 永保用之  孟縢姬缶 xs416 永保用之	 王孫誥鐘 xs418 用宴以喜  王孫誥鐘 xs420 用宴以喜	 王孫誥鐘 xs421 用宴以喜  王孫誥鐘 xs422 用宴以喜	 王孫誥鐘 xs423 用宴以喜  王孫誥鐘 xs424 用宴以喜	 王孫誥鐘 xs436 用宴以喜  王孫誥鐘 xs437 用宴以喜

楚

 楚太師登鐘 mt15516a 用樂庶侯	 楚太師登鐘 mt15519b 用宴用喜	 楚太師鄧子鎛 mx1045 用其吉金	 楚太師鄧子鎛 mx1045 用宴用喜	 楚王鐘 00072 永保用之	 中子化盤 10137 用保楚王
 楚太師登鐘 mt15519b 用宴用喜		 楚太師鄧子鎛 mx1045 用宴用喜	 楚太師鄧子鎛 mx1045 用樂庶侯	 中子化盤 10137 用征梠(莒)	 中子化盤 10137 用擇其吉金
 王孫誥鐘 xs425 用宴以喜	 王孫誥鐘 xs427 用宴以喜	 王孫誥鐘 xs429 用宴以喜	 王孫誥鐘 xs439 用宴以喜	 王孫遺者鐘 00261.1 用享以孝	 王孫遺者鐘 00261.2 用宴以喜
 王孫誥鐘 xs426 用宴以喜	 王孫誥鐘 xs428 用宴以喜	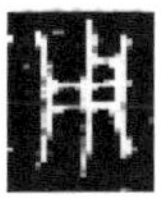 王孫誥鐘 xs431 用宴以喜	 王孫誥鐘 xs441 用宴以喜	 王孫遺者鐘 00261.1 用祈眉壽	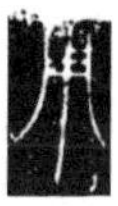 王孫遺者鐘 00261.2 用樂嘉賓

楚

 倗戟 xs469 用燮不廷	 薦鬲 xs458 永保用之	 飤簠g xs475 永保用之	 飤簠q xs476 永保用之	 飤簠q xs478 永保用之	 鄬子受戟 xs525 用戟
 倗矛 xs470 倗之用矛	 楚王媵嬭加缶 kg2020.7 永保用之	 飤簠g xs476 永保用之	 飤簠g xs478 永保用之	 鄬子受戟 xs524 用戟	 發孫虜簠 xs1773 永保用之
楚					

 發孫虜鼎g xs1205 永保用之  發孫虜鼎q xs1205 永保用之	 楚王鼎g mt02318 永寶用之  楚王鼎q mt02318 永寶用之	 楚王鼎 mx0210 永寶用之  楚王鼎 mx0188 永保用之	 王子吴鼎 02717 永保用之  王子吴鼎 mt02343b 永保用之	 王子午鼎 02811.2 用享以孝于我皇祖  王子午鼎q xs444 用享以孝	 王子午鼎 xs446 用享以孝  王子午鼎q xs447 用享以孝
				 楚王孫漁戈 11152 楚王孫漁之用  楚王孫漁戈 11153 楚王孫漁之用	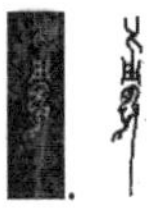 楚王孫漁矛 eb1268 楚王孫漁之用  楚王孫漁戈 ms1435 楚王孫漁之用
楚					

 王子午鼎 02811.2 用祈眉壽  王子午鼎q xs444 用祈眉壽	 王子午鼎 xs445 用祈眉壽  王子午鼎 xs446 用祈眉壽	 王子午鼎q xs447 用祈眉壽  王子午鼎 xs449 用祈眉壽			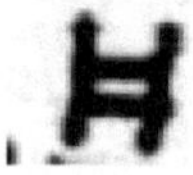 童麗公柏戟 mx1145 用戟  童麗公柏戟 mt17055 用戟
 王孫名戟 mt16848 用戟  王孫家戈 mt16849 用戈	 競孫戈 ms1436 用戈  競孫不服壺 mt12381 永保之用享	 玄鏐戟 xs535 玄鏐之用戟  玄鏐戟 xs536 玄鏐之用戟	 玄鏐戟 xs537 玄鏐之用戟  玄鏐戟 xs538 玄鏐之用	  玄鏐戟 xs539 玄鏐之用  虎鄎公佗戈 mx1150 虎鄎公佗之用	
楚					鍾離

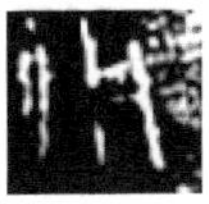 郐大子鼎 02652 永寶用之  郐王鼎㸑鼎 02675 用其良金	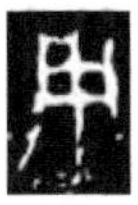 郐王鼎㸑鼎 02675 用鬻魚腊  郐王鼎㸑鼎 02675 用饔賓客				
 郐子氽鼎 02390 百歲用之  次□缶 xs1249 永保用之	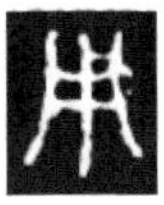 宜桐盂 10320 永壽用之	 庚兒鼎 02715 用征用行  庚兒鼎 02715 用征用行	 庚兒鼎 02715 用龢用鬻(煮)  庚兒鼎 02715 用龢用鬻(煮)	 庚兒鼎 02716 用征用行  庚兒鼎 02716 用征用行	 庚兒鼎 02716 用龢用鬻(煮) 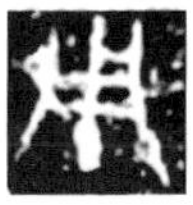 庚兒鼎 02716 用龢用鬻(煮)
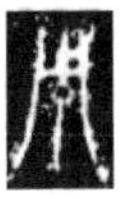 沇兒鎛 00203.2 用盤飲酉(酒)  郐王義楚觶 06513 用享于皇天	 余購逐兒鐘 00183.1 子孫用之  余購逐兒鐘 00184.1 子孫用之	 郐䣄尹譬鼎 02766.1 永保用之  郐䣄尹譬鼎 02766.2 永保用之	 徐王之子戈 11282 元用戈 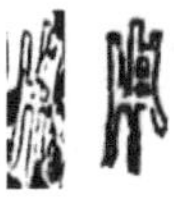 徐王義楚之元子劍 11668 用劍	 三兒簋 04245 用□寶簋  三兒簋 04245 用□考(孝)于□	 三兒簋 04245 用祈萬年眉壽  三兒簋 04245 □寶用享

徐

				 者𣿌鐘 00193 用[祈眉壽緐] 鳌  者𣿌鐘 00195 用祈眉壽[緐] 鳌	 者𣿌鐘 00196 用祈眉壽[緐] 鳌  者𣿌鐘 00197.1 用祈眉壽
 嬰同盆 ms0621 用鍺	 遷邟鎛 mt15794 永保用之  遷邟鐘 mt15520 永保用之	 遷邟鐘 mt15521 永保用之  遷邟鎛 mt15796 永保用之	 遷邟鐘 mx1027 羕(永)保用之  夫欧申鼎 xs1250 永寶用鬻(享)	 姑發聑反劍 11718 元用  姑發聑反劍 11718 員用員獲	 工𫊸王劍 11665 用劍  攻吴矛 xs1263 元用
徐	舒			吴	

 者瀘鐘 00198.1 用祈眉壽𢍁釐	 者瀘鐘 00199 [永保]用之 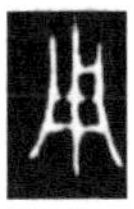 者瀘鐘 00200 永保用之	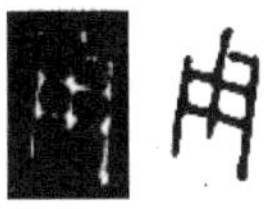 者瀘鐘 00201 永保用之  者瀘鐘 00202 永保用之			
 攻吴大叡矛 xs1625 元用 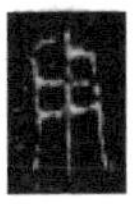 工盧大叔戈 mt17138 元用	 攻吴王叡皒劍 xs1188 元用  攻敔王虘𢦚劍 mt17947 自作其元用	 攻敔王者彶劍 mt17946 元用劍  工吴王叡㺃劍 mt17948 以爲元用	 姑發諸樊之弟劍 xs988 元用  攻吴王姑發郕之子劍 xs1241 元用	 諸樊之子通劍 xs1111 元用  工盧王姑發者坂戈 wy03 元用	 吴王餘眜劍 mx1352 元用  工盧大叔叡矣劍 mx1345 元用
吴					

 工𠪚王姑發者坂劍　ms1617 元用	 工𠪚王者彶𠭯劍　zy2021.1 用劍	 邗王是埜戈 xs1638 元用	 吴王光鑑 10298 用享用孝	 吴王光鑑 10299 用享用孝	 攻吴王光韓劍 xs1807 自作用劍
 工𠪚王姑發者坂劍　ms1617 ［云］用云獲	 邗王是埜戈 11263.2 元用	 吴王光鑑 10298 用享用孝	 吴王光鑑 10299 用享用孝	 攻敔王光劍 11620 自作用劍	 攻敔王光劍 11666 自作用劍
吴					

 攻敔王光劍 11654 自作用劍	 攻敔王劍 11636 元用	 攻敔戟 11258.2 用戟	 吴王光帶鉤 mx1388 用鉤	 配兒鉤鑃 00427.2 子孫用之	 攻敔王夫差劍 11637 元用
 吴王光劍 mt17919 自作用劍	 攻敔王光劍 zy2021.1 用劍	 吴王光帶鉤 mx1387 用鉤	 吴王光帶鉤 mx1390 用鉤	 攻敔王夫差戈 11288 用戈	 攻敔王夫差劍 11638 元用
吴					

 攻敔王夫差劍 11639 元用  吴王夫差劍 xs317 元用	 攻吴王夫差劍 xs1116 元用  攻吴王夫差劍 xs1523 元用	 攻吴王夫差劍 xs1551 元用  攻吴王夫差劍 xs1734 元用	 攻吴王夫差劍 xs1876 元用  攻吴王夫差劍 xs1868 元用	 攻敔王夫差劍 mx1341 元用  攻敔王夫差劍 mx1336 元用	 攻敔王夫差劍 ms1592 元用  攻吴王夫差劍 xs1895 元用
吴					

 攻敔王夫差劍 mt17934 元用  攻敔王夫差劍 mt17939 元用	 霸服晋邦劍 wy054 元用	 吴王光逌劍 wy029 用劍  攻吾王光劍 wy030 用劍	 攻吾王光劍 wy030 用劍  攻吾王光劍 wy030 用劍	 攻吾王光劍 wy031 用劍 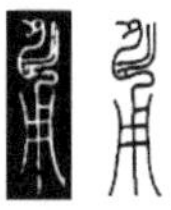 攻吴王光劍 xs1478 用劍	 吴季子之子逞劍 mx1344 元用 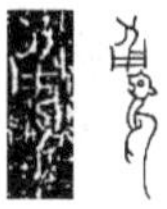 吴季子之子逞劍 11640 元用
吴					

 吴王光戈 11255.2 用戈  用戈 10819 用	 王子孜戈 11207.1 用戈  王子孜戈 11208 用戈	 玄膚之用戈 xs584 玄膚(鏞)之用  玄膚之用戈 ms1410 玄膚之用	 玄鏐戈 xs1289 用戈  玄鋚之用戈 mt16797 元用	 玄翏夫吕戟 xs1381 吉用  玄膚戈 xs975 玄膚(鏞)之用	 玄鏐之用戈 mt16713 玄鏐之用  玄鏐戟 ww2020.10 玄鏐之用
吴					

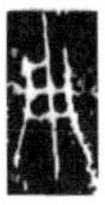 姑馮昏同之子句鑃　00424.2 永保用之  其次句鑃 00421 用祈萬壽	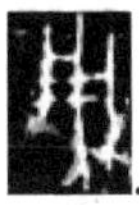 其次句鑃 00421 永保用之 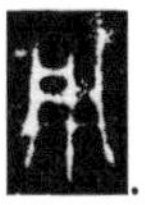 其次句鑃 00422A 用祈萬壽	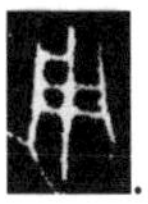 其次句鑃 00422A 永保用之  其次句鑃 00422B 用祈萬壽	 其次句鑃 00422B 永保用之	 者尚余卑盤 10165 用祈眉壽  者尚余卑盤 10165 永寶用之	 越王者旨劍 wy070 用劍  越王者旨劍 wy070 用劍

越

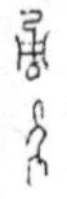 越王者旨劍 wy070 用劍  越王者旨劍 wy070 用劍	 邸王欿淺劍 11621.1 用劍  邸王欿淺劍 11621.2 用劍	 越王者旨於賜鐘　00144 用之勿相(喪)  越王諸稽矛 xs1735 自作用矛	 王用劍 mt17820 自作王用  越王丌北古劍 11703 自作用旨自	 越王丌北古劍 11703 自作用旨自  越王丌北古劍 11703 自作元之用之劍	 越王丌北古劍 xs1317 自作元之用之劍  越王丌北古劍 xs1317 自作用劍自
越					

 越王丌北古劍 xs1317 自作用劍自  越王丌北古劍 wy098 自作永用之	 越王丌北古劍 wy098 自作永用之  越王丌北古劍 wy098 自作永之用之劍	 越王劍 mt17868 自作用劍	 玄鏐夫鋁戈 11137 玄翏夫鋁之用  玄鏐夫鋁戈 11138 玄翏夫鋁之用	 玄鏐鏞鋁戈 mt16916 玄翏夫吕之用  玄鏐鏞鋁戈 mt16920 用翏夫吕之玄	 翏鋁玄用戈 xs1240 翏鋁玄用  玄鏐鏞鋁戈 xs1185 玄翏夫鋁之用
越					

 東仲巹父簋 mx0404 永寶用享  東仲巹父簋蓋 03924 永寶用享	 彔簋蓋甲 mx0392 其萬年永寶用  彔簋蓋乙 mx0393 其萬年永寶用	 右戲仲夏父鬲 00668 永寶用  叔牙父鬲 00674 永寶用	 鄽大嗣攻鬲 00678 永保用之  王孫壽甗 00946 永保用之	 尌仲甗 00933 永寶用  尌仲甗 00933 □(用)征用行	 叔姬鼎 02392 永用  自作尊鼎 02430 永□用享
		 吴買鼎 02452 作鼒(享)鼎用  鎬鼎 02478 □□用之	 痓鼎 02569 永寶用之  文公之母弟鐘 xs1479 用宴樂諸父弟	 掃片昶豯鼎 02570 永寶用享  掃片昶豯鼎 02571 永寶用享	 深伯鼎 02621 永寶用之  鐘伯侵鼎 02668 永寶用之
		 嘉賓鐘 00051 用樂嘉賓  師麻孝叔鼎 02552 永寶用	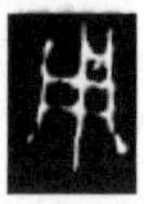 乙鼎 02607 永保用之	 嘉子昜伯臚簠 04605.1 用其吉金  嘉子昜伯臚簠 04605.2 用其吉金	 嘉子昜伯臚簠 04605.1 永壽用之  嘉子昜伯臚簠 04605.2 永壽用之

 伯氏鼎 02443 其永寶用	 伯氏鼎 02446 其永寶用	 専車季鼎 02476 永寶用	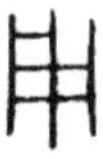 考征君季鼎 02519 永寶用之	 武生毀鼎 02522 永寶用之	 𦧝弃生鼎 02524 永寶用
 伯氏鼎 02444 其永寶用	 伯氏鼎 02447 其永寶用	 伯筍父鼎 02513 永寶用	 雍鼎 02521 永寶用	 武生毀鼎 02523 永寶用之	
 □偖生鼎 02632 用吉金作寶鼎	 □偖生鼎 02633 用吉金作寶鼎	 伯□父簋 04535 萬年永寶用	 樂大司徒瓶 09981 永寶用	 侃孫奎母盤 10153 用祈眉壽	 作司□匜 10260 用率用□
 □偖生鼎 02632 永寶用享	 □偖生鼎 02633 永寶用享	 匽君壺 09680 永保用之	 般仲柔盤 10143 永寶用之	 侃孫奎母盤 10153 永保用之	 作司□匜 10260 用率用□
 要君盂 10319 用祈眉壽無疆		 元用戈 xs318 □□元用	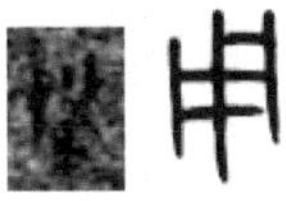 伯怡父鼎 eb312 永保用之	 尊父鼎 mt02096 永寶用享	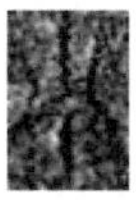 痏父匜 mt14986 永寶用
 與子具鼎 xs1399 永保用之		 壬午吉日戈 xs1979 作爲王用	 伯怡父鼎 eb313 永保用之	 揚鼎 mt02319 永保用	 王子戈 mt16814 王子□之用戈

 叔夜鼎 02646 用盬(煮)用鬻	 叔夜鼎 02646 用祈眉壽無疆	 叔液鼎 02669 永壽用之	 卓林父簋蓋 04018 用享用孝	 卓林父簋蓋 04018 永寶用	 叔皮父簋 04127 用享考(孝)
 叔夜鼎 02646 用盬(煮)用鬻	 叔液鼎 02669 用祈眉壽無疆		 卓林父簋蓋 04018 用享用孝	 隹仲之孫簋 04120 永寶用享	 叔皮父簋 04127 永用
 无疆匜 10264 □保用匜	 大孟姜匜 10274 用享用孝	 大孟姜匜 10274 用祈眉壽	 公父宅匜 10278 永寶用之	 石買戈 11075 用戈	 豖戈 xs1156 豖之親用戈
	 大孟姜匜 10274 用享用孝	 大孟姜匜 10274 用爲元寶	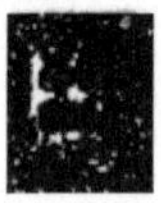 □子季□盆 10339 永寶用之	 □用十□戈 11071 □用十□戈	 益余敦 xs1627 永保用之
 舉子傀戈 mt16884 用之戠(戟)	 壬午吉日戈 mt17119 元用玄鏐戈	 吉用車軎 mt19003 吉用			
	 壬午吉日戈 mt17120 元用玄鏐戈	 吉用車軎 mt19004 吉用			

 爲甫人盨 04406 用征用行	 爲甫人盨 04406 萬歲用常	 爲甫人鼎 mt02064 用征用行	 京叔姬簠 04504 其永用	 奢虎簠 04539.1 永寶用	 旅虎簠 04540 永寶用
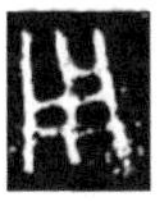 爲甫人盨 04406 用征用行	 爲甫人鼎 mt02064 用征用行	 爲甫人鼎 mt02064 萬歲用常	 娃仲簠 04534 永寶用	 奢虎簠 04539.2 永寶用	 旅虎簠 04541.1 永寶用
 嘉子孟嬴指缶 xs1806 永用之  伯戜戈 xs1969 伯戜之用	 王孫叔諲甗 mt03362 永寶用享				

 旅虎簠 04541.2 永寶用	 躉侯簠 04562 永寶用享	 伯其父簠 04581 永寶用之	 叔家父簠 04615 用速先後諸兄	 子叔壺 09603.1 永用	 冶仲考父壺 09708 用祀用饗
 躉侯簠 04561 永寶用享	 伯其父簠 04581 用賜眉壽萬年	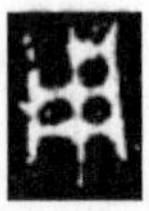 叔家父簠 04615 用盛稻粱	 叔家父簠 04615 用祈眉考無疆	 冶仲考父壺 09708 用祀用饗	 冶仲考父壺 09708 用祈眉壽

 伯駟父盤 10103 永寶用  夢子匜 10245 子[孫]永[保]用	 伯索史盂 10317 子子孫孫永用  子叔嬴内君盆 10331 永用	 史孔卮 10352 永寶用  元用戈 10891 元用	 �公戈 11280 壽之用交(效)  ☐鏞用戈 11334 ☐鏞用	 梁伯戈 11346.1 元用  伯剌戈 11400 用其良金	 仲阪父盆g ms0619 永享用  仲阪父盆q ms0619 永享用
		 玄鏐鏞鋁戟 ms1460 用戟 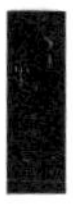  撫王劍 ms1578 自用	 蔡劍 mt17861 文公之用  蔡劍 mt17862 文公之用	 䣄子劍 11578 䣄子之用  子可期戈 11072 子可朞之用	 玄夫戈 11091 玄夫鑄用  自用命劍 11610 自用命

 妝盎 ms0618 用享  自盤 ms1195 用之	 王子寅戈 ms1401 王子寅之用  元用戈 ms1334 元用	 伯□邛戈 xs1973 伯□邛之用戟  冒王之子戈 xs1975 自□□用戈	 圃公鼎 xs1463 永寶用之  皇與匜 eb954 永寶用	 □伯侯盤 xs1309 永□用之	
 虡公劍 11663B 用元  虡公自劍 eb1297 作元爲用	 虡公自劍 eb1298 作[爲元]用	 君用戈 xs1877 □君用  者梁戈 mx1111 者梁之用	 之用戈 11030 □之用戈  𠥼公戈 mx1106 𠥼公之用	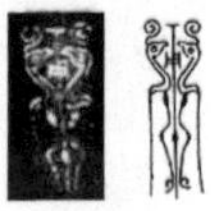 玄翏戈 xs741 用戈  公孫疕戈 mx1233 鑄用戈	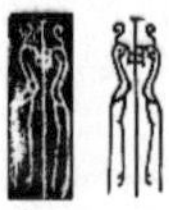 玄翏夫睸戈 11163 玄翏夫睸之用  玄鏐鏞鋁戈 xs1901 玄鏐夫鋁之用

甫

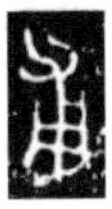 虢季鋪 xs36 虢季作甫(鋪)  虢季鋪 xs37 虢季作甫(鋪)	 具甫人匜 10261 具甫(夫)人				
		 黃子鬲 00624 黃甫(夫)人  黃子鬲 00687 黃甫(夫)人	 黃子鼎 02566 黃甫(夫)人 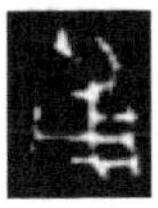 黃子鼎 02567 黃甫(夫)人	 黃子豆 04687 黃甫(夫)人  黃子豆 xs93 黃甫(夫)人	 黃子盉 09445 黃甫(夫)人  黃子器座 10355 黃甫(夫)人
虢	具	黃			

<table>
<tr>
<td></td>
<td></td>
<td>
曾仲斿父簠
04673
自作寶甫(簠)

曾仲斿父簠
04674
自作寶甫(簠)</td>
<td></td>
<td></td>
<td></td>
</tr>
<tr>
<td>
黄子鐳
09966
黄甫(夫)人

黄子鐳
xs94
黄甫(夫)人</td>
<td>
黄子豆
ms0608
黄甫(夫)人</td>
<td>
曾公𠹬鎛鐘
jk2020.1
甫(甸)匐辰(祇)敬
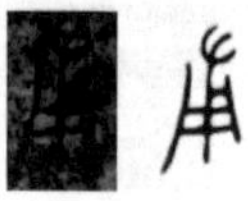
曾公𠹬甬鐘A
jk2020.1
甫(甸)匐辰(祇)敬</td>
<td>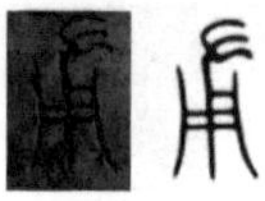
曾公𠹬甬鐘B
jk2020.1
甫(甸)匐辰(祇)敬</td>
<td>
季子康鎛
mt15788b
我甫(父)兄
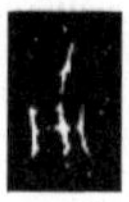
季子康鎛
mt15789b
我甫(父)兄</td>
<td>
季子康鎛
mt15790b
我甫(父)兄</td>
</tr>
<tr>
<td></td><td></td><td></td><td></td><td></td><td></td>
</tr>
<tr>
<td colspan="2">黄</td>
<td colspan="2">曾</td>
<td colspan="2">鍾離</td>
</tr>
</table>

爾

	 爲甫人盨 04406 □□爲甫(夫)人行盨  爲甫人鼎 mt02064 □□爲甫(夫)人餗鼎	 姢仲簠 04534 姢仲作甫妣媵簠		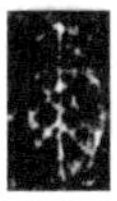 仲考父盤 jk2020.4 遣爾盤匜  仲考父盤 jk2020.4 永害(匄)福爾後	
			 晋公盆 10342 敕乂爾家  晋公盤 mx0952 敕乂爾家		
 夫跌申鼎 xs1250 甫遽公甚六					 洹子孟姜壺 09729 期則爾期  洹子孟姜壺 09729 爾其躋受御
舒			晋	黎	齊

 洹子孟姜壺 09729 縱爾大樂  洹子孟姜壺 09729 用鑄爾羞瓶	 洹子孟姜壺 09729 縱爾大樂  洹子孟姜壺 09729 用鑄爾羞瓶	 洹子孟姜壺 09729 用御爾事  洹子孟姜壺 09730 期則爾期	 洹子孟姜壺 09730 爾其躋受御  洹子孟姜壺 09730 縱爾大樂	 洹子孟姜壺 09730 用鑄爾羞瓶  洹子孟姜壺 09730 用御爾事	 陳爾戈 xs1499 陳尔徒戈
齊					

 曾子伯誩鼎 02450 爾永祜福	 曾亘嫚鼎 xs1201 爲爾行器  曾亘嫚鼎 xs1201 爾永祜福	 曾亘嫚鼎 xs1202 爲爾行器  曾亘嫚鼎 xs1202 爾永祜福	 牧臣簠g ms0553 爾永祜福  牧臣簠q ms0553 爾永祜福	 牧臣簠g ms0554 爾永祜福  牧臣簠g ms0554 爲爾行䀇	
曾					

卷四

	目	瞏	盱	罘
早期				
中期	 楚屈子赤目簠 04612 楚屈子赤目  楚屈子赤目簠 xs1230 楚屈子赤目	 䡇子鼎 mt02404A 仲匋姒遂子瞏  䡇子鼎 mt02404A 仲匋姒遂子瞏		 叔夷鐘 00274.1 罘乃敵寮  叔夷鎛 00285.3 罘乃敵寮
晚期			 杕氏壺 09715 盱我室家	
時期／區域	楚	齊	燕	齊

睽	相			暘	
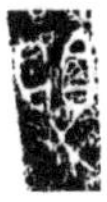 嬰士父鬲 00715 嬰(睽)士父 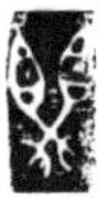 嬰士父鬲 00716 嬰(睽)士父				 曾伯霥簠 04631 天暘(賜)之福  曾伯霥簠 04632 天暘(賜)之福	
	 庚壺 09733.2B 縢相乘牡	 嬭加編鐘 kg2020.7 行相曾邦			
			 越王者旨於暘鐘　00144 用之勿相(喪)		 越王者旨於暘鐘　00144 越王者旨於暘  越王者旨於暘戈　11310.2 □王者□於暘
陳	齊	曾	越	曾	越

 戉王者旨於睗劍　11596.2 越王者旨於睗	 戉王者旨於睗劍　11598A2 越王者旨於睗	 郕王者旨於睗劍　11600.2 越王者旨於睗	 越王諸稽於睗劍　xs1480 越王者旨於睗	 越王諸稽於睗劍　xs1880 越王者旨於睗	 越王諸稽於睗劍　xs1899 越王者旨於睗
 戉王者旨於睗劍　11597.2 越王者旨於睗	 戉王者旨於睗劍　11599.2 越王者旨於睗	 越王諸稽於睗劍　xs1184 越王者旨於睗	 越王諸稽於睗劍　xs1738 越王者旨於睗	 越王諸稽於睗劍　xs1898 越王者旨於睗	 越王諸稽於睗劍　mt17882 越王者旨於睗

越

				眚	害
				 眚仲之孫簋 04120 眚(省)仲之孫	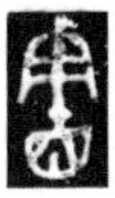 戎生鐘 xs1613 害(憲)公 【卷十“憲”下重見】
				 姬寏母豆 04693 眚伯 【齊】	
 越王諸稽於睗劍 mt17887 越王者旨於睗  越王諸稽於睗劍 mt17888 越王者旨於睗	 戉王矛 11512 越王者旨於睗  戉王者旨於睗矛 11511 越王者旨於睗	 越王者旨於睗戈 11311.1 □[王者]□於睗  越王諸稽於睗矛 xs388 越王旨者於睗	 越王諸稽於睗戈 xs1803 越王者旨於睗		
越					晋

昳　　自

<table>
<tr>
<td>
伯氏始氏鼎
02643
伯氏姒氏作䵼
嫚昳饋鼎</td>
<td></td>
<td>
鄭戜句父鼎
02520
自作飤鼐</td>
<td></td>
<td></td>
<td></td>
</tr>
<tr>
<td></td>
<td></td>
<td></td>
<td></td>
<td></td>
<td></td>
</tr>
<tr>
<td></td>
<td>
杕氏壺
09715
自頌既好</td>
<td>
與兵壺q
eb878
自作宗彝

與兵壺g
eb878
自作宗彝</td>
<td>
與兵壺
ms1068
自作宗彝

封子楚簠g
mx0517
自作飤𥂴</td>
<td>
寬兒鼎
02722
自作飤繁

寬兒缶
mt14091
自作行缶</td>
<td>
鄦公買簠
04617.2
自作飤𥂴

鄦公買簠g
eb475
自作飤𥂴</td>
</tr>
<tr>
<td>鄧</td>
<td>燕</td>
<td colspan="2">鄭</td>
<td>蘇</td>
<td>許</td>
</tr>
</table>

					 𢦏叔朕鼎 02690 自作𩞁鼎 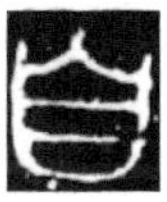 𢦏叔朕鼎 02691 自作𩞁鼎
				 陳公子中慶簠 04597 自作匡盬  有兒簋 mt05166 自作爲其𩛥簋	
 鄦公買簠q eb475 自作飤盬  子璋鐘 00113 自作龢鐘	 子璋鐘 00114 自作龢鐘  子璋鐘 00115.1 自作龢鐘	 子璋鐘 00116.1 自作龢鐘  子璋鐘 00118.2 自作龢鐘	 鄦子盟自鎛 00153 自作鈴鐘  鄦子盟自鎛 00154 自作鈴鐘	 宋兒鼎 mx0162 自作飤鐈	
許				陳	戴

 𢦏叔朕鼎 02692 自作鐈鼎  叔朕簠 04620 自作薦𥂴	 叔朕簠 04621 自作薦𥂴  𢦏伯匜 10246 自作寶匜				 邾公子害簠g mt05907 自作𥂴  邾公子害簠q mt05907 自作𥂴
		 趞亥鼎 02588 自作會鼎		 鼄君鐘 00050 自作其龢鐘	
		 宋君夫人鼎q eb304 自作鐈鼎  宋君夫人鼎g eb304 自作鐈鼎	 樂子簠 04618 自作飤𥂴	 鼄大宰鐘 00086.1 自作其祓鐘  鼄公牼鐘 00149 自作龢鐘	 郳公韍觥 mx0891 自作商宴觥
戴		宋		邾	郳

 郳公子害簠 mt05908 自作簠	 走馬薛仲赤簠 04556 自作其簠			 上曾太子鼎 02750 自作鬻彝	 鄧子伯鼎甲 jk2022.3 自作小陵鼎  鄧子伯鼎乙 jk2022.3 自作小陵鼎
		 簷叔之仲子平鐘　00172 自作鑄其游鐘  簷叔之仲子平鐘　00174 自作鑄其游鐘	 簷叔之仲子平鐘　00177 自作鑄其游鐘  簷叔之仲子平鐘　00180 自作鑄其游鐘		 鄧公乘鼎 02573.1 自作飤緐  鄧公乘鼎 02573.2 自作飤緐
				 鵙公劍 11651 自作元劍  斀巽鼎 hdkg 十二 自作鼎	
郳	薛	莒		D	鄧

 鄧公匜 10228 自作盥匜  鄧伯吉射盤 10121 自作盥盤匜	 番□伯者君盤 10139 自作寶盤  番□伯者君盤 10140 自作旅盤	 番□伯者君匜 10268 自作寶匜  番□伯者君匜 10269 自作寶匜	 番君酛伯鬲 00732 自作寶鼎  番君酛伯鬲 00733 自作寶鼎	 番君酛伯鬲 00734 自作寶鼎  番昶伯者君鼎 02617 自作寶鼎	 番昶伯者君鼎 02618 自作寶鼎  番伯酓匜 10259 自作匜
	 番子鼎 ww2012.4 自作飤鼎				
	 鄱子成周鐘 xs283 自作龢鐘  鄱子成周鐘 mt15256 自作龢鐘	 鄱子成周鐘 mt15257 與楚自作龢鐘 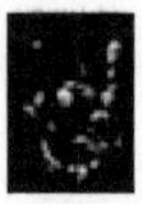 鄱子成周鐘 xs286 自作龢鐘			
鄧	番				

 番君匜 10271 作自寶匜	 黃仲匜 10214 自作𩰫匜	 □單盤 10132 自作盤	 奚子宿車鼎 02603.2 自用	 郳季寬車匜 10234 自作行匜	 郳子宿車盆 10337 自作行盆
 番叔壺 xs297 自作寶壺	 叔單鼎 02657 自作鼎	 奚□單匜 10235 自作寶匜	 奚子宿車鼎 02604.2 自用	 郳季寬車盤 10109 自作行盤	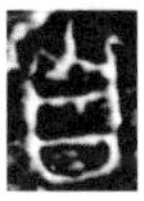 黃子季庚臣簠 ms0589 自作匡䀇
	 伯亞臣鐳 09974 自作鐳	 黃君孟豆 04686 自作行器	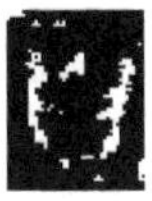 黃君孟壺 xs91 自作行器	 黃君孟鐳 09963 自作行器	 黃君孟匜 10230 自作行器
	 黃君孟鼎 02497 自作行器	 黃君孟壺 09636 自作行器	 黃君孟鐳 xs92 自作行器	 黃君孟盤 10104 自作行器	 黃君孟壺 ms1054 自作行器
	 黃韋俞父盤 10146 自作飤器				
番	黃				

	 樊孫伯渚鼎 mx0197 自作寶鼎				
 黃君孟豆 ms0606 自作行器  黃君孟鐳 ms1176 自作行器	 樊君匜 10256.1 自作浣匜  樊君匜 10256.2 自作浣匜	 樊君盆 10329.1 自作寶盆  樊君盆 10329.2 自作寶盆	 樊夫人龍嬴壺 09637 自作行壺  樊夫人龍嬴匜 10209 自作行匜	 樊夫人龍嬴鬲 00675 自作行鬲  樊夫人龍嬴鬲 0676 自作行鬲	 樊夫人龍嬴鼎 xs296 自行鼎
	 樊季氏孫仲𩡶鼎　02624.2 自作礲沱				
黃	樊				

 曾伯文簋 04051.1 自作寶簋	 曾伯文簋 04052.1 自作寶簋	 曾伯文簋 04053 自作寶簋	 曾伯文簋 mt05028 自作寶簋	 曾仲大父螽簋 04203 用自作寶簋	 曾仲大父螽簋 04204.2 用自作寶簋
 曾伯文簋 04051.2 自作寶簋	 曾伯文簋 04052.2 自作寶簋	 曾伯文簋 04053 永寶自<用>享	 曾伯文鐳 09961 自作厥飲鐳	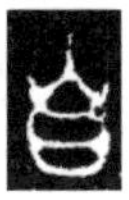 曾仲大父螽簋 04204.1 用自作寶簋	 伯殺鬲 00592 自作尊鬲
 曾公畎鎛鐘 jk2020.1 自作龢鎛宗彝	  曾公畎甬鐘B jk2020.1 自作龢鎛宗彝	 曾子屖簠 04528.1 自作行器	 嬭加鎛乙 ms1283 自作宗彝龢鐘	 曾侯宏鼎 mt02219 自作阩鼎	 曾侯宏鼎 mx0187 自作阩鼎
  曾公畎甬鐘A jk2020.1 自作龢鎛宗彝		 曾子屖簠 04528.2 自作行器	 曾侯寶鼎 ms0265 自作升鼎	 曾侯宏鼎 mt02220 自作阩鼎	 曾侯宏簋 mt04975 自作飤簋
 曾侯與鐘 mx1029 自酢(作)宗彝	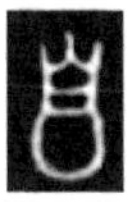 嫼盤 mx0948 自作盥盤	 曾子義行簠q xs1265 自作飤藍	 曾子□簠 04588 自作飤藍		
 曾侯殘鐘 mx1031 自酢(作)宗[彝]	 曾公叔考臣甗 ms0357 自作飤甗	 曾孫無期鼎 02606 自作飤鐈			

曾

 曾子𢿢鼎 mx0146 自作行器	 曾子伯皮鼎 mx0166 自作寶鼎	 曾太保簠g ms0559 自作寶盂	 曾子㚤鼎 ms0210 自作行鼎	 曾子伯𥧛盤 10156 自作旅盤	 曾子仲謱鼎 02620 自作𩱛彝
 曾子壽鼎 mx0147 自作行器	 曾太保𡢁簋 mx0425 自作寶簋	 曾太保簠q ms0559 自作寶盂	 𤆍右盤 10150 自作用其吉金寶盤	 曾子仲謱甗 00943 自作旅甗	 曾孟嬴削簠 xs1199 自作行䀇
 曾侯宝簋 mt04976 自作飤簋	 曾侯宝鼎 mx0185 自作阩鼎	 曾公子叔湪簠g mx0507 自作飤䀇			
 曾侯宝壺 mt12390 自作尊壺	 曾侯宝鼎 mx0186 自作阩鼎	 曾子仲宣鼎 02737 自作寶鼎			

曾

 曾伯陭壺 09712.1 自作醴壺  曾伯陭壺 09712.4 自作醴壺	 曾侯仲子斿父鼎　02423 自作䵼彝  曾侯仲子斿父鼎　02424 自作䵼彝	 曾仲斿父簠 04673 自作寶簠  曾仲斿父簠 04674 自作寶簠	 曾仲斿父方壺 09628.1 自作寶尊壺  曾仲斿父方壺 09628.2 自作寶尊壺	 曾仲斿父方壺 09629.1 自作寶尊壺  曾子單鬲 00625 自作寶鬲	 曾伯從寵鼎 02550 自作寶鼎  曾伯宮父穆鬲 00699 自作寶尊鬲
曾					

 曾伯霥簠 04631 自作旅盬	 曾伯霥壺 ms1069 自作尊壺	 曾伯克父簋 ms0509 自作大寶簋	 曾伯克父壺q ms1062 自作寶飤壺	 曾子白父匜 10207 自作尊匜	 曾伯克父鐳 ms1174 自作飤鐳
 曾伯霥簠 04632 自作旅盬	 伯克父鼎 ms0285 自作寶鼎	 曾伯克父壺g ms1062 自作寶飤壺	 曾伯克父壺 ms1063 自作寶飤壺	 曾大保盆 10336 自作旅盆	 曾師季軐盤 10138 自作寶盤

曾

 孟爾克母簋g ms0583 自作旅䀇  孟爾克母簋q ms0583 自作旅䀇	 曾子牧臣鼎 ms0211 自作行器  曾子牧臣壺 ms1407 自作行器	 曾子牧臣壺 ms1408 自作行器	 曾侯子鎛 mt15763 自作行鎛  曾侯子鎛 mt15764 自作行鎛	 曾侯子鎛 mt15765 自作行鎛  曾侯子鎛 mt15766 自作行鎛	
					 蔡侯紐鐘 00211.2 自作歌鐘  蔡侯紐鐘 00217.2 自作歌鐘
曾					蔡

			 鼄公彭宇簠 04610 自作𩰫簠  鼄公彭宇簠 04611 自作𩰫簠	 彭伯壺g xs315 自作醴壺  彭子仲盆蓋 10340 自作𩞁盆	
 蔡侯紐鐘 00218.2 自作歌鐘 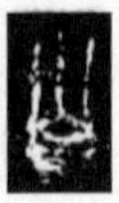 蔡侯鎛 00221.2 自作歌鐘	 蔡侯鎛 00222.2 自作歌鐘 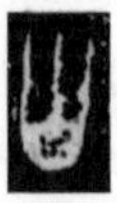 雌盤 ms1210 自作盥盤	 蔡子匜 10196 自作會匜  自作用戈 11028 自作用戈	 申公壽簠 mx0498 自作飤簠  申文王之孫簠 mt05943 自作食簠	 彭子射盂鼎 mt02264 自作飤盂  彭子射兒簠 mt05884 自作飤簠	 叔姜簠g xs1212 自作飤簠  叔姜簠q xs1212 自作飤簠
	蔡			CE	

			 都公平侯鼎 02771 自作尊盂  都公平侯鼎 02772 自作尊盂	 都于子瓶簠 04542 自作旅𥂴  都于子瓶簠 04543 自作旅𥂴	 𥙆伯業鼎 02622 自作寶䃂𥁰  𥙆伯墉盤 10130 自作寶鑑
 彭啓簠甲 ww2020.10 自作飤𥂴  彭啓簠丙g ww2020.10 自作飤𥂴	 彭啓簠丙q ww2020.10 自作飤𥂴  彭子壽簠 mx0497 自作飤𥂴	 彭公孫無所鼎 eb299 自作湯鼎  無所簠 eb474 自作飤𥂴			
CE					

 祁仲侯盤 ms1206 自作寶盤	 江小仲母生鼎 02391 自作用鬲  伯戔盤 10160 自作顯(沬)盤	 伯戔盆g 10341 自作籐蓋  伯戔盆q 10341 自作籐蓋	 廓季伯歸鼎 02644 自作寶鼎  廓季伯歸鼎 02645 自作寶鼎	 伯歸臺盤 mt14484 自作盥盤  鄁公鼎 02714 自作薦鼎	
		 鼈君季聰鑑 mx0535 自作鑑盂	 諆余鼎 mx0219 自作飤緐鼎  登句鑃 mx1048 自作龢鑃	 郻子行盆 10330.1 自作飤盆  郻子行盆 10330.2 自作飤盆	
 襄王孫盞 xs1771 自作飤盞  蚩子或鼎蓋 02286 自作飤鐈	 慍兒盞g xs1374 自作鑄其盞盂  慍兒盞q xs1374 自作鑄其盞盂	 丁兒鼎蓋 xs1712 自作飤鼾  郙王劍 11611 自作用劍	 侯古堆鎛 xs276 自作龢鐘  侯古堆鎛 xs277 自作龢鐘	 侯古堆鎛 xs278 自作龢鐘  侯古堆鎛 xs279 自作龢鐘	 侯古堆鎛 xs280 自作龢鐘  侯古堆鎛 xs281 自作龢鐘

CE

 鄖伯貝懋盤 mx0941 唯鄖伯貝懋自用  鄖伯貝懋盤 mx0941 自作寶	 考叔脂父簠 04608.1 自作尊盬  考叔脂父簠 04608.2 自作尊盬	 考叔脂父簠 04609.1 自作尊盬  考叔脂父簠 04609.2 自作尊盬	 塞公孫脂父匜 10276 自作盥匜  中子化盤 10137 自作盥盤	 楚太師登鐘 mt15511a 自作鈴鐘  楚太師登鐘 mt15512a 自作鈴鐘	 楚太師登鐘 mt15513a 自作鈴鐘  楚太師登鐘 mt15514a 自作鈴鐘
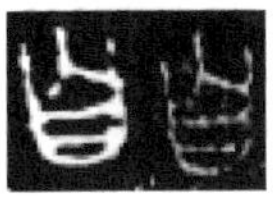 蔡子䶊盞g xs1235 自作緐鼎	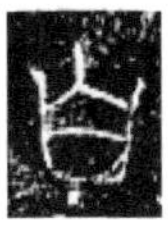 仲改衛簠 xs399 自作旅□  仲改衛簠 xs400 自作旅盬	 何次簠 xs402 自作饋盬	 何次簠g xs403 自作飤盬  何次簠q xs403 自作飤盬	 何次簠g xs404 自作飤盬  何次簠q xs404 自作飤盬	 東姬匜 xs398 自作會匜  王子嬰次鐘 00052 自作龢鐘
 義子鼎 eb308 自作飤鬺  羅兒匜 xs1266 自作盥匜	 子季嬴青簠 04594.1 自作飤盬  子季嬴青簠 04594.2 自乍作飤盬	 褱鼎 02551.1 自作飤䃮駝  褱鼎 02551.2 自作飤䃮駝	 王子啓疆鼎 mt11690 自作飤緐	 𪔋鐘 xs482b 歌樂自喜  𪔋鐘 xs483a 歌樂自喜	 𪔋鐘 xs487a 歌樂自喜 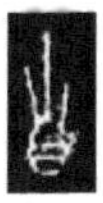 𪔋鎛 xs491b 歌樂自喜
CE	楚				

 楚太師登鐘 mt15516a 自作鈴鐘	 楚太師登鐘 mt15518a 自作鈴鐘	 楚太師鄧子鎛 mx1045 自作鈴鐘			
 楚太師登鐘 mt15517 自作鈴鐘	 楚太師登鐘 mt15519b 自作鈴鐘	 楚王領鐘 00053.2 自作鈴鐘			
 孟縢姬缶 10005 自作浴缶	 楚子棄疾簠 xs314 自作飤簠	 敬事天王鐘 00075 自作永(詠)命(鈴)	 敬事天王鐘 00078.1 自作永(詠)命(鈴)	 王孫誥鐘 xs418 自作龢鐘	 王孫誥鐘 xs420 自作龢鐘
 孟縢姬缶 xs416 自作浴缶	 敬事天王鐘 00073 自作永(詠)命(鈴)	 敬事天王鐘 00076 自作永(詠)命(鈴)	 敬事天王鐘 00080.1 自作永(詠)命(鈴)	 王孫誥鐘 xs419 自作龢鐘	 王孫誥鐘 xs421 自作[龢]鐘
 𪒠鎛 xs492b 歌樂自喜	 競之𪺊鼎 mx0178 自作鬻彝鬳盎	 子辛戈 xs526 自作用戈			
 𪒠鎛 xs494b 歌樂自喜	 競之朝鼎 Hnbw 自作鬻彝鬳				
楚					

 王孫誥鐘 xs422 自作龢鐘	 王孫誥鐘 xs425 自作龢鐘	 王孫誥鐘 xs428 自作龢鐘	 王孫誥鐘 xs430 自作龢鐘	 王孫誥鐘 xs435 自作龢鐘	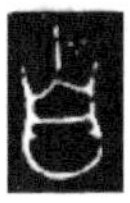 王孫誥鐘 xs443 自作龢鐘
 王孫誥鐘 xs423 自作龢鐘	 王孫誥鐘 xs427 自作龢鐘	 王孫誥鐘 xs429 自作龢鐘	 王孫誥鐘 xs434 自作龢鐘	 王孫誥鐘 xs433 自作龢鐘	 王孫遺者鐘 00261.1 自作龢鐘

楚

 飤簠g xs475 自作飤䀇  飤簠q xs475 自作飤䀇	 飤簠g xs476 自作飤䀇  飤簠q xs476 自作飤䀇	 飤簠g xs478 自作飤䀇  飤簠q xs478 自作飤䀇	 發孫虜簠 xs1773 自作飤䀇  發孫虜鼎q xs1205 自作飤鼎	 王子吴鼎 02717 自作飤䵅  王子吴鼎 mt02343b 自作飤䵅	 薦鬲 xs458 自作薦鬲
楚					

 王子午鼎 02811.2 自作䵼彝𪔨鼎  王子午鼎q xs444 自作䵼彝𪔨鼎	 王子午鼎 xs446 自作䵼彝𪔨鼎  王子午鼎q xs447 自作䵼彝𪔨鼎	 王子午鼎 xs449 自作䵼彝𪔨鼎	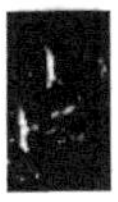 季子康鎛 mt15788a 自作龢鐘  季子康鎛 mt15789a 自作龢鐘	 季子康鎛 mt15790a 自作龢鐘	 次□缶 xs1249 自作盥缶  徐王容巨戟 mx1230 自作元其□戈
			 九里墩鼓座 00429.1 自作㲃鼓		 徐王子旃鐘 00182.1 自作龢鐘  沇兒鎛 00203.1 自作龢鐘
楚			鍾離		徐

 庚兒鼎 02715 自作飤緐  庚兒鼎 02716 自作飤緐				 者㳄鐘 00194 自作[歠鐘]  者㳄鐘 00196 自作[歠]鐘	 者㳄鐘 00197.1 自作謡鐘  者㳄鐘 00198.1 自作謡鐘
 郐王義楚觶 06513 自作祭鍴  徐王義楚盤 10099 自作浣盤	 郐令尹者旨䜌爐　10391 自作爐盤 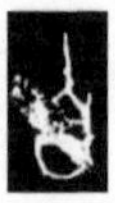 郐諧尹征城 00425.1 自作征城	 郐䣄尹䜌鼎 02766.1 自作湯鼎  郐䣄尹䜌鼎 02766.2 自作湯鼎	 徐王義楚之元子劍　11668 自作用劍  之乘辰鐘 xs1409 自作其鐲	 姑發䚄反劍 11718 自作元用  攻吴大叔盤 xs1264 自作行盤	 攻吴矛 xs1263 工䱷自作□  攻吴大叡矛 xs1625 工䱷自元用
徐				吴	

 者減鐘 00199 自作謡[鐘]  者減鐘 00201 自作謡鐘	 者減鐘 00202 者減自謡鐘				
 諸樊之子通劍 xs1111 自作元用  攻吴王姑發邸 之子劍xs1241 自作元用	 工𠪚大叔戈 mt17138 自作元用  工𠪚王姑發者 坂戈　wy03 自作元用	 工𠪚王姑發者 坂劍　ms1617 自作元用  攻敔王劍 11636 自作其元用	 工𠪚大叔叡矣 劍　mx1345 自作元用  工𠪚劍 mx1346 工𠪚自…	 吴王餘眛劍 mx1352 自作元用劍  攻吴王叡戗此 郐劍　xs1188 自作元用劍	 攻敔王虘戗此 郐劍　mt17947 自作其元用  攻敔王者彶叡 虘劍　mt17946 自作元用劍

吴

 攻吴王光韓劍 xs1807 自作用劍	 攻敔王光劍 11654 自作用劍	 攻敔王光劍 mt17916 自作[用鐱]	 攻敔王光劍 11666 自作用劍	 臧孫鐘 00093 自作龢鐘	 臧孫鐘 00095 自作龢鐘
 攻敔王光劍 11620 自作用劍	 吴王光劍 mt17919 自作用劍	  攻敔王光劍 zy2021.1 自作用劍	 攻敔王光鐸 mx1047 自作用	 臧孫鐘 00094 自作龢鐘	 臧孫鐘 00096 自作龢鐘

吴

 臧孫鐘 00097 自作龢鐘  臧孫鐘 00098 自作龢鐘	 臧孫鐘 00099 自作龢鐘  臧孫鐘 00100 自作龢鐘	 臧孫鐘 00101 自作龢鐘  䣄巢鎛 xs1277 自作龢鐘	 配兒鉤鑃 00427.2 自作鉤□  冉鉦鋮 00428 自作鉦鋮	 吴王夫差鑑 10294 自作御鑑  吴王夫差鑑 10295 自作御鑑	 吴王夫差鑑 10296 自作御鑑  攻吴王夫差鑑 mx1000 自作御鑑
吴					

 攻吴王夫差鑑 xs1477 自作御鑑  攻敔戟 11258.2 自作用戟	 攻敔王夫差戈 11288 自作其用戈  攻敔王夫差劍 11637 自作其元用	 攻敔王夫差劍 11638 自作其元用  攻敔王夫差劍 11639 自作其元用	 吴王夫差矛 11534 自作用鋘  攻吴王夫差劍 xs1116 自作其元用	 攻吴王夫差劍 xs1523 自作其元用  攻吴王夫差劍 xs1551 自作其元用	 攻吴王夫差劍 xs1734 自作其元用  攻吴王夫差劍 xs1876 自作其元用
吴					

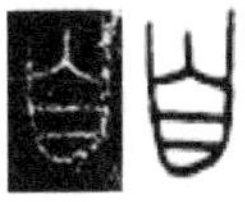 攻吴王夫差劍 xs1868 自作其元用  攻吴王夫差劍 xs1895 自作其元用	 攻敔王夫差劍 mt17934 自作其元用  攻敔王夫差劍 mt17939 自作其元用	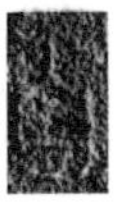 吴王夫差缶 mt14082 自作御缶  攻敔王夫差劍 mx1336 自作其元用	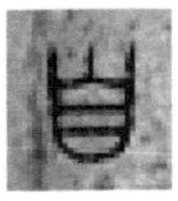 攻敔王夫差劍 mx1341 自作其元用  攻敔王夫差劍 ms1592 自作其元用	 工𫊸王者彶叡劍 zy2021.1 自作用劍  攻敔王光戈 11151.1 攻敔王光自	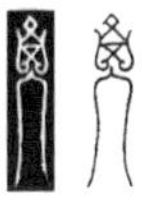 攻吴王光劍 xs1478 自作用劍 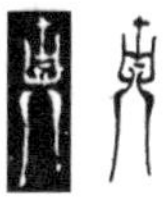 吴王光戈 11255.1 自作用戈

吴

 吴王光逭劍 wy029 自作用劍  攻吾王光劍 wy030 自作用劍	 攻吾王光劍 wy030 自作用劍  攻吾王光劍 wy030 自作用劍	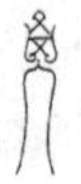 攻吾王光劍 wy031 自作用劍	 姑馮昏同之子句鑃 00424.1 自作商句鑃  者尚余卑盤 10165 自作鑄其盤	 邚王欿淺劍 11621.1 自作用劍  邚王欿淺劍 11621.2 自作用劍	 越王諸稽矛 xs1735 自作用矛  越王者旨於睗鐘 00144 自作龢鐘
吴			越		

 越王者旨劍 wy070 自作用劍	 越王者旨劍 wy070 自作用劍	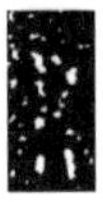 越王劍 mt17868 自作用劍	 越王丌北古劍 11703 自作用旨自	 越王丌北古劍 11703 自作用旨自	 越王丌北古劍 11703 自作元之用之劍
 越王者旨劍 wy070 自作用劍	 王用劍 mt17820 自作王用	 忾不余席鎮 mx1385 自作伏約	 越王丌北古劍 11703 自作用旨自	 越王丌北古劍 11703 自作用旨自	 越王丌北古劍 xs1317 自作用劍自

越

 越王丌北古劍 xs1317 自作用劍自  越王丌北古劍 xs1317 自作用劍自	 越王丌北古劍 xs1317 自作用劍自  越王丌北古劍 xs1317 自作元之用之劍	 越王丌北古劍 wy098 自作永用之  越王丌北古劍 wy098 自作永用之	 越王丌北古劍 wy098 自作永之用之劍  越王丌北古劍 wy098 自作永用之	 越王丌北古劍 wy098 自作永用之  能原鎛 00155.1 □於□自利	 能原鎛 00155.2 自連小禦□□  能原鎛 00156.1 自祈□曰

越

		 伯剌戈 11400 自作其元戈  郳子良人甗 00945 自作飤甗	 自作尊鼎 02430 自□尊鼎  王孫壽甗 00946 自作飤甗	 大嗣馬簠 04505.1 自作飤簠  大嗣馬簠 04505.2 自作飤簠	 右走馬嘉壺 09588 自作行壺  華母壺 09638 自作薦壺
	 嘉子孟嬴指缶 xs1806 自作行缶	 鐘伯侵鼎 02668 自作䃾盜			 仲義君鼎 02279 自作食繁
 能原鎛 00156.1 自余  能原鎛 00156.2 自余□□作	 嘉子昜伯臚簠 04605.1 自作寶簠  嘉子昜伯臚簠 04605.2 自作寶簠	 王子姪鼎 02289.1 自作飤鼎  何訇君鼎 02477 自作旅鼎	 乙鼎 02607 自作飤繁  史宋鼎 02203 自作盂鼎	 揚鼎 mt02319 自作飤繁  要君盂 10319 自作鏟盂	 伯怡父鼎 eb312 自作遷鼎  與子具鼎 xs1399 自作緐鼎
越					

皆　　魯

 叔液鼎 02669 自作鼒鼎  冶仲考父壺 09708 自作壺	 自盤 ms1195 自作顋盤	 楷宰仲考父鼎 jk2020.4 膚(楷)宰仲考父	 秦公鐘 00263 純魯多釐  秦公鐘 00266 純魯多釐	 秦公鎛 00267.2 純魯多釐  秦公鎛 00268.2 純魯多釐	 秦公鎛 00269.2 純魯多釐  秦子簋蓋 eb423 受命純魯
 □子季□盆 10339 自作鑄□盆			 秦公簋 04315.2 純魯多釐  盄和鐘 00270.2 純魯多釐		
 痟父匜 mt14986 自作盥匜  攗王劍 ms1578 自用	 㪣鈹 mx1335 永終自襲膚  自用命劍 11610 自用命				
		黎	秦		

 晋姜鼎 02826 魯覃京師	 魯侯壺 eb848 魯侯 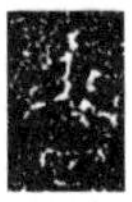 魯侯壺 eb849 魯侯	 魯侯鼎 xs1067 魯侯  魯侯簠 xs1068 魯侯	 魯仲齊鼎 02639 魯仲齊  魯仲齊甗 00939 魯仲齊	 魯司徒仲齊盨 04440.1 魯司徒  魯司徒仲齊盨 04440.2 魯司徒	 魯司徒仲齊盨 04441.1 魯司徒  魯司徒仲齊盨 04441.2 魯司徒
 晋公盤 mx0952 疆武魯宿	 魯大司徒厚氏元簠　04689 魯大司徒  魯大司徒厚氏元簠 04690.1 魯大司徒	 魯大司徒厚氏元簠　04690.2 魯大司徒  魯大司徒厚氏元簠 04691.1 魯大司徒	 魯大左嗣徒元鼎　02593 魯大左司徒  魯大司徒元盂 10316 魯大司徒	 魯少司寇封孫宅盤　10154 魯少司寇	
	 歸父敦 04640 魯子仲				
晋	魯				

 魯司徒仲齊盤 10116 魯司徒	 魯内小臣床生鼎　02354 魯内小臣	 魯伯厚父盤 10086 魯伯厚父	 魯伯厚父盤 sh672 魯伯厚父	 魯伯俞父簠 04567 魯伯俞父	 魯伯愈父鬲 00690 魯伯愈父
 魯司徒仲齊匜 10275 魯司徒	 魯伯者父盤 10087 魯伯	 魯伯厚父盤 mt14413 魯伯厚父	 魯伯俞父簠 04566 魯伯俞父	 魯伯俞父簠 04568 魯伯俞父	 魯伯愈父鬲 00691 魯伯俞父

魯

 魯伯愈父鬲 00692 魯伯愈父  魯伯愈父鬲 00693 魯伯愈父	 魯伯愈父鬲 00694 魯伯愈父  魯伯愈父鬲 00695 魯伯愈父	 魯伯愈父盤 10113 魯伯愈父  魯伯愈父盤 10114 魯伯愈父	 魯伯愈父盤 10115 魯伯愈父  魯伯愈父匜 10244 魯伯愈父	 魯伯愈父簠 ms0561 魯伯愈父  魯大司徒子仲白匜　10277 魯大司徒	 魯姬鬲 00593 魯姬  魯宰駟父鬲 00707 魯宰駟父

魯

 魯大宰邃父簋 03987 魯太宰	 魯伯大父作孟姜簋　03988 魯伯大父	 魯伯匜 10222 魯伯敢	 魯伯悆盨 04458.2 魯伯悆	 魯士浮父簠 04517.2 魯士浮父	 魯士浮父簠 04519 魯士浮父
 魯伯大父作季姬婧簋　03974 魯伯大父	 魯伯大父作仲姬俞簋　03989 魯伯大父	 魯伯悆盨 04458.1 魯伯悆	 魯士浮父簠 04517.1 魯士浮父	 魯士浮父簠 04518 魯士浮父	 魯士浮父簠 04520 魯士浮父

魯

 魯正叔盤 10124 魯正叔  魯酉子安母簠g mt05902 魯宰虢	 魯酉子安母簠q mt05902 魯酉子安母  魯酉子安母簠q mt05903 魯酉子安母	 魯宰虢簠 遺珍 046 魯宰虢			 鄦奓魯生鼎 02605 許奓魯生
			 姬寏母豆 04693 魯仲賢	 叔夷鐘 00277.2 萬福純魯  叔夷鎛 00285.8 萬福純魯	
魯			齊		許

者

 叔休盨 mt05618 𣪕者(都)君  叔休盨 mt05619 𣪕者(都)君	 叔休盤 mt14482 𣪕者(都)君  叔休盉 mt14778 𣪕者(都)君	 叔休鼎 ms0260 𣪕者(都)君  叔休壺 ms1059 𣪕者(都)君	 叔休壺 ms1060 𣪕者(都)君		
 子犯鐘 xs1010 者(諸)侯  子犯鐘 xs1011 者(諸)侯	 子犯鐘 xs1020 者(諸)楚荆  子犯鐘 xs1022 者(諸)侯	 子犯鐘 xs1023 者(諸)侯			
				 子璋鐘 00113 父兄者(諸)士 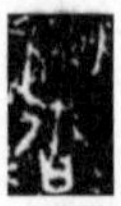 子璋鐘 00114 父兄者(諸)士	 子璋鐘 00115.2 父兄者(諸)士  子璋鐘 00116.2 父兄者(諸)士
晋				許	

	 魯伯者父盤 10087 魯伯者父			 郜召簠g xs1042 者(諸)母諸兄  郜召簠g xs1042 諸母者(諸)兄	 郜召簠q xs1042 者(諸)母諸兄  郜召簠q xs1042 諸母者(諸)兄
 子璋鐘 00117.2 父兄者(諸)士  喬君鉦鋮 00423 無者俞		 鼄公牼鐘 00149 以喜者(諸)士  鼄公牼鐘 00150 以喜者(諸)士	 鼄公牼鐘 00151 以喜者(諸)士  鼄公牼鐘 00152 以喜者(諸)士		
許	魯	邾		郜	

齊	諸	番			曾
	 諸匜 sh696 者(諸)僕故作匜	 番□伯者君盤 10139 番昶伯者君  番□伯者君盤 10140 番昶伯者君	 番□伯者君匜 10268 番昶伯者君  番□伯者君匜 10269 番昶伯者君	 番昶伯者君鼎 02617 番昶伯者君  番昶伯者君鼎 02618 番昶伯者君	 曾者子鼎 02563 曾者子□
 庚壺 09733.1B 執者獻于靈公之所  庚壺 09733.1B 殺其鬬者					 曾子仲宣鼎 02737 者(諸)父諸兄  曾子仲宣鼎 02737 諸父者(諸)兄
齊	諸	番			曾

 王孫誥鐘 xs418 者(諸)侯	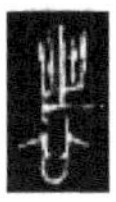 王孫誥鐘 xs420 者(諸)侯	 王孫誥鐘 xs422 者(諸)侯	 王孫誥鐘 xs424 者(諸)侯	 王孫誥鐘 xs426 者(諸)侯	 王孫誥鐘 xs428 者(諸)侯
 王孫誥鐘 xs419 者(諸)侯	 王孫誥鐘 xs421 者(諸)侯	 王孫誥鐘 xs423 者(諸)侯	 王孫誥鐘 xs425 者(諸)侯	 王孫誥鐘 xs427 者(諸)侯	 王孫誥鐘 xs429 者(諸)侯
 𨙸鐘 xs482b 攴(批)者(諸) 嚚聖	 𨙸鐘 xs486b 攴(批)者(諸) 嚚聖	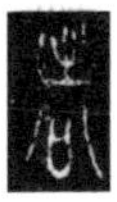 𨙸鐘 xs484a 攴(批)者(諸) 嚚聖	 𨙸鎛 xs489a 匕(批)者(諸) 嚚聖	 𨙸鎛 xs490a 匕(批)者(諸) 嚚聖	 𨙸鎛 xs491a 攴(批)者(諸) 嚚聖
 𨙸鐘 xs482b 至者(諸)長籥	 𨙸鐘 xs486a 至者(諸)長籥	 𨙸鐘 xs487a 至者(諸)長籥	 𨙸鎛 xs489a 至者(諸)長籥	 𨙸鎛 xs490a 至者(諸)長籥	 𨙸鎛 xs491a 至者(諸)長籥

楚

 王孫誥鐘 xs431 者(諸)侯  王孫誥鐘 xs436 者(諸)侯	 王孫誥鐘 xs437 者(諸)侯  王孫誥鐘 xs438 者(諸)侯	 王孫誥鐘 xs441 者(諸)侯  王孫誥鐘 xs418 父兄者(諸)士	 王孫誥鐘 xs421 父兄者(諸)士  王孫誥鐘 xs422 父兄者(諸)士	 王孫誥鐘 xs423 父兄者(諸)士  王孫誥鐘 xs424 父兄者(諸)士	 王孫誥鐘 xs425 父兄者(諸)士  王孫誥鐘 xs427 父兄者(諸)士
 𪒠鎛 xs492b 攺(批)者(諸) 嚣聖  𪒠鎛 xs492b 至者(諸)長籥	 𪒠鎛 xs494b 攺(批)者(諸) 嚣聖  𪒠鎛 xs494b 至者(諸)長籥	 𪒠鎛 xs496b 攺(批)者(諸) 嚣聖  𪒠鎛 xs496b 至者(諸)長籥			

楚

 王孫誥鐘 xs428 父兄者(諸)士  王孫誥鐘 xs429 父兄者(諸)士	 王孫誥鐘 xs431 父兄者(諸)士  王孫誥鐘 xs436 父兄者(諸)士	 王孫誥鐘 xs437 父兄者(諸)士  王孫誥鐘 xs438 父兄者(諸)士	 王孫誥鐘 xs442 父兄者(諸)士  王孫遺者鐘 00261.1 王孫遺𤔲(者)		
				 徐王子旃鐘 00182.2 朋友者(諸)賢  郐令尹者旨𣈃 爐　10391 徐令尹者(諸) 旨𣈃	 郐譖尹征城 00425.1 郐譖尹者故𧊒
楚				徐	

 者減鐘 00193 皮[然]之子者 □(減)  者減鐘 00194 皮[然]之子者 減	 者減鐘 00196 皮然[之子]者 減 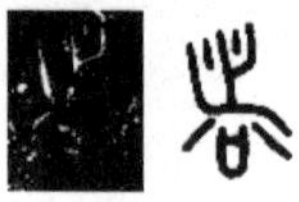 者減鐘 00197.1 皮然之子者減	 者減鐘 00199 皮[然之]子者 [減]  者減鐘 00200 [皮難]之子者 減	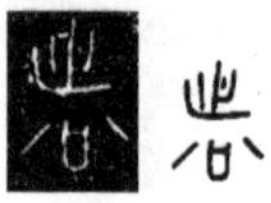 者減鐘 00201 皮然之子者減  者減鐘 00202 皮然之子者減		
 工盧王姑發者 坂劍　ms1617 姑發者坂  工盧王者返叡 劍　zy2021.1 工盧王者返叡	 諸樊之子通劍 xs1111 攻敔王姑發者 反  工盧王姑發者 坂戈　wy03 工盧王姑發者 坂	 配兒鉤鑃 00427.2 者(諸)父  攻敔王者彶叡 虘劍　mt17946 攻敔王者彶叡 虘	 者差劍 xs1869 者差其□擇吉 金	 越王者旨於睗 鐘　00144 越王者(諸)旨 於睗  越王者旨於睗 戈　11310.2 [越]王者(諸) □於睗	 越王者旨於睗 戈　11311.1 [越]王者(諸) □於睗 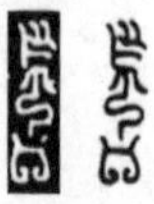 越王諸稽於睗 戈　xs1803 越王者(諸)旨 於睗
吴				越	

 戉王者旨於睗劍　11596.2 越王者(諸)旨於睗 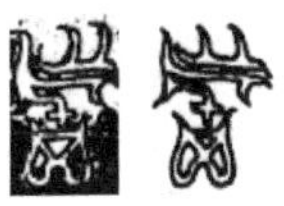 戉王者旨於睗劍　11597.2 越王者(諸)旨於睗	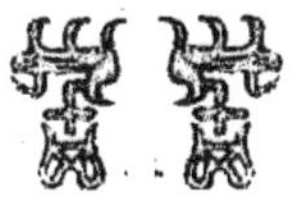 戉王者旨於睗劍　11598A2 越王者(諸)旨於睗  戉王者旨於睗劍　11599.2 越王者(諸)旨於睗	 郕王者旨於睗劍　11600.2 越王者(諸)旨於睗  越王諸稽於睗劍　xs1184 越王者(諸)旨於睗	 越王諸稽於睗劍　xs1480 越王者(諸)旨於睗  越王諸稽於睗劍　xs1738 越王者(諸)旨於睗	 越王諸稽於睗劍　xs1880 越王者(諸)旨於睗  越王諸稽於睗劍　xs1898 越王者(諸)旨於睗	 越王諸稽於睗劍　xs1899 越王者(諸)旨於睗  越王諸稽於睗劍　mt17882 越王者(諸)旨於睗
越					

 越王諸稽於睗劍　mt17887 越王者(諸)旨於睗  越王諸稽於睗劍　mt17888 越王者(諸)旨於睗	 戉王矛 11512 越王者(諸)旨於睗  戉王者旨於睗矛　11511 越王者(諸)旨於睗	 越王諸稽於睗矛　xs388 越王者(諸)旨於睗  越王諸稽矛 xs1735 越王者(諸)旨於睗	 越王者旨劍 wy070 越王者(諸)旨  越王者旨劍 wy070 越王者(諸)旨	 越王者旨劍 wy070 越王者(諸)旨  能原鎛 00155.1 小者作心□	 能原鎛 00155.1 □余□郕□者  能原鎛 00155.1 大□□連者(諸)夷
越					

智

		 叔家父簠 04615 先後者(諸)兄			
		 匹君壺 09680 匹君兹旂者  文公之母弟鐘 xs1479 者(諸)父兄弟		 簷叔之仲子平鐘　00173 聖智(智)龏哴  簷叔之仲子平鐘　00174 聖智(智)龏哴	 簷叔之仲子平鐘　00175 聖智(智)龏哴  簷叔之仲子平鐘　00177 聖智(智)龏哴
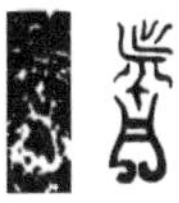 能原鎛 00155.2 可利之於□□者  能原鎛 00156.1 夷甚□者元作□	 能原鎛 00156.2 亓(其)者可□□  者尚余卑盤 10165 者尚余卑□	 者梁戈 mx1111 者梁之用	 智君子鑑 10288 智(智)君子  智君子鑑 10289 智(智)君子		
越			晋	莒	

百

			 秦公鐘 00262 百蠻  秦公鐘 00265 百蠻	 秦公鎛 00267.2 百蠻  秦公鎛 00268.2 百蠻	 秦公鎛 00269.2 百蠻
 簷叔之仲子平鐘　00178 聖智(智)龏哴  簷叔之仲子平鐘　00179 聖智(智)龏哴	 簷叔之仲子平鐘　00180 聖智(智)龏哴			 盄和鐘 00270.2 百辟胤士  盄和鐘 00270.2 揉燮百邦	
		 工吴王叡夠工吴劍　mt17948 其智(知)之			
莒		吴	秦		

 晉公戈 xs1866 三百			 宮氏白子戈 11118 元戈百  宮氏白子戈 11119 元戈百	 毛百父匜 mx0988 毛百父  毛百父鼎 hx2021.5 毛百父	
 晉公盆 10342 百蠻  晉公盆 10342 䜌順百嵩(職)	 晉公盤 mx0952 百蠻  晉公盤 mx0952 君百囗作邦	 晉公盤 mx0952 䜌順百嵩(職)  趙焦犳戈 mx1218 三全(百)			 齊侯鎛 00271 二百又九十又九  庚壺 09733 二百
晉			虢	毛	齊

<table>
<tr><td></td><td></td><td>
曾子斿鼎
02757
百民</td><td></td><td></td><td></td></tr>
<tr><td>
叔夷鐘
00278
俾百斯男

叔夷鎛
00285.8
俾百斯男</td><td>
叔夷鎛
00285.3
三百</td><td></td><td></td><td></td><td></td></tr>
<tr><td></td><td></td><td></td><td>
侯古堆鎛
xs276
百歲

侯古堆鎛
xs277
百歲</td><td>
侯古堆鎛
xs278
百歲

侯古堆鎛
xs279
百歲</td><td>
侯古堆鎛
xs281
百歲

侯古堆鎛
xs282
百歲</td></tr>
<tr><td colspan="2">齊</td><td>曾</td><td colspan="3">CE</td></tr>
</table>

<table>
<tr>
<td>
郢侯戈
11202
五百</td>
<td></td>
<td></td>
<td></td>
<td></td>
<td></td>
</tr>
<tr>
<td>
敬事天王鐘
00074
百歲

敬事天王鐘
00077
百歲</td>
<td>
敬事天王鐘
00079
百歲

敬事天王鐘
00081.2
百歲</td>
<td>
郤子旅鼎
02390
百歲</td>
<td></td>
<td>
作司口匜
10260
唯之百口</td>
<td>
晉公盆
10342
晉邦唯韓(翰)
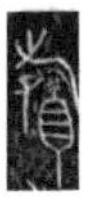
晉公盤
mx0952
晉邦唯韓(翰)</td>
</tr>
<tr>
<td></td>
<td></td>
<td>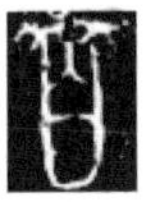
沇兒鎛
00203.2
百生(姓)</td>
<td>
霸服晉邦劍
wy054
全(百)邦</td>
<td>
皛公鯇曹戈
11209
三百</td>
<td></td>
</tr>
<tr>
<td colspan="2">楚</td>
<td>徐</td>
<td>吴</td>
<td></td>
<td>晉</td>
</tr>
</table>

翏

			 魯侯鼎 xs1067 姬翏  魯侯簠 xs1068 姬翏		
	 登句鑃 mx1048 終翰(翰)且揚				
 鄦子盟自鎛 00153 終翰(翰)且揚  鄦子盟自鎛 00154 終翰(翰)且揚		 翏金戈 11262 翏(鏐)金良金		 玄鏐戈 10910 玄翏(鏐)  玄翏戈 xs1878 玄翏(鏐)	 玄鏐戈 10911 玄翏(鏐)  玄翏戈 xs741 玄翏(鏐)
許	CE	晋	魯		

			 益余敦 xs1627 卲翏公		
 玄翏夫吕戟 xs1381 玄翏(鏐)夫吕 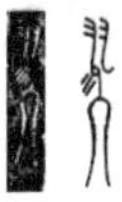 玄鏐夫鋁戈 11137 玄翏(鏐)夫鋁	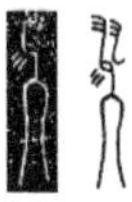 玄鏐夫鋁戈 11138 玄翏(鏐)夫鋁  玄鏐鏞鋁戈 mt16920 用翏(鏐)夫吕之玄	 ☐翏戈 10970 玄翏(鏐)夫鋁  玄鏐鏞鋁戈 t16916 玄翏(鏐)夫吕	 玄鏐鏞鋁戈 xs1185 玄翏(鏐)夫鋁  翏鋁玄用戈 xs1240 翏(鏐)鋁玄用	 玄鏐鏞鋁戈 xs1901 玄翏(鏐)夫鋁  玄翏夫睸戈 11163 玄翏(鏐)夫睸	 玄鏐鏞鋁戟 ms1460 玄翏(鏐)鏞鋁  公孫疕戈 mx1233 玄翏(鏐)

隹

 芮公鼓架銅套 ms1725 隹（唯）正月	 虢季鐘 xs2 隹(唯)十月  虢季鐘 xs3 隹(唯)十月	 虢季氏子組盤 ms1214 隹(唯)十又一年	 虞侯政壺 09696 隹(唯)王二月	 戎生鐘 xs1613 隹(唯)十又一月  太師盤 xs1464 隹(唯)六月	 晋姞盤 mt14461 隹(唯)八月丙寅  晋姞匜 mt14954 隹(唯)八月丙寅
				 晋公盆 10342 隹(唯)王正月  晋公盆 10342 晋邦隹(唯)翰	 晋公盤 mx0952 隹(唯)王正月 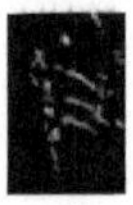 晋公盤 mx0952 晋邦隹(唯)翰
				 郘黛鐘 00226 隹(唯)王正月  郘黛鐘 00228 隹(唯)王正月	 郘黛鐘 00230 隹(唯)王正月  郘黛鐘 00234 隹(唯)王正月
芮	虢		虞	晋	

 晉姜鼎 02826 隹(唯)王九月  晉姜鼎 02826 余隹(唯)嗣朕先姑君晉邦		 伯□鼎 mt02262 隹(唯)正月初[吉]	 毛虎壺g hx2021.5 隹(唯)三月  毛虎壺q hx2021.5 隹(唯)三月	 鄭師□父鬲 00731 隹(唯)五月	
 子犯鐘 xs1008 隹(唯)王五月  子犯鐘 xs1020 隹(唯)王五月	 長子沫臣簠 04625.1 隹(唯)正月  長子沫臣簠 04625.2 隹(唯)正月			 鄭大内史叔上匜　10281 隹(唯)十又二月	
 郘黛鐘 00237 隹(唯)王正月				 與兵壺q eb878 隹(唯)正五月  哀成叔鼎 02782 嘉是隹(唯)哀成叔	 䣄鼎g xs1237 隹(唯)正六月  鄭莊公之孫䣄鼎　mt02409 隹(唯)正六月
晉		BC	毛	鄭	

		 許成孝鼎 mx0190 隹(唯)八月			
		 許公簠g mx0510 隹(唯)王五月  許公簠g mx0511 隹(唯)王五月	 許公簠q mx0511 隹(唯)王五月		
 鄭莊公之孫盧鼎 mt02409 吉日隹(唯)己  封子楚簠g mx0517 隹(唯)正月	 寬兒鼎 02722 隹(唯)正八月 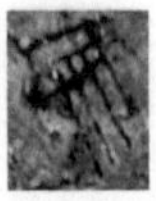 寬兒缶 mt14091 隹(唯)正八月	 鄦公買簠 04617.2 隹(唯)王正月  鄦公買簠g eb475 隹(唯)王正月	 鄦公買簠q eb475 隹(唯)王正月  鄦子妝簠 04616 隹(唯)正月	 子璋鐘 00113 隹(唯)正十月  子璋鐘 00114 隹(唯)正十月	 子璋鐘 00115.1 隹(唯)正十月  子璋鐘 00116.1 隹(唯)正十月
鄭	蘇	許			

		 𢦏叔朕鼎 02690 隹(唯)八月  𢦏叔朕鼎 02691 隹(唯)八月	 𢦏叔朕鼎 02692 隹(唯)八月  叔朕簠 04620 隹(唯)十月	 𢦏伯匜 10246 隹(唯)衛邑𢦏伯	 敶侯鼎 02650 隹(唯)正月  陳公子甗 00947 隹(唯)九月
					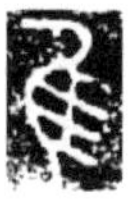 敶医作孟姜㛲簠 04606 隹(唯)正月  敶医作孟姜㛲簠 04607 隹(唯)正月
 子璋鐘 00117.1 隹(唯)正十月  子璋鐘 00118.1 隹(唯)正十月	 鄦子盟自鎛 00153 隹(唯)正月  鄦子盟自鎛 00154 隹(唯)正月				
許		戴			陳

<table>
<tr>
<td>
原氏仲簠
xs395
隹(唯)正月

原氏仲簠
xs396
隹(唯)正月</td>
<td>
原氏仲簠
xs397
隹(唯)正月</td>
<td></td>
<td></td>
<td></td>
<td></td>
</tr>
<tr>
<td>
陳医作王仲嬀
𡡇簠　04603.1
隹(唯)正月

陳医作王仲嬀
𡡇簠　04603.2
隹(唯)正月</td>
<td>
陳医作王仲嬀
𡡇簠　04604.1
隹(唯)正月

陳医作王仲嬀
𡡇簠　04604.2
隹(唯)正月</td>
<td>
陳医盤
10157
隹(唯)正月

陳侯匜
xs1833
隹(唯)正月</td>
<td>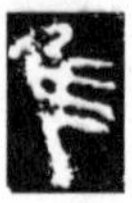
陳子匜
10279
隹(唯)正月

有兒簋
mt05166
隹(唯)正十月</td>
<td></td>
<td></td>
</tr>
<tr>
<td></td>
<td></td>
<td></td>
<td></td>
<td>
宋右師延敦g
xs1713
隹(唯)贏贏昷
昷(明明)

宋右師延敦
CE33001
隹(唯)贏贏昷
昷(明明)</td>
<td>
樂子簠
04618
隹(唯)正月</td>
</tr>
<tr>
<td colspan="4">陳</td>
<td colspan="2">宋</td>
</tr>
</table>

 叔黑叵匜 10217 隹(唯)叔黑叵  鑄叔皮父簋 04127 隹(唯)二月	 鼄來隹鬲 00670 鼄(邾)來隹 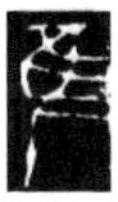 鼄叔之伯鐘 00087 隹(唯)王六[月]				
	 鼄大宰簠 04623 隹(唯)正月  鼄大宰簠 04624 隹(唯)正月	 鼄公牼鐘 00149 隹(唯)王正月  鼄公牼鐘 00150 隹(唯)王正月	 鼄公牼鐘 00151 隹(唯)王正月  鼄公牼鐘 00152 隹(唯)王正月	 鼄公華鐘 00245 隹(唯)王正月  邾公孫班鎛 00140 隹(唯)王正月	 郳大司馬彊盤 ms1216 隹(唯)正月  郳大司馬彊匜 ms1260 隹(唯)正月
鑄	邾				郳

		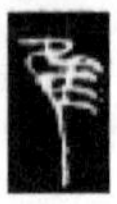 齊侯鎛 00271 隹(唯)王五月  歸父盤 mx0932 隹(唯)王八月	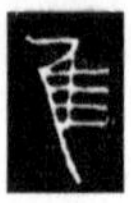 齊太宰歸父盤 10151 隹(唯)王八月  齊𩫖氏鐘 00142.1 隹(唯)正月	 庚壺 09733.1B 隹(唯)王正月  齊侯子仲姜鬲 mx0260 隹(唯)王正月	 叔夷鐘 00272.1 隹(唯)王五月  叔夷鎛 00285.1 隹(唯)王五月
 郳大司馬鈚 ms1177 隹(唯)王正月	 司馬楙鎛 eb47 隹(唯)正孟歲十月	 禾簋 03939 隹(唯)正月			
郳	滕	齊			

				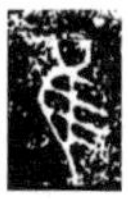 夆叔盤 10163 隹(唯)王正月  夆叔匜 10282 隹(唯)王正月	
 叔夷鐘 00276.1 伊小臣隹(唯)補  叔夷鎛 00285.6 伊小臣隹(唯)補	 篖叔之仲子平鐘　00172 隹(唯)正月 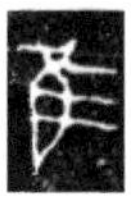 篖叔之仲子平鐘　00173 隹(唯)正月	 篖叔之仲子平鐘　00174 隹(唯)正月  篖叔之仲子平鐘　00175 隹(唯)正月	 篖叔之仲子平鐘　00176 隹(唯)正月  篖叔之仲子平鐘　00180 隹(唯)正月		 此余王鼎 mx0220 隹(唯)王正月  濫公宜脂鼎 mx0191 隹(唯)王正月
	 篖太史申鼎 02732 隹(唯)正月  鄘侯少子簋 04152 隹(唯)五年正月				 拍敦 04644 隹(唯)正月
齊	莒			逄	D

 鄧公簋 03858 隹(唯)十又四月  鄧公孫無忌鼎 xs1231 隹(唯)九月	 鄧公簋蓋 04055 隹(唯)鄧九月  鄧公匜 10228 隹(唯)鄧棨生(甥)…	 鄧子伯鼎甲 jk2022.3 隹(唯)鄧九月  鄧子伯鼎乙 jk2022.3 隹(唯)鄧九月			 奚子宿車鼎 02603.1 隹(唯)緊子亙車  奚子宿車鼎 02603.2 隹(唯)緊子亙車
					 伯亞臣鐳 09974 隹(唯)正月  伯遊父卮 mt19239 隹(唯)正月
			 唐子仲瀕兒匜 xs1209 隹(唯)正月  唐子仲瀕鈚 xs1210 隹(唯)正十月	 唐子仲瀕兒盤 xs1211 隹(唯)正月	 黄韋俞父盤 10146 隹(唯)正月
鄧			唐		黄

 奚子宿車鼎 02604.1 隹(唯)緊子亙車  郳子宿車盆 10337 隹(唯)郳子宿車			 番口伯者君盤 10139 隹(唯)番昶伯者君  番口伯者君盤 10140 隹(唯)番昶伯者君	 番口伯者君匜 10268 隹(唯)番昶伯者君  番口伯者君匜 10269 隹(唯)番昶伯者君	 番君酛伯鬲 00732 隹(唯)番君酛伯  番君酛伯鬲 00733 隹(唯)番君酛伯
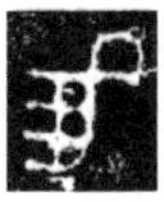 黄太子白克盤 10162 隹(唯)王正月  黄太子白克盆 10338 隹(唯)正月	 伯遊父壺 mt12412 隹(唯)六月  伯遊父壺 mt12413 隹(唯)六月	 伯遊父鐳 mt14009 隹(唯)五月 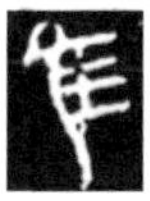 伯遊父盤 mt14510 隹(唯)六月	 番子鼎 ww2012.4 隹(唯)正月		
			 鄱子成周鐘 mt15256 隹(唯)正月  鄱子成周鐘 mt15257 隹(唯)正月	 鄱子成周鐘 xs283 隹(唯)正月	
黄			番		

 番君酟伯鬲 00734 隹(唯)番君酟伯  番昶伯者君鼎 02617 隹(唯)番昶伯者君	 番昶伯者君鼎 02618 隹(唯)番昶伯者君  番君伯歜盤 10136 隹(唯)番君伯攏	 番伯酓匜 10259 隹(唯)番伯酓		 曾仲大父蝨毁 04204.1 唯五月  曾子伯窞盤 10156 隹(唯)曾子伯窞	 曾子仲謱甗 00943 隹(唯)曾子仲謱  曾子仲謱鼎 02620 隹(唯)曾子仲謱
				 曾公畎鎛鐘 jk2020.1 隹(唯)王五月  曾公畎甬鐘A jk2020.1 隹(唯)王五月	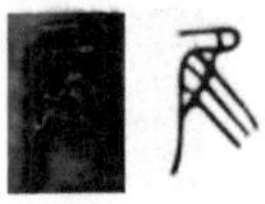 曾公畎甬鐘B jk2020.1 隹(唯)王五月
			 樊季氏孫仲鼎 鼎　02624.1 隹(唯)正月  樊季氏孫仲鼎 鼎　02624.2 隹(唯)正月	 曾子原彝簠 04573 隹(唯)九月  曾季关臣盤 eb933 隹(唯)正月	 曾侯與鐘 mx1029 唯王正月  曾侯與鐘 mx1032 隹(唯)王十月
番			樊	曾	

 曾伯陭壺 09712.1 隹(唯)曾伯陭	 曾太保簠g ms0559 隹(唯)曾太保發	 曾伯霥簠 04631 隹(唯)王九月	 曾伯霥壺 ms1069 隹(唯)王八月	 曾伯霥壺 ms1069 隹(唯)玄其良	 曾伯克父盨 ms0538 隹(唯)曾伯克父…
 曾伯陭壺 09712.4 隹(唯)曾伯陭	 曾太保簠q ms0559 隹(唯)曾太保發	 曾伯霥簠 04632 隹(唯)王九月	 曾伯霥壺 ms1069 隹(唯)此壺章	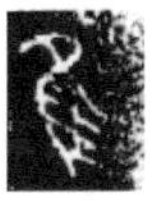 夨叔匜 ms1257 隹(唯)九月	 曾伯克父盨 ms0539 隹(唯)曾伯克父
 嬭加編鐘 kg2020.7 隹(唯)王正月	 曾侯宏鼎 mt02219 隹(唯)王五月	 曾侯宏鼎 mx0187 隹(唯)王五月	 曾侯宏簋 mt04976 隹(唯)王五月	 曾侯宏鼎 mx0185 隹(唯)王五月	 曾侯寶鼎 ms0265 隹(唯)王五月
 曾公子叔湲簠g mx0507 隹(唯)正月	 曾侯宏鼎 mt02220 隹(唯)王五月	 曾侯宏簋 mt04975 隹(唯)王五月	 曾侯宏壺 mt12390 隹(唯)王五月	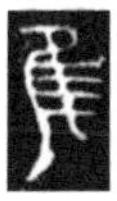 曾侯宏鼎 mx0186 隹(唯)王五月	
 嬟盤 mx0948 隹(唯)曾八月	 曾子□簠 04588 隹(唯)正月				
 嬟盤 mx0948 吉日隹(唯)亥	 曾□□簠 04614 隹(唯)正□月				

曾

 曾子白父匜 10207 隹(唯)曾子白父□	 黄朱柢鬲 00609 隹(唯)黄朱柢	 鼄乎簋 04157.1 隹(唯)正二月	 鼄乎簋 04158.1 隹(唯)正二月	 曾伯從寵鼎 02550 隹(唯)王十月	 曾侯子鎛 mt15764 隹(唯)王正月
 曾子伯皮鼎 mx0166 隹(唯)曾子伯皮	 黄朱柢鬲 00610 隹(唯)黄朱柢	 鼄乎簋 04157.2 隹(唯)正二月	 鼄乎簋 04158.2 隹(唯)正二月	 曾侯子鎛 mt15763 隹(唯)王正月	 曾侯子鎛 mt15765 隹(唯)王正月

曾

<table>
<tr>
<td>
曾侯子鎛
mt15766
隹(唯)王正月</td>
<td>
孟爾克母簠g
ms0583
隹(唯)王正月

孟爾克母簠q
ms0583
隹(唯)王正月</td>
<td>
蔡大善夫趣簠g
xs1236
隹(唯)正月

蔡大善夫趣簠q
xs1236
隹(唯)正月</td>
<td>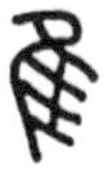
蔡公子叔湯壺
xs1892
隹(唯)正月

蔡太史鉚
10356
隹(唯)王正月</td>
<td></td>
<td></td>
</tr>
<tr>
<td></td>
<td></td>
<td>
鄬中姬丹盤
xs471
隹(唯)王正月

鄬中姬丹匜
xs472
隹(唯)王正月</td>
<td>
蔡大司馬燮盤
eb936
隹(唯)正月

蔡大司馬燮匜
mx0997
隹(唯)正月</td>
<td></td>
<td></td>
</tr>
<tr>
<td></td>
<td></td>
<td>
蔡侯紐鐘
00210.1
隹(唯)正五月

蔡侯紐鐘
00211.1
隹(唯)正五月</td>
<td>
蔡侯紐鐘
00217.1
隹(唯)正五月

蔡侯紐鐘
00218.1
隹(唯)正五月</td>
<td>
蔡侯鎛
00219.1
隹(唯)正五月

蔡侯鎛
00220.1
隹(唯)正五月</td>
<td>
蔡侯鎛
00221.1
隹(唯)正五月

蔡侯鎛
00222.1
隹(唯)正五月</td>
</tr>
<tr>
<td colspan="2">曾</td>
<td colspan="4">蔡</td>
</tr>
</table>

			 鼄公彭宇簠 04610 隹(唯)正十又一月  鼄公彭宇簠 04611 隹(唯)正十又一月	 彭子仲盆蓋 10340 隹(唯)八月	 上鄀公敄人簋蓋　04183 隹(唯)鄀正二月  鄀公平侯鼎 02771 隹(唯)鄀八月
					 鄦兒罍 xs1187 隹(唯)正月
 蔡大師鼎 02738 隹(唯)正月  蔡叔季之孫貫 10284 隹(唯)正月	 蔡侯簠g xs1896 隹(唯)正月 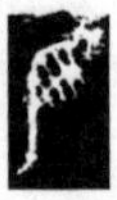 蔡侯簠q xs1896 隹(唯)正月	 蔡侯簠 xs1897 隹(唯)正月  蔡侯簠 ms0582 隹(唯)正月	 申文王之孫簠 mt05943 隹(唯)正十月		
蔡			CE		

 都公平侯鼎 02772 隹(唯)都八月  都公諴鼎 02753 隹(唯)十又四月		 鄂侯夫人鼎 jjmy004 隹(唯)正月  鄂侯鼎 ms0230 隹(唯)正月	 鄂侯鬲 ms0319 隹(唯)八月  鄂侯簋 ms0464 隹(唯)八月	 伯戔盤 10160 隹(唯)王月  伯戔盆g 10341 隹(唯)八月	 鄁公鼎 02714 隹(唯)王八月  幻伯隹壺 xs1200 幻白(伯)隹
 上都公簠g xs401 隹(唯)正月  上都公簠q xs401 隹(唯)正月	 上都府簠 04613.1 隹(唯)正六月  上都府簠 04613.2 隹(唯)正六月			 叔師父壺 09706 隹(唯)王正月 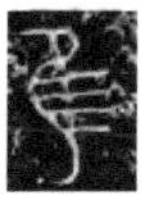 𩰫君季𪉕鑑 mx0535 隹(唯)王正月	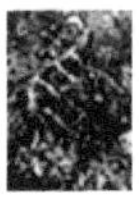 𦵯子𪓐盞g xs1235 隹(唯)八月  𦵯子𪓐盞q xs1235 隹(唯)八月
					 丁兒鼎蓋 xs1712 隹(唯)正十月  義子鼎 eb308 隹(唯)正月

CE

 郘君𪉫鼎 mx0198 其或隹□				 楚嬴盤 10148 隹(唯)王正月	 塞公孫𥛚父匜 10276 隹(唯)正月
 郳伯貝懋盤 mx0941 隹(唯)郳伯貝懋自用				 楚嬴匜 10273 隹(唯)王正月	 考叔𥛚父簠 04608.1 隹(唯)正月
 諆余鼎 mx0219 隹(唯)八月	 子諆盆 10335.1 隹(唯)子諆	 侯孫老簠 g ms0586 隹(唯)正月		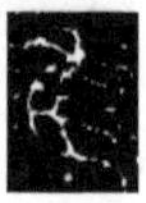 楚子暖簠 04575 隹(唯)八月	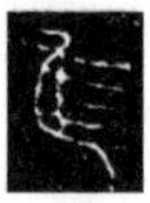 楚子暖簠 04577 隹(唯)八月
 登句鑃 mx1048 隹(唯)正月	 子諆盆 10335.2 隹(唯)子諆	 侯孫老簠 q ms0586 隹(唯)正月		 楚子暖簠 04576 隹(唯)八月	 以鄧匜 xs405 隹(唯)正月
 侯古堆鎛 xs276 隹(唯)正月	 侯古堆鎛 xs278 隹(唯)正月	 侯古堆鎛 xs280 隹(唯)正月	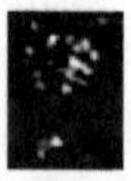 侯古堆鎛 xs282 隹(唯)正月	 𥃽篙鐘 00038.1 隹(唯)𥃽篙屈栾	 競之定鬲 mt03015 隹(唯)戠₌(弌日)
 侯古堆鎛 xs277 隹(唯)正月	 侯古堆鎛 xs279 隹(唯)正月	 侯古堆鎛 xs281 隹(唯)正月		 競之嬰鼎 mx0178 隹(唯)王八月	 競之定鬲 mt03016 隹(唯)戠₌(弌日)
CE				楚	

 考叔⿰爿旨父簠 04609.1 隹(唯)正月  考叔⿰爿旨父簠 04609.2 隹(唯)正月	 楚太師登鐘 mt15511a 隹(唯)王正月  楚太師登鐘 mt15512a 隹(唯)王正月	 楚太師登鐘 mt15513a 隹(唯)王正月  楚太師登鐘 mt15514a 隹(唯)王正月	 楚太師登鐘 mt15516a 隹(唯)王正月  楚太師登鐘 mt15518a 隹(唯)王正月	 楚王領鐘 00053.1 隹(唯)王正月  楚太師鄧子辥慎鎛 mx1045 隹(唯)王正月	 楚王鐘 00072 隹(唯)正月
 以鄧鼎g xs406 隹(唯)正月  以鄧鼎q xs406 隹(唯)正月	 王子嬰次鐘 00052 八月初吉日隹(唯)辰	 楚屈子赤目簠 04612 隹(唯)正月  楚屈子赤目簠 xs1230 隹(唯)正月	 楚王鼎 mx0188 隹(唯)正月  楚王媵嬭加缶 kg2020.7 隹(唯)正月	 仲改衛簠 xs399 隹(唯)正月  仲改衛簠 xs400 隹(唯)正月	 何次簠g xs403 隹(唯)正月  何次簠q xs403 隹(唯)正月
 競之定鬲 mt03017 隹(唯)戠=(弍日)  競之定鬲 mt03018 隹(唯)戠=(弍日)	 競之定鬲 mt03019 隹(唯)戠=(弍日) 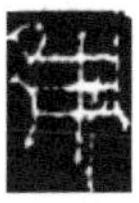 競之定鬲 mt03020 隹(唯)戠=(弍日)	 競之定鬲 mt03021 隹(唯)戠=(弍日)  競之定鬲 mt03022 隹(唯)戠=(弍日)	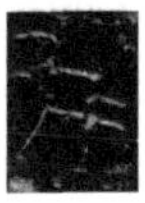 競之定簋 mt04978 隹(唯)戠=(弍日)  競之定簋 mt04979 隹(唯)戠=(弍日)	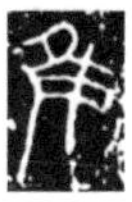 競之定豆 mt06150 隹(唯)戠=(弍日) 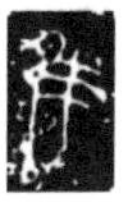 競之定豆 mt06151 隹(唯)戠=(弍日)	

楚

 何次簠g xs404 隹(唯)正月	 何次簠 xs402 隹(唯)正月	 孟縢姬缶 10005 隹(唯)正月	 敬事天王鐘 00073 隹(唯)王正月	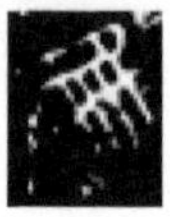 敬事天王鐘 00076 隹(唯)王正月	 敬事天王鐘 00080.1 隹(唯)王正月
 何次簠q xs404 隹(唯)正月	 東姬匜 xs398 隹(唯)王正月	 孟縢姬缶 xs416 隹(唯)正月	 敬事天王鐘 00075 隹(唯)王正月	 敬事天王鐘 00078.1 隹(唯)王正月	 王孫誥鐘 xs418 隹(唯)正月

楚

 王孫誥鐘 xs419 隹(唯)正月	 王孫誥鐘 xs421 隹(唯)正月	 王孫誥鐘 xs425 隹(唯)正月	 王孫誥鐘 xs427 隹(唯)正月	 王孫誥鐘 xs429 隹(唯)正月	 王孫誥鐘 xs434 隹(唯)正月
 王孫誥鐘 xs420 隹(唯)正月	 王孫誥鐘 xs422 隹(唯)正月	 王孫誥鐘 xs426 隹(唯)正月	 王孫誥鐘 xs428 隹(唯)正月	 王孫誥鐘 xs430 隹(唯)正月	 王孫誥鐘 xs435 隹(唯)正月

楚

 王孫誥鐘 xs433 隹(唯)正月  王孫誥鐘 xs443 隹(唯)正月	 王孫遺者鐘 00261.1 隹(唯)正月  發孫虜鼎g xs1205 隹(唯)正月	 發孫虜鼎q xs1205 隹(唯)正月  發孫虜簠 xs1773 隹(唯)正月	 王子吴鼎 02717 隹(唯)正月  王子吴鼎 mt02343b 隹(唯)正月	 王子午鼎 02811.2 隹(唯)正月  王子午鼎q xs444 隹(唯)正月	 王子午鼎 xs445 隹(唯)正月  王子午鼎 xs447q 隹(唯)正月
				 �璺夫人孎鼎 mt02425 隹(唯)正月	

楚

 王子午鼎 xs449 隹(唯)正月	 鄬子受鐘 xs509 隹(唯)十又四年叁月	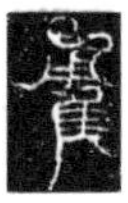 鄬子受鎛 xs514 隹(唯)十又四年叁月	 鄬子受鎛 xs516 隹(唯)十又四年叁月	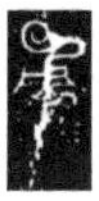 鄬子受鎛 xs519 隹(唯)十又四年叁月	 鄬子受鐘 xs506 月隹(唯)戊申
 鄬子受鐘 xs506 隹(唯)十又四年叁月	 鄬子受鎛 xs513 隹(唯)十又四年叁月	 鄬子受鎛 xs515 隹(唯)十又四年叁月	 鄬子受鎛 xs517 隹(唯)十又四年叁月	 鄬子受鐘 xs504 月隹(唯)戊申	 鄬子受鐘 xs509 月隹(唯)戊申

楚

 鄬子受鎛 xs513 月隹(唯)戊申  鄬子受鎛 xs514 月隹(唯)戊申	 鄬子受鎛 xs515 月隹(唯)戊申  鄬子受鎛 xs516 月隹(唯)戊申	 鄬子受鎛 xs517 月隹(唯)戊申  鄬子受鎛 xs519 月隹(唯)戊申	 童麗君柏簠q mx0494 隹(唯)正月  童麗君柏簠g mx0494 隹(唯)正月	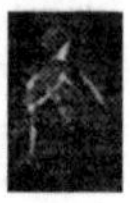 童麗君柏簠q mx0495 隹(唯)正月  童麗君柏簠g mx0495 隹(唯)正月	 童麗君柏鐘 mx1016 隹(唯)王正月  童麗君柏鐘 mx1017 隹(唯)王正月
			 九里墩鼓座 00429.1 隹(唯)正月		
楚			鍾離		

 童麗君柏鐘 mx1018 隹(唯)王正月  童麗君柏鐘 mx1019 隹(唯)王正月	 童麗君柏鐘 mx1020 隹(唯)王正月  童麗君柏鐘 mx1021 隹(唯)王正月	 童麗君柏鐘 mx1022 隹(唯)王正月  童麗君柏鐘 mx1023 隹(唯)王正月	 童麗君柏鐘 mx1024 隹(唯)王正月	 季子康鎛 mt15787a 隹(唯)正月  季子康鎛 mt15788a 隹(唯)正月	 季子康鎛 mt15789a 隹(唯)正月  季子康鎛 mt15790a 隹(唯)正月

鍾離

 郐大子鼎 02652 隹(唯)五月					
 宜桐盂 10320 隹(唯)正月	 庚兒鼎 02715 隹(唯)正月  庚兒鼎 02716 隹(唯)正月				 者𣲺鐘 00193 隹(唯)正月  者𣲺鐘 00194 隹(唯)正月
 沇兒鎛 00203.1 隹(唯)正月  徐王子旃鐘 00182.1 隹(唯)正月	 余贎逐兒鐘 00183.1 隹(唯)正九月  余贎逐兒鐘 00185.1 隹(唯)正九月	 郐𪒠尹𧩙鼎 02766.1 隹(唯)正月  郐𪒠尹𧩙鼎 02766.2 隹(唯)正月	 郐王義楚觶 06513 隹(唯)正月  三兒簋 04245 隹(唯)王四月	 之乘辰鐘 xs1409 隹(唯)正十月	 吴王光鑑 10298 隹(唯)王五月  吴王光鑑 10299 隹(唯)王五月
徐					吴

 者減鐘 00195 隹(唯)正月  者減鐘 00196 隹(唯)正月	 者減鐘 00197.1 隹(唯)正月  者減鐘 00198.1 隹(唯)正月	 者減鐘 00199 隹(唯)正[月]  者減鐘 00200 隹(唯)[正月]	 者減鐘 00201 隹(唯)正月  者減鐘 00202 隹(唯)正月		
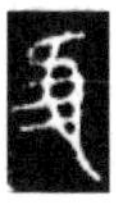 臧孫鐘 00093 隹(唯)王正月  臧孫鐘 00094 隹(唯)王正月	 臧孫鐘 00095 隹(唯)王正月  臧孫鐘 00097 隹(唯)王正月	 臧孫鐘 00098 隹(唯)王正月  臧孫鐘 00099 隹(唯)王正月	 臧孫鐘 00100 隹(唯)王正月  臧孫鐘 00101 隹(唯)王正月	 冉鉦鋮 00428 隹(唯)正月	 姑馮昏同之子句鑃　00424.1 隹(唯)王正月  其次句鑃 00421 隹(唯)正初吉丁亥
吴					越

			 王孫壽甗 00946 隹(唯)正月  華母壺 09638 隹(唯)正月	 叔液鼎 02669 隹(唯)五月  冶仲考父壺 09708 隹(唯)六月	
			 嘉子孟嬴指缶 xs1806 隹(唯)正月  鐘伯侵鼎 02668 隹(唯)正月	 鄦膚簠 mx0500 隹(唯)正月  瘀鼎 02569 隹(唯)正月	 般仲柔盤 10143 隹(唯)般仲柔  □子季□盆 10339 隹(唯)正九月
 者尚余卑盤 10165 隹(唯)王正月	 能原鎛 00155.1 隹(唯)余□夷  越王者旨於睗鐘　00144 隹(唯)正月仲春	 越王丌北古劍 11703 隹(唯)越王丌北  越王丌北古劍 xs1317 隹(唯)越王丌北	 嘉子昜伯臚簠 04605.1 隹(唯)九月  嘉子昜伯臚簠 04605.2 隹(唯)九月	 揚鼎 mt02319 隹(唯)王正月  要君盂 10319 隹(唯)正月	 與子具鼎 xs1399 隹(唯)八月  伯怡父鼎 eb312 隹(唯)王正月
	越				

隻

 作司口匜 10260 隹(唯)之百口  王孫叔諲甗 mt03362 隹(唯)六月		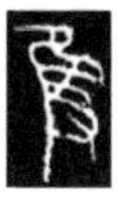 鼄子鼎 mt02404A 其隻(獲)生男子	 余子白耴此戈 mx1248 鍾離公柏隻(獲)徐人		
 痏父匜 mt14986 隹(唯)正月  公孫疕戈 mx1233 隹(唯)王正月	 哀成叔鼎 02782 亦弗其遙隻(獲)			 姑發習反劍 11718 云(員)用云(員)隻(獲)  工盧王姑發者坂劍 ms1617 [云] 用云(員)隻 (獲)	 吴王壽夢之子劍 xs1407 初命伐口有隻(獲)  吴王壽夢之子劍 xs1407 敗三軍隻(獲)[車]馬
	鄭	齊	鍾離	吴	

雁

		 秦公鐘 00263 雁(膺)受大命  秦公鎛 00267.2 雁(膺)受大命	 秦公鎛 00268.2 雁(膺)受大命  秦公鎛 00269.2 雁(膺)受大命		
		 仲滋鼎 xs632 雁(應)旨羞  仲滋鼎 xs632 旨羞不雁(應)		 晉公盤 mx0952 雁(膺)受大命	 叔夷鐘 00273.1 汝雁(應)鬲公家  叔夷鐘 00274.2 雁(應)卹余于明卹
 吴王餘眛劍 mx1352 隻(獲)衆多	 □侯戈 11407.2 下吉勿而隻(獲)讐				
吴		秦		晋	齊

<table>
<tr>
<td></td>
<td></td>
<td></td>
<td>
鄧公簋
03775
雁(應)嫚

鄧公簋
03776
雁(應)嫚</td>
<td></td>
<td></td>
</tr>
<tr>
<td>
叔夷鐘
00275.1
雁(應)受君公之賜光

叔夷鐘
00282
雁(應)受君公之…</td>
<td>
叔夷鎛
00285.2
汝雁(應)鬲公家

叔夷鎛
00285.4
雁(應)卹余于明卹</td>
<td>
叔夷鎛
00285.5
雁(應)受君公之賜光</td>
<td></td>
<td>
曾公畩鎛鐘
jk2020.1
質(誓)應京社

曾公畩甬鐘 A
jk2020.1
質(誓)應京社</td>
<td> 
曾公畩甬鐘 B
jk2020.1
質(誓)應京社</td>
</tr>
<tr>
<td></td>
<td></td>
<td></td>
<td></td>
<td></td>
<td></td>
</tr>
<tr>
<td colspan="3">齊</td>
<td>鄧</td>
<td colspan="2">曾</td>
</tr>
</table>

雝

		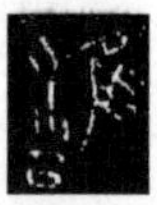 秦子鎛 mt15771 𠦪音肅肅雝雝 （雍雍）  秦公鐘 00263 靈音肅肅雝雝 （雍雍）	 秦公鐘 00266 靈音肅肅雝雝 （雍雍）  秦公鎛 00267.2 靈音肅肅雝雝 （雍雍）	 秦公鎛 00268.2 靈音肅肅雝雝 （雍雍） 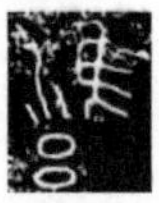 秦公鎛 00269.2 靈音肅肅雝雝 （雍雍）	 虢季鐘 xs2 其音肅雝（雍）
	 倗戟 xs469 雁（膺）受天命	 盄和鐘 00270.2 其音肅肅雝雝 （雍雍）			
 丁兒鼎蓋 xs1712 雁（應）侯					
CE	楚	秦			虢

 戎生鐘 xs1616 厥音雝雝(雍雍)  晉姜鼎 02826 經儺(雍)明德					
	 篖叔之仲子平鐘 00172 乃爲之音肅肅雝雝(雍雍)  篖叔之仲子平鐘 00174 乃爲之音肅肅雝雝(雍雍)	 篖叔之仲子平鐘 00175 乃爲之音肅肅雝雝(雍雍) 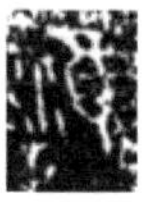 篖叔之仲子平鐘 00176 乃爲之音肅肅雝雝(雍雍)	 篖叔之仲子平鐘 00178 乃爲之音肅肅雝雝(雍雍)  篖叔之仲子平鐘 00180 乃爲之音肅肅雝雝(雍雍)	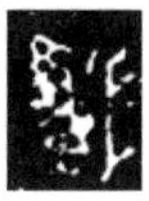 東姬匜 xs398 雝(雍)子之子	 郤王鼎𪕦鼎 02675 用雝(饔)賓客
晉	莒			楚	徐

		𩀨	雌	𨾴	锥
 雍鼎 02521 醡(雍)作母乙尊鼎	 鄀公諴鼎 02753 下鄀䧿(雍)公			 幻伯隹壺 xs1200 作𨾴(鳰)寶壺	
 雍之田戈 11019 醡(雍)之田戈		 吴買鼎 02452 作雝(享)鼎用			 晋公盆 10342 余锥(唯)今小子  晋公盆 10342 余锥(唯)今小子
			 雌盤 ms1210 子越之子雌		
	CE		蔡	CE	晋

		雝	帷		⿰巿隹
		 魯宰駟父鬲 00707 姬雝	 曾仲大父蝨段 04203 敀乃帷(𨟊)金  曾仲大父蝨段 04204.1 敀乃帷(𨟊)金	 曾仲大父蝨段 04204.2 敀乃帷(𨟊)金	
 晋公盤 mx0952 余锥(唯)今小子 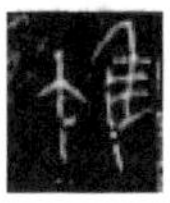 晋公盤 mx0952 锥(唯)今小子					
	 吴王餘眜劍 mx1352 锥(唯)弗克				 吴王餘眜劍 mx1352 攻盧王姑讎亓⿰巿隹  吴王壽夢之子劍　xs1407 攻盧王姑讎⿰巿隹
晋	吴	魯	曾		吴

舊		羊		羝	群
	 叔夷鐘 00275.2 夷典其先舊(舅)  叔夷鎛 00285.5 夷典其先舊(舅)			 嬭加鎛乙 ms1283 民之羝巨	
 鼄公華鐘 00245 元器其舊		 羊子戈 11089 羊子  羊子戈 11090 羊子	 羊子戈 ss1991.5.47 羊子		 子璋鐘 00113 羣孫斨子璋  子璋鐘 00114 羣孫斨子璋
邾	齊	魯		曾	許

		屖	鳥		難
		 孎加鎛丙 ms1284 屖其兮龢			 郜公典盤 xs1043 眉壽難老
 子璋鐘 00115.1 群孫斨子璋  子璋鐘 00116.1 群孫斨子璋	 子璋鐘 00117.1 群孫斨子璋  子璋鐘 00118.2 群孫斨子璋		 子之弄鳥尊 05761 子之弄鳥	 鳥劍 mt17830 鳥玄  鳥劍 mt17830 鳥玄	
許		曾	晋		郜

 齊太宰歸父盤 10151 靈命難老	 叔夷鐘 00277.1 靈命難老  叔夷鎛 00285.7 靈命難老				
		 曾侯與鐘 mx1034 難考(老)黃耇  曾侯與鐘 mx1037 難考(老)黃耇	 黝鐘 xs485a 余臣兒難得  黝鐘 xs498 余臣兒難得	 黝鎛 xs489b 余臣兒難得  黝鎛 xs490b 余臣兒難得	 黝鎛 xs491a 余臣兒難得  黝鎛 xs493b 余臣兒難得
齊		曾	楚		

鷂			鳴		
	 衛夫人鬲 xs1700 從鴋(遥)征  衛夫人鬲 xs1701 用從鴋(遥)征	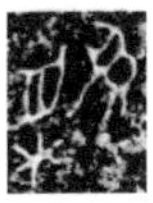 牧臣簋g ms0554 曾公鴋(鷂)			
			 子犯鐘 xs1017 乃龢且鳴		 齊鞷氏鐘 00142 卑鳴攸好
 𪒠鎛 xs495a 余臣兒難得				 鄦子盥自鎛 00153 元鳴孔煌  鄦子盥自鎛 00154 元鳴孔煌	
楚	衛	曾	晉	許	齊

 曾公𠹗鎛鐘 jk2020.1 終龢且鳴  曾公𠹗甬鐘 A jk2020.1 終龢且鳴	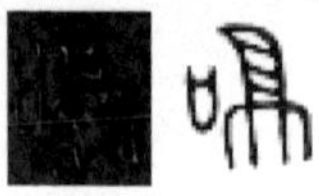 曾公𠹗甬鐘 B jk2020.1 終龢且鳴				 登句鑃 mx1048 元鳴孔鍠
 曾侯與鐘 mx1029 龢鐘鳴皇		 蔡侯紐鐘 00210.2 元鳴無期  蔡侯紐鐘 00211.2 元鳴無期	 蔡侯紐鐘 00216.2 元鳴無期  蔡侯紐鐘 00217.2 元鳴無期	 蔡侯紐鐘 00218.2 元鳴無期  蔡侯鎛 00222.2 元鳴無期	
曾		蔡			CE

 楚太師登鐘 mt15511a 龢鳴且敫  楚太師登鐘 mt15512a 龢鳴且敫	 楚太師登鐘 mt15513a 龢鳴且敫  楚太師登鐘 mt15513b 龢鳴且敫	 楚太師登鐘 mt15514a 龢鳴且敫  楚太師登鐘 mt15516a 龢鳴且敫	 楚太師鄧子辥慎鎛 mx1045 龢鳴且敫		
 王孫誥鐘 xs418 元鳴孔諻  王孫誥鐘 xs419 元鳴孔諻	 王孫誥鐘 xs420 元鳴孔諻  王孫誥鐘 xs421 元鳴孔諻	 王孫誥鐘 xs422 元鳴孔諻  王孫誥鐘 xs426 元鳴孔諻	 王孫誥鐘 xs427 元鳴孔諻 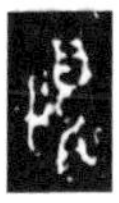 王孫誥鐘 xs428 元鳴孔諻	 王孫誥鐘 xs429 元鳴孔諻  王孫誥鐘 xs430 元鳴孔諻	 王孫誥鐘 xs434 元鳴孔諻  王孫誥鐘 xs435 元鳴孔諻

 王孫誥鐘 xs433 元鳴孔諻  王孫誥鐘 xs443 元鳴孔諻	 王孫遺者鐘 00261.1 元鳴孔煌				
		 徐王子旃鐘 00182.2 元鳴孔皇	 遷邟鐘 mt15520 中鷪(鳴)㢟好  遷邟鐘 mt15521 中鷪(鳴)㢟好	 遷邟鎛 mt15796 中鷪(鳴)㢟好	 遷邟鎛 mt15794 中鷪(鳴)㢟好  遷邟鐘 mx1027 中鷪(鳴)㢟好
楚		徐	舒		

䳑	鵭	搗
		 虢季鐘 xs2 其音搗(肅)雍

號			吳		
	 闇丘爲鵭造戈 11073 閭丘爲鵭造	 䳑公劍 11651 䳑公圃	 吳王光鐘 00224.21 鳴揚條虡	 吳王光鐘 00224.18 鳴揚條虡	 吳王光鐘 00224.4 鳴揚條虡
		 䳑戈 10818 䳑	 吳王光鐘 00224.25 振鳴且䕺	 吳王光鐘 00224.20 振鳴且䕺	 吳王光鐘 00224.6 振鳴且䕺

烏

 戎生鐘 xs1617 䘮䘮鴼鴼(肅肅)					
	 晉公盆 10342 烏(於)昭萬年  晉公盤 mx0952 烏(於)昭萬年		 齊侯鎛 00271 世萬至於辝孫子  庚壺 09733.1B 司衣裘車馬於靈公之身	 曾公𠹌鎛鐘 jk2020.1 烏(嗚)呼  曾公𠹌甬鐘 A jk2020.1 烏(嗚)呼	 曾公𠹌甬鐘 B jk2020.1 烏(嗚)呼  曾公𠹌甬鐘 B jk2020.1 烏(嗚)呼
		 鄭莊公之孫盧鼎　mt02409 烏(嗚)　呼哀哉  盧鼎q xs1237 烏(嗚)呼哀哉		 曾侯與鐘 mx1029 乃加於楚	
晉	晉	鄭	齊	曾	

 嬭加編鐘 kg2020.7 烏(嗚)呼					
	 郘篙鐘 00038.2 晋人救戎於楚境	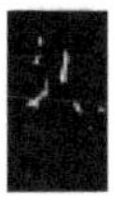 余贎逐兒鐘 00183.2 於(烏)呼敬哉  余贎逐兒鐘 00185.2 於(烏)呼敬哉	 越王者旨於睗鐘　00144 越王者旨於睗  越王者旨於睗戈　11310.2 越王者旨於睗	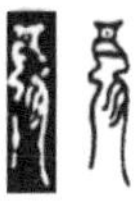 越王諸稽於睗戈　xs1803 越王者旨於睗  戉王者旨於睗劍　11596.2 越王者旨於睗	 戉王者旨於睗劍　11597.2 越王者旨於睗  戉王者旨於睗劍　11598A2 越王者旨於睗
曾	楚	徐	越		

 戉王者旨於睗劍　11599.2 越王者旨於睗	 越王諸稽於睗劍　xs1184 越王者旨於睗	 越王諸稽於睗劍　xs1738 越王者旨於睗	 越王諸稽於睗劍　xs1898 越王者旨於睗	 越王諸稽於睗劍　mt17882 越王者旨於睗	 越王諸稽於睗劍　mt17888 越王者旨於睗
 邚王者旨於睗劍　11600.2 越王者旨於睗	 越王諸稽於睗劍　xs1480 越王者旨於睗	 越王諸稽於睗劍　xs1880 越王者旨於睗	 越王諸稽於睗劍　xs1899 越王者旨於睗	 越王諸稽於睗劍　mt17887 越王者旨於睗	 戉王矛 11512 越王者旨於睗
		越			

畢

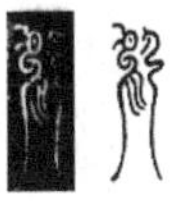 戉王者旨於睗矛 11511 越王者旨於睗 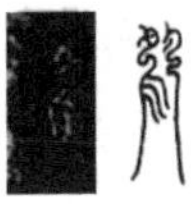 越王諸稽於睗矛 xs388 越王者旨於睗	 忾不余席鎮 mx1385 於軌九州  能原鎛 00155.1 □於□曰利	 能原鎛 00155.2 可利之於□□者  能原鎛 00155.2 □於□曰利	 能原鎛 00156.1 □□於子子  於𡢁鐘 00001 …於…	 郘黛鐘 00226 余𢍰(畢)公之孫  郘黛鐘 00228 𢍰(畢)公	 郘黛鐘 00230 𢍰(畢)公  郘黛鐘 00231 𢍰(畢)公
越				晋	

		 畢鬲 kw2021.3 畢爲其鼒鬻(鬲)	 陳医鬲 00705 畢季嫣  陳医鬲 00706 畢季嫣		
 郘黛鐘 00232 羿(畢)公  郘黛鐘 00233 羿(畢)公	 郘黛鐘 00234 羿(畢)公  郘黛鐘 00237 羿(畢)公			 鼄公牼鐘 00149 羿(畢)龏畏忌 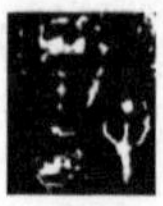 鼄公牼鐘 00150 羿(畢)龏畏忌	 鼄公牼鐘 00151 羿(畢)龏畏忌  鼄公華鐘 00245 羿(畢)龏畏忌
晉		燕	陳	郳	

 畢仲弁簋 mt05912 羿(畢)仲弁					
	 何次簠 xs402 羿(畢)孫何次	 何次簠g xs403 羿(畢)孫何次  何次簠q xs403 羿(畢)孫何次	 何次簠g xs404 羿(畢)孫何次  何次簠q xs404 羿(畢)孫何次	 吴買鼎 02452 畢父之走馬	 楚子棄疾簠 xs314 楚子棄疾
郳	楚				楚

 曾公子棄疾鼎q mx0126 曾公子厺(棄)疾  曾公子棄疾鼎g mx0126 曾公子厺(棄)疾	 曾公子棄鼎g mx0127 曾公子厺(棄)疾  曾公子棄疾簠g mx0486 曾公子厺(棄)疾	 曾公子棄疾簠q mx0486 曾公子厺(棄)疾  曾公子棄疾甗 mx0280 曾公子厺(棄)疾	 曾公子棄疾壺 mx0903 曾公子厺(棄)疾  曾公子棄疾壺g mx0818 曾公子厺(棄)疾	 曾公子棄疾壺g mx0818 曾公子厺(棄)疾  曾公子棄疾缶g mx0903 曾公子厺(棄)疾	 曾公子棄疾缶q mx0903 曾公子厺(棄)疾  曾公子棄疾斗 mx0913 曾公子厺(棄)疾
曾					

再		爯			叀
		 戎生鐘 xs1613 趞爯穆穆			
 叔夷鐘 00275.1 𢆶(再)拜稽首  叔夷鐘 00282 𢆶(再)拜稽首	 叔夷鎛 00285.5 𢆶(再)拜稽首				
			 郳公𩑞父鎛 mt15815 爯祼瓚  郳公𩑞父鎛 mt15816 㝵(爯)祼瓚	 郳公𩑞父鎛 mt15817 㝵(爯)祼瓚  郳公𩑞父鎛 mt15818 㝵(爯)祼瓚	 哀成叔鼎 02782 君既安叀(惠)
齊		晉	郳		鄭

惠

					 曾子斿鼎 02757 惠于剌曲
				 齊侯鎛 00271 皇祖有成惠叔  齊侯鎛 00271 皇妣有成惠姜	 曾公畩鎛鐘 jk2020.1 顒天孔惠  曾公畩甬鐘 A jk2020.1 顒天孔惠
 燕车軎 mt19015 燕口蠱叀(軎)	 鼄大宰簠 04623 畢恭孔惠  鼄大宰簠 04624 畢恭孔惠	 郳公韍父鎛 mt15815 皇考惠公  郳公韍父鎛 mt15816 皇考惠公	 郳公韍父鎛 mt15817 皇考惠公  郳公韍父鎛 mt15818 皇考惠公		
燕	邾	郳		齊	曾

  曾公畎甬鐘 B jk2020.1 顒天孔惠	 王孫誥鐘 xs418 惠于政德 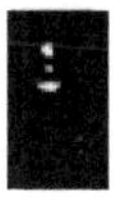 王孫誥鐘 xs419 惠于政德	 王孫誥鐘 xs420 惠于政德  王孫誥鐘 xs421 惠于政德	 王孫誥鐘 xs422 惠于政德  王孫誥鐘 xs423 惠于政德	 王孫誥鐘 xs424 惠于政德  王孫誥鐘 xs425 惠于政德	 王孫誥鐘 xs426 惠于政德  王孫誥鐘 xs427 惠于政德
曾	楚				

 王孫誥鐘 xs428 惠于政德	 王孫誥鐘 xs430 惠于政德	 王孫誥鐘 xs435 惠于政德	 王孫誥鐘 xs440 惠于政德	 王子午鼎 02811.2 惠于政德	 王子午鼎 xs445 惠于政德
 王孫誥鐘 xs429 惠于政德	 王孫誥鐘 xs434 惠于政德	 王孫誥鐘 xs433 惠于政德	 王孫遺者鐘 00261.2 惠于政德	 王子午鼎q xs444 惠于政德	 王子午鼎 xs446 惠于政德
楚					

疐　　　　玄

			 晋姜鼎 02826 作疐爲極		
 王子午鼎q xs447 惠于政德  王子午鼎 xs449 惠于政德		 秦公簋 04315.2 畯疐在天  盄和鐘 00270.2 畯疐在位			
	 沇兒鎛 00203.2 惠于盟祀			 郘黛鐘 00226 幺(玄)鏐鏞鋁  郘黛鐘 00228 幺(玄)鏐鏞鋁	 郘黛鐘 00229 幺(玄)鏐鏞鋁  郘黛鐘 00230 幺(玄)鏐鏞鋁
楚	徐	秦	晋	晋	

 邵黛鐘 00231 幺(玄)鏐鏞鋁  邵黛鐘 00233 幺(玄)鏐鏞鋁	 邵黛鐘 00234 幺(玄)鏐鏞鋁  邵黛鐘 00235 幺(玄)鏐鏞鋁	 邵黛鐘 00236 幺(玄)鏐鏞鋁  邵黛鐘 00237 幺(玄)鏐鏞鋁	 少虡劍 11696.1 玄鏐鏞吕  少虡劍 11697 玄鏐鏞吕	 吉日壬午劍 mt18021 玄鏐鏞吕  少虡劍 xs985 玄鏐[鏞吕]	 鼄公牼鐘 00149 幺(玄)鏐膚鋁  鼄公牼鐘 00150 幺(玄)鏐膚鋁
晋					邾

		 叔夷鐘 00277.1 幺(玄)鏐鐠(錛)鋁	 簷叔之仲子平鐘　00172 幺(玄)鏐錙鏞  簷叔之仲子平鐘　00174 幺(玄)鏐錙鏞	 簷叔之仲子平鐘　00175 幺(玄)鏐錙鏞  簷叔之仲子平鐘　00177 幺(玄)鏐錙鏞	 簷叔之仲子平鐘　00179 幺(玄)鏐錙鏞  簷叔之仲子平鐘　00180 幺(玄)鏐錙鏞
 鼄公華鐘 00245 幺(玄)鏐赤鏞  鼄公牼鐘 00151 幺(玄)鏐膚吕	 鼄公牼鐘 00152 幺(玄)鏐膚吕				
邾		齊	莒		

 曾伯霥壺 ms1069 唯玄其良					
 孎加鎛乙 ms1283 玄鏐					
 曾侯與鐘 mx1032 玄孫  孟芈玄簠 mx0481 孟孎玄	 丁兒鼎蓋 xs1712 幺(玄)鏐鏞鋁	 玄鏐戟 xs535 玄鏐  玄鏐戟 xs536 玄鏐	 玄鏐戟 xs537 玄鏐  玄鏐戟 xs538 玄鏐	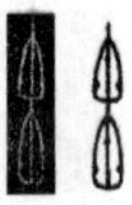 玄鏐戟 xs539 玄鏐	 九里墩鼓座 00429.1 玄孫
曾	CE	楚			鍾離

 吴王光鑑 10298 玄銧(礦)白銧(礦)  吴王光鑑 10299 玄銧(礦)白銧(礦)	 叡巢鎛 xs1277 玄孫  玄翏夫吕戟 xs1381 玄翏夫吕	 玄鏐戈 10910 玄鏐  玄膚戈 xs975 玄鏞	 玄翏戈 xs1878 玄鏐 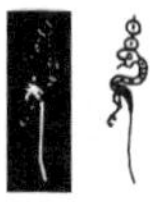 玄鏐戈 xs1289 玄鏐赤鏞	 玄鏐之用戈 mt16713 玄鏐 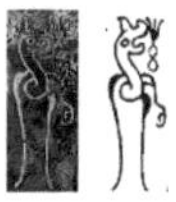 玄鏐戟 ww2020.10 玄鏐	 玄膚之用戈 xs584 玄鏞  玄膚之用戈 ms1410 玄膚之用
吴					

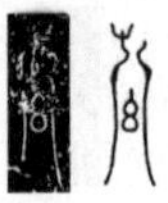 玄鏐之用戈 mt16797 玄䤴  玄夫戈 11091 玄夫	 玄鏐戈 mt16536 玄䤴	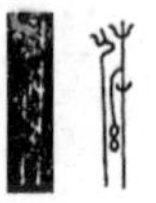 玄鏐夫鋁戈 11137 玄翏(鏐)夫鋁  玄鏐夫鋁戈 11138 玄翏(鏐)夫鋁	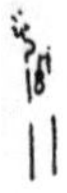 □翏戈 10970 玄翏(鏐)夫鋁  玄鏐鏞鋁戈 xs1901 幺(玄)翏(鏐)夫鋁	 玄鏐鏞鋁戈 xs1185 幺(玄)翏(鏐)夫鋁  翏鋁玄用戈 xs1240 翏(鏐)鋁幺(玄)	 玄翏夫眲戈 11163 玄翏(鏐)鏞眲(鋁)  玄鏐戈 10911 幺(玄)翏(鏐)
吴					

					 戎生鐘 xs1614 用建于丝(兹)外土
 玄翏戈 xs741 玄翏  公孫疕戈 mx1233 玄翏	 玄鏐鏞鋁戈 mt16916 玄翏(鏐)鏞鋁  玄鏐鏞鋁戈 mt16920 用翏(鏐)鏞鋁之玄	 蔡劍 mt17861 玄金  蔡劍 mt17862 玄金	 鳥劍 mt17830 鳥玄  鳥劍 mt17830 鳥玄	 壬午吉日戈 mt17119 玄鏐  壬午吉日戈 mt17120 玄鏐	
					晋

	 𩱧姬鬲 xs1070 孟妊姑丝(兹)	 㠱甫人匜 10261 丝(兹)作寶匜			 穌公子毁 04014 蘇公(予)子  穌公子毁 04015 蘇公(予)子
				 匛君壺 09680 匛君丝(兹)旂者	
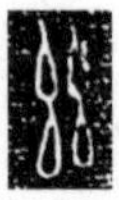 與兵壺q eb878 嚴敬丝(兹)禋盟  與兵壺 ms1068 嚴敬丝(兹)禋盟			 余購逐兒鐘 00183.1 余丝(兹)佫之元子  余購逐兒鐘 00185.2 余丝(兹)佫之元子		
鄭	鑄	㠱	徐		蘇

幻	爰	𤔔	受		
 幻伯隹壺 xs1200 幻(弦)伯隹			 秦公鐘 00262 受天命	 秦公鐘 00262 以受多福	 秦公鐘 00263 以受大福
			 秦公鐘 00262 賞宅受國	 秦公鐘 00262 翼受明德	 秦公鐘 00263 膺受大命
			 秦公簋 04315.1 受天命	 盄和鐘 00270.1 受天命	 盄和鐘 00270.2 以受純魯多釐
			 秦公簋 04315.2 以受純魯多釐	 盄和鐘 00270.1 以受多福	
	 曾侯與鐘 mx1034 宴樂爰饗	 曾侯與鐘 mx1029 吴恃有衆庶行𤔔(亂)			
CE	曾	曾	秦		

 秦公鐘 00264 受天命	 秦公鐘 00265 以受多福	 秦公鐘 00266 以受大福	 秦公鎛 00267.1 賞宅受國	 秦公鎛 00267.2 翼受明德	 秦公鎛 00267.2 膺受大命
 秦公鐘 00264 賞宅受國	 秦公鐘 00265 翼受明德	 秦公鎛 00267.1 受天命	 秦公鎛 00267.1 以受多福	 秦公鎛 00267.2 以受大福	 秦公鎛 00268.1 受天命

秦

 秦公鎛 00268.1 賞宅受國	 秦公鎛 00268.2 翼受明德	 秦公鎛 00268.2 膺受大命	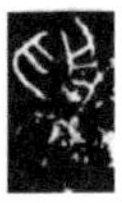 秦公鎛 00269.1 賞宅受國	 秦公鎛 00269.2 翼受明德	 秦公鎛 00269.2 膺受大命
 秦公鎛 00268.1 以受多福	 秦公鎛 00268.2 以受大福	 秦公鎛 00269.1 受天命	 秦公鎛 00269.1 以受多福	 秦公鎛 00269.2 以受大福	 秦子簋蓋 eb423 受命純魯

秦

 虢季鐘 xs2 受福無疆  虢季鐘 xs3 受福無疆			 郜召簠q xs1042 事(使)受福  郜召簠g xs1042 事(使)受福		
	 晉公盆 10342 [膺]受大命  晉公盤 mx0952 膺受大命				
		 封子楚簠g mx0517 受命于天  封子楚簠q mx0517 受命于天		 郳公韍父鎛 mt15815 受貺吉金  郳公韍父鎛 mt15816 受貺吉金	 郳公韍父鎛 mt15817 受貺吉金  郳公韍父鎛 mt15818 受貺吉金
虢	晉	鄭	郜	郳	

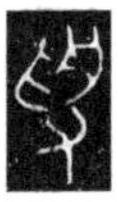 國差罎 10361 受福眉壽  庚壺 09733.2B 天長受(授)汝	 叔夷鐘 00275.1 膺受君公之賜光  叔夷鐘 00275.2 尃(溥)受天命	 叔夷鐘 00282 膺受君公之…  叔夷鎛 00285.5 膺受君公之賜光	 叔夷鎛 00285.6 尃(溥)受天命	 簷叔之仲子平鐘　00173 其受此眉壽 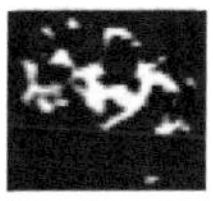 簷叔之仲子平鐘　00174 其受此眉壽	 簷叔之仲子平鐘　00175 其受此眉壽  簷叔之仲子平鐘　00177 其受此眉壽
 洹子孟姜壺 09729 余不其使汝受殃  洹子孟姜壺 09729 爾其躋受御	 洹子孟姜壺 09730 爾其躋受御  洹子孟姜壺 09730 余不其使汝受殃				
齊				莒	

	 曾伯陭壺 09712.3 用受大福無疆  曾伯陭壺 09712.5 用受大福無疆	 曾伯克父簋 ms0509 用受多福無疆			
 㠱公壺 09704 受福無期	 曾公𠹭鎛鐘 jk2020.1 受是丕寍  曾公𠹭鎛鐘 jk2020.1 余無謗受	 曾公𠹭甬鐘 A jk2020.1 受是丕寍 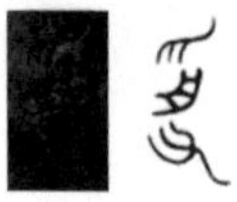 曾公𠹭甬鐘 A jk2020.1 余無謗受	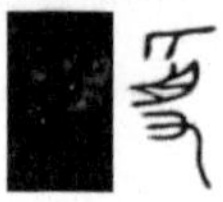 曾公𠹭甬鐘 B jk2020.1 受是丕寍  曾公𠹭甬鐘 B jk2020.1 余無謗受	 嬭加編鐘 kg2020.7 伯括受命  嬭加鎛丙 ms1284 受福無疆	 嬭加鎛丁 ms1285 用受寶福
㠱	曾				

	 鄝伯受簠 04599.1 鄝伯受  鄝伯受簠 04599.2 鄝伯受	 鄝子白鐸 xs393 鄝子伯受	 王孫誥鐘 xs418 永受其福  王孫誥鐘 xs419 永受其福	 王孫誥鐘 xs420 永受其福  王孫誥鐘 xs421 永受其福	 王孫誥鐘 xs422 永受其福  王孫誥鐘 xs423 永受其福
 蔡侯䜌尊 06010 祐受毋已  蔡侯䜌盤 10171 祐受毋已					
蔡	CE		楚		

 王孫誥鐘 xs424 永受其福  王孫誥鐘 xs425 永受其福	 王孫誥鐘 xs426 永受其福  王孫誥鐘 xs427 永受其福	 王孫誥鐘 xs428 永受其福  王孫誥鐘 xs429 永受其福	 王孫誥鐘 xs430 永受其福  王孫誥鐘 xs436 永受其福	 王孫誥鐘 xs439 永受其福  王孫誥鐘 xs441 永受其福	 倗戟 xs469 膺受天命  鄬子受戟 xs524 鄬子受

楚

 鄬子受戟 xs525 鄬子受  鄬子受鼎 xs528 鄬子受	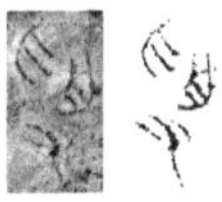 鄬子受鼎 xs527 鄬子受  鄬子受鬲 xs529 鄬子受	 鄬子受鐘 xs505 鄬子受  鄬子受鐘 xs507 鄬子受	 鄬子受鐘 xs511 鄬子受  鄬子受鎛 xs513 鄬子受	 鄬子受鎛 xs514 鄬子受  鄬子受鎛 xs515 鄬子受	 鄬子受鎛 xs516 鄬子受  鄬子受鎛 xs518 鄬子受

楚

争　　敢

 鄦子受鎛 xs520 鄦子受  王子午鼎 02811.2 永受其福	 王子午鼎q xs444 永受其福  王子午鼎 xs446 永受其福	 王子午鼎q xs447 永受其福  王子午鼎 xs449 永受其福			 晋公盆 10342 敢(敢)帥型先王  晋公盤 mx0952 敢(敢)帥型先王
			 □君戈 11157 □君□受作戈	 曾侯與鐘 mx1029 楚命是争(靖)	 郘黛鐘 00225 不敢(敢)爲驕  郘黛鐘 00226 不敢(敢)爲驕
楚				曾	晋

				 魯伯匜 10222 魯伯叡(敢)	
 郘黛鐘 00228 不叡(敢)爲驕  郘黛鐘 00229 不叡(敢)爲驕	 郘黛鐘 00230 不叡(敢)爲驕  郘黛鐘 00231 不叡(敢)爲驕	 郘黛鐘 00233 不叡(敢)爲驕  郘黛鐘 00235 不叡(敢)爲驕	 郘黛鐘 00236 不叡(敢)爲驕  郘黛鐘 00237 不叡(敢)爲驕		 司馬楙鎛 eb49 非叡(敢)叙禰
晉				魯	滕

 叔夷鐘 00272.2 夷不敔(敢)弗憼戒	 叔夷鐘 00273.2 弗敢不對揚朕辟皇君之賜…	 叔夷鐘 00275.2 余弗敔(敢)廢乃命	 叔夷鐘 00279 夷不敔(敢)…	 叔夷鎛 00285.2 夷不敔(敢)弗憼戒	 叔夷鎛 00285.3 弗敢不對揚朕辟皇君之賜…
 叔夷鐘 00273.2 夷敔(敢)用拜稽首	 叔夷鐘 00275.1 夷用或敔(敢)再拜稽首	 叔夷鐘 00275.2 有敔(敢)在帝所	 叔夷鐘 00282 …敔(敢)再拜稽首	 叔夷鎛 00285.3 乃敔(敢)用拜稽首	 叔夷鎛 00285.5 或敔(敢)再拜稽首

齊

 叔夷鎛 00285.5 余弗敢(敢)廢乃命  叔夷鎛 00285.5 有敢(敢)在帝所	  孂加編鐘 kg2020.7 余非敢乍(怍)聭(恥)				
		 蔡侯紐鐘 00210.1 余非敢(敢)寧忘(荒)  蔡侯紐鐘 00211.1 非敢(敢)寧忘(荒)	 蔡侯紐鐘 00218.1 非敢(敢)寧忘(荒)  蔡侯鎛 00219.1 非敢(敢)寧忘(荒)	 蔡侯鎛 00221.1 非敢(敢)寧忘(荒)  蔡侯鎛 00222.1 非敢(敢)寧忘(荒)	 郐䣄尹替鼎 02766.1 余敢(敢)敬盟祀  郐䣄尹替鼎 02766.2 余敢(敢)敬盟祀
齊	曾	蔡			徐

			叡	殃	死
		 文公之母弟鐘 xs1479 余不敔(敢)困䠶	 盄和鐘 00270.1 叡(睿)尃(敷)明刑		
 姑發䛑反劍 11718 莫敔(敢)禦余  工𫊸王姑發者坂劍 ms1617 莫敔(敢)禦余	 配兒鉤鑃 00427.2 □不敔(敢)詩舍擇厥吉金			 吴王餘眜劍 mx1352 既北既殃	 哀成叔鼎 02782 死(尸)于下土
吴			秦	吴	鄭

			 黿乎簋 04157.1 既死霸  黿乎簋 04157.2 既死霸	 黿乎簋 04158.1 既死霸  黿乎簋 04158.2 既死霸	 鄀公諴鼎 02753 既死霸
 齊侯鎛 00271 用祈壽老毋死  齊侯子仲姜鬲 mx0260 既死霸	 叔夷鐘 00272.2 虔恤乃死(尸)事  叔夷鎛 00285.2 虔恤乃死(尸)事	 䡾子鼎 mt02404A 其壽君毋死			
齊			曾		CE

臚

		 鄝膚簠 mx0500 嬰(鄝)膚擇其吉金			
 鼄公牼鐘 00149 玄鏐膚(鏞)鋁  鼄公牼鐘 00150 玄鏐膚(鏞)鋁	 鼄公牼鐘 00151 玄鏐膚(鏞)鋁  鼄公牼鐘 00152 玄鏐膚(鏞)鋁		 玄膚之用戈 xs584 玄膚(鏞)  玄膚之用戈 ms1410 玄膚之用	 玄膚戈 xs975 玄膚(鏞)  玄鏐鏞鋁戟 ms1460 玄鏐膚(鏞)鋁	 嘉子昜伯臚簠 04605.1 嘉子昜伯膚  嘉子昜伯臚簠 04605.2 嘉子昜伯膚
郳		CE	吴		

肫	脰	胃		胤	
				 秦公鐘 00262 胤士  秦公鐘 00265 胤士	 秦公鎛 00267.1 胤士  秦公鎛 00268.1 胤士
				 秦公簋 04315.2 胤士  盄和鐘 00270.2 百辟胤士	
 曾侯與鐘 mx1029 期(其)肫(純)德降	 曾孫定鼎 xs1213 脰(廚)鼎  曾大師奠鼎 xs501 脰(廚)鼎	 少虡劍 11696.2 胃(謂)之少虡  少虡劍 11697 胃(謂)之少虡	 少虡劍 11698 胃(謂)之少虡 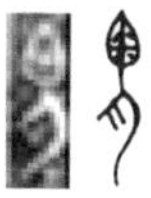 少虡劍 xs985 胃(謂)之少虡		
曾	曾	晉		秦	

膳				脂	
 秦公鎛 00269.1 胤士				 邾季脂[illegible]簠g ms0571 邾季脂[illegible]  邾季脂[illegible]簠q ms0571 邾季脂[illegible]	 邾季脂[illegible]簠g ms0572 邾季脂[illegible]
	 晉公盆 10342 胤士  晉公盤 mx0952 胤士	 齊侯作孟姜敦 04645 膳敦	 益余敦 xs1627 膳敦		
		 齊侯鼎 mt02363 膳鼎			
秦	晉	齊		邾	

散			𣎆		
		 盬湙侯戈 11065 器湋侯散(散)戈		 樊君鬲 00626 叔𣎆(贏)䰝	
 濫公宜脂鼎 mx0191 濫公宜脂余其良金					
	 侯散戈 xs1168 侯散(散)戈		 宋右師延敦 CE33001 𣎆𣎆(贏贏)皿皿(明明)		 𪒠鐘 xs482a 其音𣎆(贏)少則揚 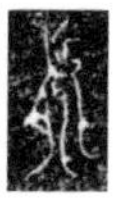 𪒠鐘 xs486b 其音𣎆(贏)少則揚
D	D		宋	樊	楚

				䐢	瞰
				 曾仲鄬君鎮墓獸方座　xs521 曾仲鄬君䐢	 闔尹瞰鼎 xs503 闔尹瞰之廚鼎
 𪒠鐘 xs484b 其音贏(嬴)少則揚  𪒠鎛 xs489b 音贏(嬴)少戠揚	 𪒠鎛 xs490b 音贏(嬴)少戠揚  𪒠鎛 xs491a 其音贏(嬴)少則揚	 𪒠鎛 xs492a 其音贏(嬴)少則揚  𪒠鎛 xs494a 其音贏(嬴)少則揚	 𪒠鎛 xs496a 其音贏(嬴)少則揚		
楚				曾	CE

胙			膝		膢
 邾友父鬲 mt02939 其子胙(胙)嫌  邾友父鬲 mt02942 其子胙(胙)嫌	 鼄友父鬲 00717 其子胙(胙)嫌  邾友父鬲 xs1094 其子胙(胙)嫌	 邾友父鬲 mt02941 其子胙(胙)嫌  鼄□匜 10236 其子胙(胙)嫌 【原倒書】			
			 叔夷鐘 00273.2 余賜汝釐都膝(密)膠  叔夷鐘 00281 余賜汝釐都膝(密)膠	 叔夷鎛 00285.3 余賜汝釐都膝(密)膠	
					 曾侯與鐘 mx1029 曾侯膢(與)  曾侯與鐘 mx1032 曾侯膢(與)
郳			齊		曾

膧　鬻　剴　利

					 晉姜鼎 02826 三壽是秎(利)
		 襄膗子湯鼎 xs1310 襄膧(助)子湯		 叔夷鐘 00277.2 外内剴(愷)辟(悌)  叔夷鎛 00285.8 外内剴(愷)辟(悌)	
 曾侯與鬲 mx1033 曾侯臘(與)	 蔡大師鼎 02738 蔡太師膞		 郘夫人孎鼎 mt02425 歲在歆鬻		
曾	蔡	CE	楚	齊	晉

D	楚	徐	越		
 上曾太子鼎 02750 哀哀利錐					
	 倗戟 xs469 陽秎(利)□□	 次□缶 xs1249 徐頙君之孫秎(利)			
 利戈 10812 利		 徐王之子戈 11282 郐(徐)王之子利	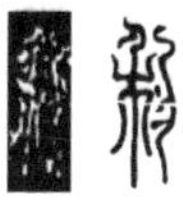 能原鎛 00155.1 □於□曰利 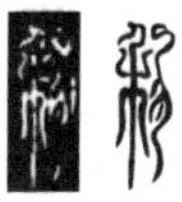 能原鎛 00155.1 利	 能原鎛 00155.2 可利之於□□者  能原鎛 00156.2 □爯(稱)勞曰利	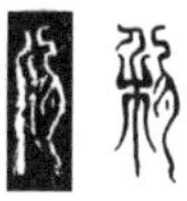 能原鎛 00156.2 利□小

初

 芮公鼓架銅套 ms1725 初吉	 虢季鐘 xs1 初吉  虢季鐘 xs2 初吉	 虢季鐘 xs3 初吉  虢季氏子組盤 ms1214 初吉	 虞侯政壺 09696 初吉	 太師盤 xs1464 初吉  晉公戈 xs1866 初吉	
				 子犯鐘 xs1008 初吉  子犯鐘 xs1020 初吉	 晉公盤 mx0952 初吉
				 晉公盆 10342 初吉  邵黛鐘 00237 初吉	 邵黛鐘 00225 初吉  邵黛鐘 00226 初吉
芮	虢		虞	晉	

					 伯口鼎 mt02262 正月初[吉]
 長子沬臣簠 04625.1 初吉  長子沬臣簠 04625.2 初吉					
 郘黛鐘 00227 初吉  郘黛鐘 00228 初吉	 郘黛鐘 00229 初吉  郘黛鐘 00230 初吉	 郘黛鐘 00231 初吉  郘黛鐘 00232 初吉	 郘黛鐘 00233 初吉  郘黛鐘 00234 初吉	 衛侯之孫書鐘 ms1279 初吉	
晋				衛	BC

 鄭師□父鬲 00731 初吉			 許成孝鼎 mx0190 初吉		
 鄭大内史叔上匜　10281 初吉			 許公簠g mx0510 初吉  許公簠g mx0511 初吉	 許公簠q mx0511 初吉	
 與兵壺q eb878 初吉	 封子楚簠g mx0517 初吉  封子楚簠q mx0517 初吉	 寬兒鼎 02722 初吉  寬兒缶 mt14091 初吉	 鄦公買簠 04617.2 初吉  鄦公買簠g eb475 初吉	 鄦公買簠q eb475 初吉  鄦子妝簠 04616 初吉	 子璋鐘 00114 初吉  子璋鐘 00115.1 初吉
鄭		蘇	許		

			 戈叔朕鼎 02690 初吉  戈叔朕鼎 02692 初吉	 叔朕簠 04620 初吉	 敶侯鼎 02650 初吉  陳公子甗 00947 初吉
					 敶医作孟姜㛄簠 04606 初吉  敶医作孟姜㛄簠 04607 初吉
 子璋鐘 00116.1 初吉  子璋鐘 00117.1 初吉	 子璋鐘 00118.1 初吉	 鄦子盟自鎛 00153 初吉  鄦子盟自鎛 00154 初吉			
許			戴		陳

 原氏仲簠 xs395 初吉  原氏仲簠 xs396 初吉	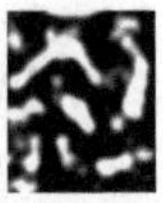 原氏仲簠 xs397 初吉				 鼄叔之伯鐘 00087 初吉
 敶灰作王仲嬀 𡢁簠　04603.1 初吉  敶灰作王仲嬀 𡢁簠　04603.2 初吉	 敶灰作王仲嬀 𡢁簠　04604.1 初吉  敶灰作王仲嬀 𡢁簠　04604.2 初吉	 陳灰盤 10157 初吉 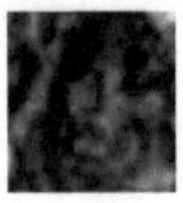 陳侯匜 xs1833 初吉	 敶子匜 10279 初吉  有兒簋 mt05166 初吉		
				 樂子簠 04618 初吉	 鼄大宰簠 04623 初吉  鼄大宰簠 04624 初吉
陳				宋	邾

					  齊侯鎛 00271 初吉  齊䵼氏鐘 00142.1 初吉
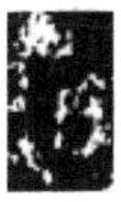 鼄公牼鐘 00149 初吉  鼄公牼鐘 00150 初吉	 鼄公牼鐘 00151 初吉  鼄公牼鐘 00152 初吉	 鼄公華鐘 00245 初吉	 郳大司馬彊盤 ms1216 初吉 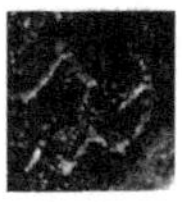 郳大司馬彊匜 ms1260 初吉	 郳大司馬鈚 ms1177 初吉	
邾			郳		齊

		 夆叔盤 10163 初吉  夆叔匜 10282 初吉		 鄧公簋蓋 04055 初吉  鄧公孫無忌鼎 xs1231 初吉	 鄧子伯鼎甲 jk2022.3 初吉  鄧子伯鼎乙 jk2022.3 初吉
 庚壺 09733.1B 初吉	 簷叔之仲子平鐘　00173 初吉		 此余王鼎 mx0220 初吉  濫公宜脂鼎 mx0191 初吉	 鄧子盤 xs1242 初吉	
	 簷太史申鼎 02732 初吉				
齊	莒	逢	D	鄧	

 伯氏始氏鼎 02643 初吉		 黃子季庚臣簋 ms0589 初吉			
		 黃太子白克盤 10162 初吉  黃太子白克盆 10338 初吉	 伯遊父壺 mt12412 初吉 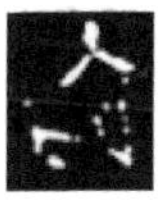 伯遊父壺 mt12413 初吉	 伯遊父鐳 mt14009 初吉  伯遊父盤 mt14510 初吉	 番子鼎 ww2012.4 初吉
	 唐子仲瀕鈚 xs1210 初吉	 黃韋俞父盤 10146 初吉			
鄧	唐	黃			番

	 曾伯霥簠 04631 初吉  曾伯霥簠 04632 初吉	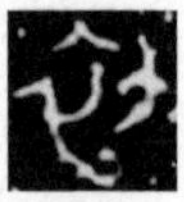 曾伯霥壺 ms1069 初吉  夨叔匜 ms1257 初吉	 孟爾克母簠g ms0583 初吉  孟爾克母簠q ms0583 初吉	 曾侯子鎛 mt15763 初吉  曾侯子鎛 mt15764 初吉	 曾侯子鎛 mt15765 初吉  曾侯子鎛 mt15766 初吉
	 嬭加編鐘 kg2020.7 初吉				
 樊季氏孫仲䵼鼎　02624.1 初吉  樊季氏孫仲䵼鼎　02624.2 初吉	 曾子原彝簠 04573 初吉	 曾季关臣盤 eb933 初吉  曾子口簠 04588 初吉			
樊	曾				

 蔡大善夫趣簠g xs1236 初吉  蔡大善夫趣簠q xs1236 初吉	 蔡太史鉌 10356 初吉  蔡公子叔湯壺 xs1892 初吉				
 鄦中姬丹盤 xs471 初吉  鄦中姬丹匜 xs472 初吉	 蔡大司馬燮盤 eb936 初吉  蔡大司馬燮匜 mx0997 初吉				
 蔡侯龖尊 06010 初吉  蔡侯龖盤 10171 初吉	 蔡侯紐鐘 00210.1 初吉  蔡侯紐鐘 00211.1 初吉	 蔡侯紐鐘 00217.1 初吉  蔡侯紐鐘 00218.1 初吉	 蔡侯鎛 00219.1 初吉  蔡侯鎛 00222.1 初吉	 蔡大師鼎 02738 初吉  蔡叔季之孫貫匜 10284 初吉	 蔡侯簠g xs1896 初吉  蔡侯簠q xs1896 初吉
蔡					

		 上鄀公敄人簋蓋　04183 初吉  鄀公平侯鼎 02771 初吉	 鄀公平侯鼎 02772 初吉	 伯戔盤 10160 初吉  伯戔盆g 10341 初吉	 鄂侯夫人鼎 jjmy004 初吉  鄂侯鼎 ms0230 初吉
		 䕫兒罍 xs1187 正月初冬吉  上鄀公簠g xs401 初吉	 上鄀府簠 04613.1 初吉  上鄀府簠 04613.2 初吉	 叔師父壺 09706 初吉  竇君季聰鑑 mx0535 初吉	
 蔡侯簠 xs1897 初吉  蔡侯簠 ms0582 初吉	 申文王之孫簠 mt05943 初吉				
蔡	CE				

		 彭子仲盆蓋 10340 初吉	 楚嬴盤 10148 初吉  考叔㝉父簠 04608.1 初吉	 楚嬴匜 10273 初吉  塞公孫㝉父匜 10276 衣<初>士<吉> 庚午	 考叔㝉父簠 04609.1 初吉  考叔㝉父簠 04609.2 初吉
 葬子緻盞g xs1235 初吉  邵子栽盤 xs1372 初吉	 諆余鼎 mx0219 初吉  登句鑃 mx1048 初吉	 侯孫老簠 q ms0586 初吉	 楚子暖簠 04575 初吉  楚子暖簠 04576 初吉	 楚子暖簠 04577 初吉	 以鄧匜 xs405 初吉  以鄧鼎g xs406 初吉
	 義子鼎 eb308 初吉				
CE			楚		

 楚太師登鐘 mt15511a 初吉  楚太師登鐘 mt15512a 初吉	 楚太師登鐘 mt15513a 初吉  楚太師登鐘 mt15514a 初吉	 楚太師登鐘 mt15516a 初吉  楚太師登鐘 mt15518a 初吉	 楚王領鐘 00053.1 初吉  楚太師鄧子辥 慎鎛　mx1045 初吉	 楚王鐘 00072 初吉	
 以鄧鼎q xs406 初吉  王子嬰次鐘 00052 初吉	 楚屈子赤目簠 04612 初吉  楚屈子赤目簠 xs1230 初吉	 仲改衛簠 xs399 初吉  仲改衛簠 xs400 初吉	 何次簠 xs402 初吉	 何次簠g xs403 初吉  何次簠q xs403 初吉	 何次簠g xs404 初吉  何次簠q xs404 初吉
楚					

東姬匜
xs398
初吉

孟賸姬缶
10005
初吉

孟賸姬缶
xs416
初吉

敬事天王鐘
00073
初吉

敬事天王鐘
00075
初吉

敬事天王鐘
00076
初吉

敬事天王鐘
00078.1
初吉

敬事天王鐘
00080.1
初吉

王孫誥鐘
xs418
初吉

王孫誥鐘
xs419
初吉

王孫誥鐘
xs420
初吉

王孫誥鐘
xs421
初吉

楚

王孫誥鐘
xs422
初吉

王孫誥鐘
xs423
初吉

王孫誥鐘
xs425
初吉

王孫誥鐘
xs426
初吉

王孫誥鐘
xs427
初吉

王孫誥鐘
xs428
初吉

王孫誥鐘
xs429
初吉

王孫誥鐘
xs430
初吉

王孫誥鐘
xs434
初吉

王孫誥鐘
xs435
初吉

王孫誥鐘
xs433
初吉

王孫誥鐘
xs443
初吉

楚

 王孫遺者鐘 00261.1 初吉	 楚王鼎q mt02318 初吉	 楚王鼎 mx0188 初吉	 王子吴鼎 02717 初吉	 發孫虜鼎g xs1205 初吉	 發孫虜簠 xs1773 初吉
 楚王鼎g mt02318 初吉	 楚王鼎 mx0210 初吉	 楚王媵嬭加缶 kg2020.7 初吉	 王子吴鼎 mt02343b 初吉	 發孫虜鼎q xs1205 初吉	 王子午鼎 02811.2 初吉

楚

 王子午鼎q xs444 初吉  王子午鼎 xs445 初吉	 王子午鼎 xs446 初吉  王子午鼎q xs447 初吉	 童麗君柏簠q mx0494 初吉  童麗君柏簠g mx0494 初吉	 童麗君柏簠q mx0495 初吉  童麗君柏簠g mx0495 初吉	 童麗君柏鐘 mx1016 㓝(初)吉  童麗君柏鐘 mx1017 㓝(初)吉	 童麗君柏鐘 mx1018 㓝(初)吉
 㑘夫人嫼鼎 mt02425 初吉					
楚		鍾離			

					 郐大子鼎 02652 初吉
 童麗君柏鐘 mx1019 剢初)吉  童麗君柏鐘 mx1020 剢(初)吉	 童麗君柏鐘 mx1022 剢(初)吉  童麗君柏鐘 mx1021 剢(初)吉	 童麗君柏鐘 mx1023 剢(初)吉  童麗君柏鐘 mx1024 剢(初)吉	 季子康鎛 mt15787a 初吉  季子康鎛 mt15789a 初吉	 季子康鎛 mt15790a 初吉  季子康鎛 mt15791a 初吉	 宜桐盂 10320 正月初吉日
					 沇兒鎛 00203.1 初吉  徐王子旃鐘 00182.1 初吉
鍾離					徐

 庚兒鼎 02715 初吉  庚兒鼎 02716 初吉					
 余購逐兒鐘 00183.1 初吉  余購逐兒鐘 00185.1 初吉	 郐諳尹征城 00425.1 初吉  郐黻尹譬鼎 02766.1 吉日	 郐黻尹譬鼎 02766.2 吉日  三兒簋 04245 初吉	 遷邟鐘 mt15520 初吉  遷邟鐘 mt15521 初吉	 遷邟鎛 mt15796 初吉  遷邟鎛 mt15794 初吉	 遷邟鐘 mx1027 初吉  夫跌申鼎 xs1250 初吉
徐			舒		

 者㳄鐘 00193 初吉  者㳄鐘 00195 初吉	 者㳄鐘 00197.1 初吉  者㳄鐘 00198.1 初吉	 者㳄鐘 00201 初吉  者㳄鐘 00202 初吉			
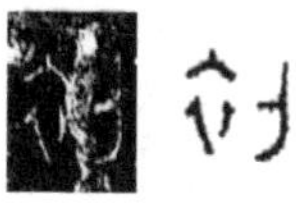 吴王壽夢之子劍 xs1407 初命伐麻  吴王餘眜劍 mx1352 命初伐麻	 吴王光鐘 0223.1 吉日初庚  吴王光鑑 10298 吉日初庚	 吴王光鑑 10299 吉日初庚  臧孫鐘 00093 初吉	 攻敔王光鐸 mx1047 初得其壽金  吴王光帶鈎 mx1387 初得其壽金	 吴王光帶鈎 mx1388 初得其壽金  吴王光帶鈎 mx1390 初得其壽金	 臧孫鐘 00094 初吉  臧孫鐘 00095 初吉

吴

 臧孫鐘 00096 初吉  臧孫鐘 00097 初吉	 臧孫鐘 00098 初吉  臧孫鐘 00099 初吉	 臧孫鐘 00101 初吉  配兒鉤鑃 00427.1 初吉	 姑馮昏同之子 句鑃　00424.1 初吉  其次句鑃 00421 初吉	 其次句鑃 00422A 初吉  其次句鑃 00422B 初吉	 者尚余卑盤 10165 初吉
吴			越		

則

 叔皮父簋 04127 初吉	 王孫壽甗 00946 初吉  華母壺 09638 初吉	 冶仲考父壺 09708 初吉			
 嘉子孟嬴指缶 xs1806 初吉	 瘶鼎 02569 唯正月初	 鐘伯侵鼎 02668 初吉  公父宅匜 10278 初吉			 黃子鬲 00624 鼎刂(則)……  黃子鬲 00687 鼎刂(則)永祜福
 嘉子昜伯臚簠 04605.1 初吉  嘉子昜伯臚簠 04605.2 初吉	 揚鼎 mt02319 初吉  要君盂 10319 初吉	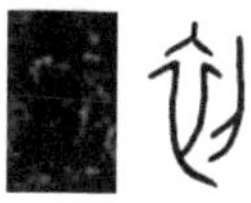 伯怡父鼎 eb312 初吉  伯怡父鼎 eb313 初吉	 與子具鼎 xs1399 初吉  痟父匜 mt14986 初吉	 洹子孟姜壺 09729 期鼎刂(則)爾期  洹子孟姜壺 09730 期鼎刂(則)爾期	
				齊	黃

 黄子鼎 02566 𠟭(則)永祜福	 黄子豆 04687 𠟭(則)永祜福	 黄子豆 xs93 𠟭(則)永祜福	 黄子壺 09663 𠟭(則)永祜福	 黄子鐳 09966 𠟭(則)永祜福	 黄子匜 10254 𠟭(則)永祜福
 黄子鼎 02567 𠟭(則)永祜福	 黄子罐 09987 𠟭(則)永祜福	 黄子盉 09445 𠟭(則)永祜福	 黄子壺 09664 𠟭(則)永祜福	 黄子盤 10122 𠟭(則)永祜福	 黄君孟鼎 02497 𠟭(則)永祜福

黄

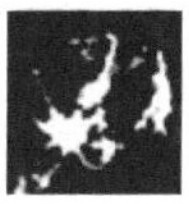 黄君孟豆 04686 鼎(則)永祜福	 黄君孟壺 xs91 鼎(則)永祜福	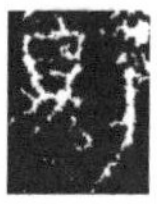 黄君孟𦉜 xs92 鼎(則)永祜福	 黄君孟匜 10230 鼎(則)永祜福	 黄君孟豆 ms0606 鼎(則)永祜福	 黄子豆 ms0608 鼎(則)永祜福
 黄君孟壺 09636 鼎(則)永祜福	 黄君孟𦉜 09963 鼎(則)永祜福	 黄君孟盤 10104 鼎(則)永祜福	 黄君孟壺 ms1054 鼎(則)永祜福	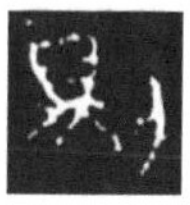 黄君孟𦉜 ms1176 鼎(則)永祜福	

黄

 曾孟嬴削簠 xs1199 劃(則)永祜福 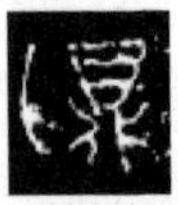 曾子壽鼎 mx0147 劃(則)永祜福	 曾伯霥壺 ms1069 余是楙是劃(則)	 郘君盧鼎 mx0198 劃(則)明口之			
 曾子㞕簠 04528.1 劃(則)永祜福  曾子㞕簠 04528.2 劃(則)永祜福	 曾子㞕簠 04529.1 劃(則)永祜福				
			 𪒠鐘 xs482a 其音贏(嬴)少劃(則)揚  𪒠鐘 xs486b 其音贏(嬴)少劃(則)揚	 𪒠鐘 xs484b 音贏(嬴)少劃(則)揚	 𪒠鎛 xs491a 其音贏(嬴)少劃(則)揚  𪒠鎛 xs492a 其音贏(嬴)少劃(則)揚
曾		CE	楚		

		割			制
		 曩伯子宼父盨 04443.1 割(匃)眉壽無疆  曩伯子宼父盨 04443.2 割(匃)眉壽無疆	 曩伯子宼父盨 04444.1 割(匃)眉壽無疆  曩伯子宼父盨 04444.2 割(匃)眉壽無疆	 曩伯子宼父盨 04445.1 割(匃)眉壽無疆  曩伯子宼父盨 04445.2 割(匃)眉壽無疆	
					 晉公盆 10342 制典灋□  晉公盤 mx0952 制典灋㞌
 敾鎛 xs494a 其音贏(羸)少制(則)揚 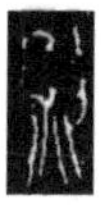 敾鎛 xs496b 其音贏(羸)少制(則)揚	 能原鎛 00156.1 行則曰				
楚	越	曩			晉

制

 曌侯制随侯鼎 kg2020.7 唐侯制随侯行鼎  唐侯制鼎 ms0219 唐侯制隋夫人行鼎	 唐侯制鼎 ms0220 唐侯制隋夫人行鼎  曌侯鼎 ms0221 唐侯制隋夫人行鼎	 唐侯制簋 ms0468 唐侯制隋夫人行鼎  唐侯制壺 mx0829 唐侯制隋夫人行壺	 王子午鼎 02811.2 子孫是制  王子午鼎q xs444 子孫是制	 王子午鼎 xs445 子孫是制  王子午鼎 xs446 子孫是制	 王子午鼎q xs447 子孫是制
唐			楚		

罰			劓		削
					 曾孟嬴削簠 xs1199 曾孟嬴削
 叔夷鐘 00272.2 諫罰朕庶民  叔夷鐘 00273.1 慎中厥罰	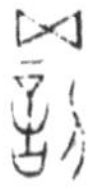 叔夷鐘 00279 諫罰朕庶民  叔夷鎛 00285.2 諫罰朕庶民	 叔夷鎛 00285.2 慎中厥罰	 叔夷鐘 00277.2 達而倗劓  叔夷鎛 00285.8 達而倗劓		
				 之乘辰鐘 xs1409 足劓次留之元子	
齊			齊	徐	曾

剬	劑	刅	劒		
 叔夷鐘 00276.1 剬伐夏司  叔夷鎛 00285.6 剬伐夏司	 叔夷鐘 00273.2 余賜汝萊都密 劑(膠)  叔夷鎛 00285.3 余賜汝萊都密 劑(膠)	 庚壺 09733.2B 滕相乘牡刅 (創)不也			
			 韓鍾劍 11588 韓鍾之造鐱(劍)	 郙王讙劍 11611 用鐱(劍)	 鵙公劍 11651 元鐱(劍)
齊	齊	齊	晋	吕	D

 蔡侯朔劍 mx1301 用鐱(劍)  蔡侯産劍 11587 用鐱(劍)	 郐讃尹征城 00425.2 儆至鐱(劍)兵	 攻吴王䱷䖵此 郐劍　xs1188 元用鐱(劍)  攻敔王者彶䱷 虒劍　mt17946 元用鐱(劍)	 吴王餘眜劍 mx1352 元用鐱(劍)  工虘王者返䱷 劍　zy2021.1 用鐱(劍)	 姑發諸樊之弟 劍　xs988 元用鐱(劍)  攻吴王光韓劍 xs1807 用鐱(劍)	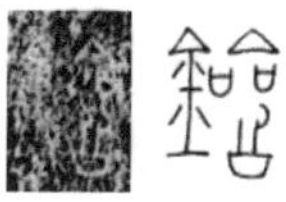 攻敔王光劍 zy2021.1 用鐱(劍)  攻敔王光劍 11620 用鐱(劍)
蔡	徐	吴			

 攻敔王光劍 11654 用鐳(劍)  吳王光劍 mt17919 用鐳(劍)	 攻敔王光劍 11666 用鐱(劍)  吳季子之子逞劍　11640 元用鐱(劍)	 吳季子之子逞劍　mx1344 元用鐱(劍)  吳王光劍 wy029 自作用劍	 攻吾王光劍 wy030 用劍	 邚王𢟪淺劍 11621.1 用鐳(劍)  邚王𢟪淺劍 11621.2 用鐳(劍)	 越王劍 mt17868 用鐳(劍)  越王者旨劍 wy070 用劍
吳				越	

耕　　觴

	 **竇侯簠** 04561 叔姬寺昒(耕)媵簠  竇侯簠 04562 叔姬寺昒(耕)媵簠				
 耳鑄公劍 xs1981 耳鑄公鐱(劍)		 晉公盤 mx0952 皇祖觴(唐)公  晉公盤 mx0952 王命觴(唐)公			
 虡公劍 11663B 其以作爲用元鐱(劍)  姬劍 mx1290 姬鐱(劍)					
		晉			